난생처음
특수경매

한 건만 성공해도 1년 연봉을 벌 수 있는
쉽고 재미있는 특수물건 경매
난생처음 특수경매

초판 1쇄 발행 2019년 8월 26일
초판 3쇄 발행 2022년 2월 11일

지은이 박태행

발행인 백유미 조영석
발행처 (주)라온아시아
주소 서울특별시 서초구 효령로 34길 4, 프린스효령빌딩 5F

등록 2016년 7월 5일 제 2016-000141호
전화 070-7600-8230 **팩스** 070-4754-2473

값 19,000**원**
ISBN 979-11-90233-08-8 (04320)
979-11-89089-34-4 (세트)

한 건만 성공해도 1년 연봉을 벌 수 있는
쉽고 재미있는 특수물건 경매

난생처음 특수경매

박태행 지음

RAON
BOOK

경매 초보자도 쉽고 재미있게 특수물건에 투자할 수 있다!

특수경매가 어렵다고 지레 겁먹고 아예 관심조차 두지 않거나 잘못하면 곤란한 상황에 처하게 된다고 생각하는 사람들이 많다. 그러나 그렇지 않다. 나는 30여 년 넘게 헬기 조종사로 군 생활을 했다. 이처럼 전혀 다른 경력을 가진 사람도 할 수 있는 것이 특수경매다. 오히려 특수경매가 일반경매보다 쉽고 수익은 더 많다. 특수경매가 어렵다는 편견에 사로잡혀 도전해볼 엄두도 내지 못하고 있는 현실이 안타까울 뿐이다. 그래서 누구나 쉽고 재미있게 투자할 수 있는 방법을 소개하고자 한다.

특수경매는 한 건만 성공해도 웬만한 사람 1년치 연봉을 벌 수 있다. 1년에 한 건만 해도 생활할 수 있다는 얘기다. 달리 말하면 신중하고 엄격하게 검토할 시간이 충분하다는 뜻이다. 스트레스를 받아가면서 일반물건을 수차례 낙찰받아봐야 돌아오는 수익은 적고 세금만 많이 낸다. 경매는 낙찰 횟수보다 수익을 얼마나 크게 내느냐가 중요하다.

특수경매는 쉽고 재미있다. 부도난 사람을 다시 일으켜 세워주기도 하니 보람도 있다. 어려워할 필요가 전혀 없다. 일반경매로 수익을 내던 시절은 지나갔다. 예전에는 낙찰만 받으면 웬만큼 수익을 얻을 수 있었다. 그러나 지금 부동산 경매시장은 낙찰받는다 해도 수익이 보장되지 않는다. 수익을 남길 만한 물건을 골라서 투자해야 한다.

이 책을 읽고 나면 특수경매가 어렵다는 편견에서 벗어나고, 적은 돈으로 쉽고 간단하게 큰 수익을 낼 수 있는 방법을 알게 될 것이다.

소위 전문가라는 사람들이 특수경매가 어렵다는 편견을 심어주면서 자신들만의 리그를 하는 것을 부러운 눈으로 바라보지 않아도 된다. 쉽게 접근하는 방법은 얼마든지 있기 때문이다.

특수경매만을 집중적으로 다룬 책은 많지 않다. 그나마 대부분 소송에 관한 내용들이어서 이해하기 어렵고 실전에 적용하기에는 무리가 있다. 특수경매를 공부하는 이유는 투자하기 위해서다. 이 책은 실전 투자 지침서로서 기본적인 이론과 노하우를 모두 담았다. 경매 초보자들도 쉽고 재미있게 공부해서 투자할 수 있다. 부동산 경매의 새로운 세계로 거침없이 나아갈 수 있는 든든한 투자 지침서가 될 것이다.

1장에서는 일반경매 물건으로 수익을 낼 수 없는 이유, 초보자도 특수경매에 도전해야 하는 이유, 소액으로 특수물건에 투자하는 방법, 실거래가보다 높은 감정평가액의 실체, 부동산 침체기일수록 특수물건 경매를 해야 하는 이유, 낙찰만 받으면 사줄 사람이 있는 물건, 아파트보다 환금성이 좋은 특수물건 등을 알아본다.

2장에서는 특수물건 경매를 위해 기본적으로 알아야 할 경매 절차와 입찰 방법,

특수물건 찾는 방법, 경매의 최종 단계인 배당의 원칙과 절차에 대한 내용을 체계적으로 정리했다.

3장에서는 특수경매의 핵심인 법정지상권의 의미와 권리분석 및 물건분석 방법, 지료 청구와 건물 철거 청구 방법, 고수익을 보장하는 법정지상권 경매, 부동산 시장에 나와 있는 법정지상권 경매의 대표적인 13가지 사례와 투자 성공 사례 등 전반적인 정보를 다루어 고수익을 낼 수 있는 투자 기회를 알아본다.

4장에서는 유치권의 의미와 권리분석 공식, 유치권을 지키는 방법, 유치권을 깨트리기 위한 증거 수집 방법, 낙찰가를 떨어뜨리는 유치권자, 유치권 투자 성공 사례 등을 쉽고 재미있게 정리했다.

5장에서는 지분경매의 의미, 지분매각 물건이 증가하고 있는 이유와 투자하기 좋은 이유, 초보 투자자들이 지분경매를 꺼리는 이유, 지분매각 물건을 낙찰받은 후 처리 절차와 지분경매 투자 성공 사례 등 소액 투자자를 위한 틈새시장으로서 지분경매에 대해 알아본다.

6장에서는 기타 특수물건 투자 방법으로 선순위 임차권에서 가장 임차인 찾아내는 방법, 선순위 전세권 투자 전략, 선순위 가처분, 가압류, 가등기 권리분석 및 투자 방법, 자투리 도로 투자로 아파트 분양권 받는 방법, 소액으로 투자해서 최대의 수익을 낼 수 있는 분묘기지권 투자 방법, 대지권 미등기, 토지별도등기, 제시 외 물건 투자 방법 등을 알아본다.

7장에서는 왕초보도 경매 도사처럼 특수물건 경매를 할 수 있는 실전 권리분석 따라 하기, 경매 절차에서 낙찰받은 물건에 하자가 있다는 것을 뒤늦게 알았을 때 단계별로 해결하는 방법, 법정지상권 투자하기, 유치권 투자하기, 지분경매 물건에 투자하기, 종잣돈 규모에 따른 특수물건 투자 전략 등을 제시했다. 특수경매 실전

종합 편으로 실제 사례를 통해 특수권리를 해결할 수 있는 방법을 알아본다.

부록에서는 부동산 공매와 부동산 신탁공매 투자 방법, NPL(부실채권) 경매로 부동산을 폭탄 세일받는 방법 등 폭넓은 내용을 담았다.

이 책은 특수경매의 기초부터 고수들만 알고 있는 난이도 높은 정보까지 전반적인 내용을 재미있는 스토리 형식으로 정리해 아주 쉽게 접근할 수 있다. 부동산 경매를 통해 이루고자 했던 당신의 꿈을 실현하는 좋은 선물이 될 것이라고 확신한다.

박태행

CONTENTS

PART 3 법정지상권 경매, 고수의 투자 기회를 제공한다

PART 4 유치권 경매, 아는 만큼 수익이 보인다

PART 5 지분경매, 소액으로 단기 투자에 유리하다

PART 6 기타 특수물건 투자

PART 7 왕초보도 경매 도사처럼 특수물건 경매하는 기술

부 록 특수물건 경매 초보자가 꼭 알아야 할 Tip

PART 1

왜 특수물건
경매를 해야 할까?

01

누구나 하는 일반경매로는 수익을 낼 수 없다

고용 불안이 점점 심해지고 경제 전망이 밝지 않은 요즘에도 유독 부동산 경매 열기는 그 어느 때보다 뜨겁다. 전년도 말에 비해 전체 실업률이 급격히 증가했다는 통계청 자료를 굳이 보지 않아도 피부로 느낄 수 있을 정도다.

조기 퇴직 인구와 실업률 증가로 인한 고용 불안으로 많은 사람들이 부동산 경매시장으로 나오고 있다. 부동산 경매를 하겠다고 나선 사람들이 경매 고수들에게 어떤 것부터 시작하면 좋겠냐고 물어보면 십중팔구는 우량 물건을 2~3년 해보고 어느 정도 익숙해지면 특수물건에 도전해보라고 조언한다. 그래서 부동산 경매를 시작한 사람들이 입찰에 도전하는 물건들은 대개 아파트나 주거용 부동산이다. 환금성이 좋다거나 내 집 마련을 하기 위해서다. 그러나 현실은 그리 녹록치 않다. 열심히 권리분석, 수익성 분석을 해도 터무니없이 높은 가격에 낙찰되는 것을 망연자실 바라볼 수밖에 없다. 1년 동안 단 한 건도 낙찰받지 못한 사람들이 부지기수다.

서울의 아파트 낙찰가율은 대부분 100%가 넘고, 수도권이 85% 수준이다 보니 내가 원하는 적당한 가격으로 낙찰받기가 쉽지 않다. 이것은 권리분석이나 물건분석의 문제가 아니다. 입찰자들 간에 출혈 경쟁을 하기 때문이다. 아파트나 주거용 부동산의 낙찰가격을 보면 오히려 인근 부동산에서 급매 물건을 사는 것이 훨씬 나은 경우도 많다. 부동산 경매를 하는 이유는 물건을 싸게 사기 위해서라는 사실을 결코 잊어서는 안 된다.

경매의 목적은 낙찰받기 위해서가 아니라 싸게 사기 위함이다

근래 고객의 요청으로 경기도 이천의 32평짜리 아파트를 입찰한 적이 있다. 지방이니 경쟁이 심하지 않을 것으로 예상하고 철저하게 수익성을 분석해서 입찰했다. 1991년 보존등기가 된 아주 낡은 아파트로 3년 전 거래가격이 약 1억 7,000만 원 정도였다.

법원 입찰 정보	수익성 분석
감정가 : 1억 4,900만 원 최저가 : 1억 430만 원(1회 유찰)	실거래가 : 약 1억 7,000만 원 입찰 예상가 : 1억 3,000만 원 인테리어 공사비 : 1,000만 원 예상 수익 : 실거래가 – 입찰 예상가 – 공사비 – 세금 = 약 2,000만 원

1억 3,000만 원 정도에 낙찰받아 인테리어 공사비 1,000만 원과 세금 등을 제하

면 약 2,000만 원 정도 수익이 날 수 있으리라 기대하고 입찰했다. 그러나 낙찰가는 무려 1억 9,700만 원 정도였다. 시가를 넘어서는 낙찰가에 아연실색했지만 주거용 일반 부동산 물건의 낙찰 추세를 알 수 있었다.

주거용 부동산을 낙찰받으려고 할 때 시가보다 2,000만 원 정도 싸게 사겠다는 마음으로 입찰가를 정하는 사람들이 많다. 이런 경우 어쩌다 운이 좋아 낙찰받는다 하더라도 세금 등의 제반 비용을 제하고 나면 별로 남는 게 없다. 이렇게라도 낙찰받겠다면 어쩔 수 없지만 가성비가 좋지 않다.

많은 시간과 비용을 들여 권리분석과 물건분석을 해도 낙찰받지 못하는 횟수가 늘어나면 자연히 회의감이 들고 의욕을 상실해 결국은 경매계를 떠나게 된다.

그렇게 부동산 경매시장에서 멀리 떨어져서 바라보면 막연한 전설 같은 이야기들이 희미하게 들려온다. 하지만 다시 돌아가기에는 용기도 능력도 없다. 나도 거듭된 좌절 끝에 한동안 경매계를 떠나 있다가 법정지상권 경매를 접하고 복귀했다.

이런 분들에게 특수물건에 도전해보라고 권한다. 특수경매의 실상을 보면 그렇게 어려울 것이 없기 때문이다.

특수경매는 전문가만 투자할 수 있는 것이 아니다

특수경매 물건이라고 하면 함부로 투자하거나 접근할 수 없는 것처럼 인식되어 있다. 그렇다면 특수물건이라는 용어는 어디서 나왔을까? 법원경매 서류 중의 하나인 '매각물건명세서'에 '매각 조건'을 기록하게 된다. 이것은 법원이 경매물건을 매각하여 소유권을 낙찰자에게 이전할 때 수반되는 조건을 말한다. 매각 조건은 '법정 매각 조건'과 '특별 매각 조건'으로 구분된다.

법정 매각 조건은 모든 물건에 공통으로 적용된다. 특별 매각 조건은 낙찰로 인해 발생하거나 법정 매각 조건을 벗어날 경우 특별히 따로 정한 것으로, 예를 들어 '법정지상권 성립 여지 있음'이라고 기록된다.

대표적인 특수물건은 법정지상권, 유치권, 지분경매, 가장 선순위 임차권, 선순위 가등기, 선순위 가처분, 선순위 가압류, 토지별도등기, 분묘기지권 등이다. 즉 권리분석이 조금 까다로운 물건이다. 이런 물건을 일명 특수물건이라고 한다. 하지만 이것은 특수 영역이 아니니다. 누구나 쉽게 공부하고 투자할 수 있다.

투자 물건에 얽힌 스토리를 알면 서로 윈윈하는 투자를 할 수 있다

모든 경매물건은 저마다 나름의 스토리(사연)가 있다. 경매물건의 스토리를 파악하면 부동산 경매가 훨씬 쉬워진다. 예를 들어 부동산 경매로 나온 물건이 지분등기가 되어 있고, 법정지상권과 유치권 성립 여지가 있다면 보통 사람들은 외면한다. 하지만 스토리를 제대로 파악하면 의외로 쉽게 접근할 수 있다.

이 물건은 어떤 아버지가 열심히 돈 벌어 땅이 넓은 집을 마련하고 자식 키우며 살다가 돌아가시면서 아내와 자식들에게 상속해준 것이다. 자녀들은 아버지가 물려주신 부동산에 대출을 받아 새집을 지어 어머니를 모시려고 했다. 그런데 건축하는 중에 한 자녀의 사업이 부도가 나서 그 사람의 지분이 경매에 나왔다. 이런 경우 경매가 진행되어도 형제들이 도와주지 않는다. 왜냐하면 부도가 난 사람은 그동안 형제들에게 금전적인 도움을 많이 받아왔기에 이미 사이가 틀어져 있는 상태이기 때문이다. 따라서 다른 사람이 낙찰받아도 공유자 우선매수청구권 행사(입찰 당일 물건이 낙찰되면 다른 공유자가 낙찰가와 동일한 가격으로 매수할 수 있는 권리)를 하지 않을 것이라고 판단할 수 있다. 즉 이런 물건은 법정지상권뿐만 아니라 유치권은 더더욱 성립하지 않는다. 적당한 가격에 낙찰받아 경제적 여유가 있는 다른 자녀에게 팔면 된다.

물건에 얽힌 스토리를 보면 투자 방법을 찾을 수 있다. 낙찰받아 소유주에게 조금이나마 도움이 될 수 있는 방안을 제시하여 재기할 수 있는 길을 열어준다면 더없이 보람 있고 행복한 투자가 될 것이다. 나도 수익을 얻고 소유주도 손해를 보지 않는 방법을 제공할 수 있는 특수경매는 그야말로 윈윈하는 투자이다.

수익을 내면서 보람까지 느낄 수 있다면 금상첨화가 아닌가. 이러한 투자는 특수경매 물건을 통해서만 할 수 있다. 경매에 대해 공부하는 사람들은 많지만 일반물건으로 수익을 창출하기는 매우 어렵다. 초보자일수록 특수경매를 빨리 시작하는 것이 좋다. 낙찰의 기쁨을 맛보고 경매 고수로 거듭나는 가장 빠른 길은 바로 특수물건에 있다. 남들이 어려워하는 물건을 찾아 쉽고 빠르게 수익을 낼 수 있는 방법이 바로 쉽고, 단순하고, 수익이 많은 특수경매이다.

02

경매 초보일수록 특수경매에 도전하라

경매는 특수물건부터 시작하라

부동산 시장에 대한 대대적인 규제 강화로 대출이 막히자 법원경매시장 유입 물건이 지방을 시작으로 점점 증가하고 있다. 이에 따라 경매시장의 열기도 점점 살아나고 있다. 지금 경매시장은 정부의 9·13부동산대책 이전과 이후로 나뉜다. 9·13부동산대책 이후 일시적으로 낙찰 경쟁률과 낙찰가율이 떨어졌으나, 수도권은 열기가 여전히 식지 않고 있다. 이런 혼란기에 눈치 빠른 투자자들이 틈새시장으로 몰리고 있다. 이렇게 입찰 경쟁률이 치열한 시장에서 특수물건은 더 이상 접근하기 어려운 영역이 아니다.

이제 경매시장에서 일반물건만 찾는 사람들은 점점 사라지고 특수물건이 일반화되어 가는 실정이다. 부동산 경매 사이트에 접속하면 대부분 경매물건에 대한 권리분석이 다 되어 있다. 사용자들은 이 정보를 활용해 세부 내용만 확인하면 입찰할 수 있다. 아무리 특수물건이라 해도 좋은 물건이라는 확신만 있으면 누구나 입찰할 수 있는 것이다.

얼마 전까지만 해도 특수권리(지상권, 유치권, 지분 등)가 설정된 물건은 대부분 감정가의 50% 전후 수준에서 낙찰되는 경우가 많았다. 그러나 지금은 이런 물건도 감정가 이상으로 낙찰되는 경우가 비일비재하다.

경매 연구와 투자를 함께 하는 우리 팀은 수인선 전철역 바로 앞에 위치한 유치권 물건의 입찰을 위해 권리분석과 물건분석을 했다. 전철역만 완공되면 엄청난 가격 상승이 예상되는 물건이었다. 토지면적이 500평 정도였고, 건물은 낡고 형편없었으나 유치권이 신고되어 있었다. 감정가는 25억 원인데 누군가 신건(1차 경매)에서 28억 원에 낙찰받았으나 잔금을 납부하지 못하고 유찰되어 17억 원에 2차 경매가 시작되었다. 우리는 이 물건을 낙찰받기로 하고 입찰가를 결정하기 위한 토의를 진행했다. 진지하고 열렬한 토의 끝에 29억 원에 입찰하기로 결정하고 경매법정에 나갔으나 엄청난 차이로 패찰하고 말았다. 무려 38억 원에 낙찰되었는데, 55명이 공동으로 입찰한 것이었다. 특수물건의 낙찰가라고 하기에는 무색한 결과였다.

이처럼 경매 초보들이 공동으로 특수물건에 투자하는 경향이 늘어나고 있다. 경매시장에 처음 들어온 사람이나 한 번도 낙찰받지 못하고 경매시장을 떠났다가 다시 들어온 사람들이 공동 투자 형식으로 특수물건에 도전하는 사례가 많다. 초보자이니 우량 물건에만 투자하겠다는 생각으로는 낙찰의 경험을 맛볼 수 없다. 경매시장은 초보자라고 해서 양보해주는 곳이 아니다.

경매시장은 초보와 고수의 구별이 없다. 오히려 초보들에게 경매 고수들이 당하는 사례가 부지기수다. 경매를 조금 해본 사람은 우량 물건을 쳐다보지도 않는다. 어차피 낙찰받지 못할 물건이라고 생각하기 때문이다. 앞에서도 말했듯이 부동산 경매를 하는 이유는 물건을 싸게 사기 위해서다. 낙찰받는 것 자체가 목적이 아니라는 것이다. 이제 경매 초보들도 특수물건에 도전해야 한다. 경매시장은 열려 있고 물건은 많다. 언제까지 낙찰의 환호성을 내지 못하고 패배의 한숨만 쉬면서 가장자리만 맴돌 것인가.

쉽게 낙찰받아 빨리 수익을 낼 수 있는 방향으로 나아가야 용기도 생기고 재미도 붙는다. 처음에 혼자 시작하기 어렵다면 지인들과 같이 공동 투자를 시작하는 것도 좋다. 나 역시 공동 투자로 시작했다. 혼자보다 훨씬 든든하고 내가 생각하지 못했던 것들을 공유할 수 있기 때문에 기대 이상의 효과를 얻는다. 공동 투자의 또 다른 장점은 적은 돈으로 시작할 수 있다는 것이다. 특히 특수물건은 공동 투자로 시작해보는 것이 좋다. 수익을 내기까지 오래 걸리더라도 여럿이 함께 분담하면 견디기가 훨씬 수월하다. 이렇게 경험을 쌓다 보면 어느새 경매 고수의 자리에 올라 있을 것이다.

특수경매, 활짝 열린 시장에 도전하라

지금처럼 활짝 열려 있는 경매시장에서 누구나 할 수 있고 누구나 알고 있는 물건만 노린다면 결과는 뻔하다. 반대로 아무나 할 수 없는 어려운 물건이라고 아예 도전조차 하지 않는다면 발전을 기대하기 힘들다. 부동산 경매시장에서 아무나 할 수 없는 특수물건은 없다. 오히려 특수물건의 권리분석이 더 쉽고 간단하다.

그런데 왜 특수물건이 어렵다는 인식이 퍼져 있을까? 특수권리가 있는 물건은 낙찰받고 후속 처리하는 과정에서 시간이 지연되거나 소송을 해야 할 수도 있기 때문이다. 특히 과거에는 경매에 대한 정보가 부족하고 지식이 없기 때문에 무조건 떼쓰고 싸우면 된다고 생각했다. 협상하는 과정에서 우격다짐으로 버티는 채무자를 힘으로 해결하던 시절이 있었다. 그러나 지금은 달라졌다.

2002년 7월 1일, 경매 및 보전처분 절차를 규정하기 위한 「민사집행법」이 제정된 이후로 체계적인 경매 절차가 진행되고 있다. 사실 「민사집행법」이 제정되기 전에는 혼란도 있었다. 지금의 「민사집행법」은 경매 관련 판례들을 종합 정리하여 절차적 체계를 만든 것이다. 즉 문제가 생기면 법으로 해결할 수 있는 여건이 마련되어 있다. 그리고 부동산 경매 전문 사이트가 넘쳐나고 경매학원도 많다. 몰라서 못하는 시대는 지났다. 부동산 경기 불황으로 좋은 물건이 쏟아지고 경쟁률은 떨어지는 지금 시작해야 한다. 이 책을 집어 든 사람들은 학원에서 경매 강의를 몇 차례 듣고, 경매 관련 책도 여러 권 읽어봤을 것이다. 이제 나름대로 갈고닦은 실력을 발휘할 때가 왔다.

나는 처음 경매를 시작하고 얼떨결에 낙찰을 받았다. 경매 공부를 시작한 지 2주일 정도 지났는데 집안에서 어떤 부동산을 경매로 낙찰받아야 하는 상황이었다. 한 번도 경험해보지 못했고, 이론적으로 무장된 상태도 아니었다. 떠밀리다시피 경매 법정에 가서 입찰했는데 덜컥 낙찰을 받았다. 그래서 낙찰의 기쁨은커녕 어찌할 바를 몰랐다. 다행히 지인들의 도움을 받아 낙찰 물건을 잘 인도하고, 지금도 그 물건으로 사업을 하고 있다. 그 후 경매에 대한 자신감을 얻게 되어 본격적으로 경매 공부를 하게 되었다.

더 이상 경매 초보라고 움츠릴 필요 없다. 경매 초보라 생각하고 경매시장에 뛰어들었다가 자신이 어느 정도 실력을 갖추고 있다는 것을 깨닫기도 한다. 그만큼 경매시장이 열려 있다는 뜻이다. 낙찰받기 어렵고 수익을 내기는 더욱 어려운 우량 물건만 바라보지 말고 특수물건의 영역에 발을 들여보자. 생각보다 쉽고 재미있다는 것을 알게 될 것이다.

대부분의 특수물건은 낙찰을 받고 나서 협상을 한다. 협상만 잘하면 낙찰자도 좋고 채무자(경매를 당한 사람)도 좋다. 그래서 특수경매는 서로에게 도움이 되는 경매다. 유치권자는 채권을 회수할 수 있고, 법정지상권자는 건물을 살릴 수 있는 기회를 잡는 것이다. 낙찰자는 대가를 받고 물건을 넘겨주거나 인도하면 된다.

경매는 특수물건부터 시작해야 한다. 왜냐하면 우량 물건은 경매 실력이 다져지고 나서 천천히 해도 늦지 않다. 우량 물건만 노린다면 패찰의 쓴맛만 보기 쉽지만, 특수물건은 낙찰 가능성이 크다. 거듭 말하지만 경매의 목적은 낙찰 자체가 아니라 물건을 싸게 사는 것이다. 낙찰 가능성도 크고, 좋은 물건을 싸게 살 수도 있으며, 실전 경험도 쌓을 수 있는 일석삼조의 기회가 바로 특수물건에 있다. 우선 특수경매로 종잣돈을 만들고, 경험을 쌓는 것이 중요하다.

처음 경매를 시작할 때 느끼는 두려움과 부담감은 해본 사람만이 안다. 따라서 처음에는 여러 사람들과 함께 해보는 것이 좋다. 나도 특수경매를 공동 투자로 시작했다. 지금은 법인까지 만들어 좋은 물건이 있으면 공동 투자를 해서 수익률을 높이고 있다.

공동 투자를 하면 적은 돈으로도 다양한 물건을 입찰할 수 있고 부담을 나눌 수 있어 훨씬 자신감이 생긴다. 또한 저마다 사는 지역과 생각도 다르기 때문에 다양하고 좋은 물건을 많이 접하게 된다. 네트워크를 통해 그 지역 사람이 아니면 알 수 없는 정보들을 얻어 투자도 쉽게 이루어진다.

03

계약금만 있으면 특수물건에 투자할 수 있다

소액 물건이 경쟁력이다

부동산 경매라고 하면 수억 원의 종잣돈이 필요하다고 생각하는 사람들이 많다. 특히 특수경매는 어렵기도 하고 기본적으로 돈이 어느 정도 있어야 할 수 있다고 생각한다. 큰돈 들이지 않고 적은 돈으로도 얼마든지 부동산 경매에 투자할 수 있다. 특수경매뿐만 아니라 일반경매도 소액 투자가 가능한 물건들이 많다.

전체 부동산 경매물건 4건 중 2건은 감정가 1억 원 미만이고, 그중 5,000만 원 미만의 물건이 절반을 차지한다. 소액 경매를 잘만 활용하면 짭짤한 수익을 올릴 수 있다. 특히 특수물건 중에서도 소액 물건은 많은 사람들이 투자를 기피한다. 왜냐하면 많이 남지도 않는 물건이 어렵기까지 하다는 선입견 때문이다.

그러나 소액의 특수물건이 오히려 경쟁률도 낮고 수익률이 훨씬 높게 나올 수 있다. 특히 지분물건 중에 투자 가치가 높은 소액 물건이 많다.

4명의 공유지분으로 등기되어 있는 경기도 군포시 산본동 주상복합아파트가 경매로 나왔다. 공유자 중 한 명의 지분인 4분의 1이 감정가 1억 1,800만 원에 나왔으나 두 번 유찰되어 7,500만 원까지 떨어졌다. 산본역 인근에 있고 군포시청 주변에 위치한 아파트로 투자 가치가 있었다. 어머니와 자녀들에게 균등하게 상속 등기되어 어머니와 아들이 함께 살고 있었다. 다른 형제들에게 지분을 감정가에 팔면 되겠다는 생각으로 응찰했다.

최저가보다 1,000만 원 정도 더 써서 8,500만 원 정도에 낙찰받았다. 낙찰의 기쁨을 안고 경매법정을 나서는데 어떤 분이 다가와 얘기 좀 하자고 했다. 그는 공유자 형제 중의 한 사람으로 낙찰받은 지분을 자기에게 팔라는 것이었다. 왜 공유자 우선매수청구권을 행사하지 않았느냐고 물어보니 형의 사업이 부도 위기에 처해 있을 때 형제들이 처음에는 십시일반으로 사업자금을 도와주었으나 규모가 커지자 더 이상 도와줄 수 없는 상황이 되었고 형제들 사이도 멀어지게 되었다고 했다. 공유자 우선매수청구권을 행사하면 형이 동생들을 괘씸하게 생각할 것 같아 나설 수가 없고, 그렇다고 어머니가 살고 계신 집을 잃을 수도 없어서 법원에 나와 낙찰자를 기다리고 있었다는 것이다.

그들에게는 집을 지켜야 할 충분한 이유가 있었다. 협상은 순조로웠다. 공유자가 적당한 매수가격을 제시했고 법원 앞 커피숍에서 계약서를 작성하고 헤어졌다. 법원을 나서기도 전에 수익을 실현한 기분 좋은 사례였다. 계약금 750만 원을 투자해서 그보다 훨씬 많은 수익을 단시간에 실현한 것이다. 이렇게 계약금만 있어도 수익을 낼 수 있는 물건은 얼마든지 널려 있다.

남들이 꺼리는 물건이 오히려 기회다

경매가 대중화되면서 더 이상 아파트를 반값 이하로 낙찰받는다든지 알짜 상가를 값싸게 낙찰받아 고수익을 올릴 수는 없다. 부동산 경매 수요가 넘치는 상황에서 그나마 값싸게 낙찰받아 수익을 챙기는 경매는 특수물건밖에 없다. 앞의 사례처럼 특수물건이라고 해서 아주 거창하고 어려운 것이 아니다. 오히려 소액으로 투자할 수 있는 특수물건이 더 많다.

경매에서 최대의 이익을 남기려면 남들이 넘보지 못하는 물건을 찾아야 한다. 경매의 블루오션이라 할 수 있는 법정지상권과 유치권, 지분 등 특수물건에서 수익을 올리는 것이 정답이다. 소액으로 투자할 수 있는 물건은 일반물건보다 특수물건이 훨씬 많다. 가격이 많이 떨어진 것도 있고, 물건 자체의 가격이 낮은 경우도 있다. 2가지 모두 투자 가치가 높다. 남들이 관심을 두지 않는 물건을 발굴해서 투자한다면 적은 금액으로 쉽게 수익을 올릴 수 있다.

소유자나 임차인을 만나는 것은 모든 경매의 기본이다

특수물건은 대부분 낙찰 후 채무자와 협상을 해야 하는 경우가 많다. 많은 사람들이 어려워하는 이유가 여기에 있다. 그러나 협상을 어렵게 생각하거나 두려워할 필요도 없다. 일반물건인 아파트를 낙찰받아도 임차인이나 소유자를 만나야 한다. 이때는 마음이 훨씬 가벼울까? 1,000만 원짜리 유치권이 있는 경매물건과 1억 원짜리 유치권이 있는 경매물건 중 어느 쪽 소유자를 만나는 것이 훨씬 덜 부담스러울까? 1,000만 원짜리라고 해서 조금 더 가볍지는 않다. 특수물건이든 일반물건이든 당사자를 만나서 해결해야 하는 부담감은 비슷하다.

어떤 경우이든 경매물건을 낙찰받으면 해결해야 할 문제를 떠안게 마련이다. 부동산 경매를 하는 동안에는 그 부담에서 벗어날 수 없다. 그렇다면 차라리 마음의 부담을 덜고 적극적으로 나서서 협상해야 한다. 게다가 특수물건은 대부분 협상에서 갑의 입장에 서게 된다. 법정지상권이 성립하면 지료를 내라고 하면 되고, 성립하지 않으면 건물을 철거하라고 하면 된다. 낙찰자가 아쉬울 것이 전혀 없다. 유치권은 증거 자료만 잘 정리하면 바로 인도명령을 받을 수 있다. 인도명령서가 있는데 점유하는 것은 불법행위이다.

지분물건은 더 말할 필요가 없다. 지분물건을 낙찰받으면 다른 공유자에게 내 지분을 사라고 하거나, 살 수 없다면 다른 공유지분을 나에게 팔라고 하면 된다. 이도 저도 안 되면 공유물분할청구 소송을 제기하면 된다. 공유물분할청구 소송은 아주 쉽고 기각되지도 않는다. 게다가 전자소송으로 직접 할 수 있다. 소송이 진행되면 판사가 협상해준다. 지분물건 대부분이 협상으로 끝나는 것이다.

그러나 일반물건은 어떤가? 예컨대 권리관계가 복잡하지 않은 아파트를 낙찰받았다고 하면, 먼저 그 아파트에 누가 사는지 알아봐야 한다. 임차인이 살고 있으면 그 임차인을 만나서 소액 임차인인지, 낙찰 대금에서 보증금은 배당받았는지, 낙찰자가 인수해야 할 것은 없는지, 이사 날짜는 언제로 할 것이며 이사비는 얼마를 줘야 하는지 등등 모든 것을 협상해야 한다. 여기에 비하면 오히려 특수물건이 해결하기가 더 쉽다. 더구나 나이 드신 어르신이 죽기 전에는 절대 못 나가겠다고 버티면 그분들을 상대로 강제집행을 하기는 매우 어렵다. 자칫 사고가 날 우려도 있고, 잘못하면 파렴치한으로 몰릴 수도 있다.

일반물건이든 특수물건이든 당사자를 만나서 해결해야 온전한 소유권을 이전받을 수 있다. 물론 일반물건 중에서도 낙찰만 받으면 알아서 이사를 가는 임차인도 있다. 그러나 아주 드문 경우이다. 이렇게든 이사비라도 챙겨 가려고 한다. 임차인과 협상할 때는 꼭 '갑'의 입장이 되지 못하는 경우가 많다. 특히 보증금 전액을 배당받지 못한 임차인은 강제집행을 해야 할 수도 있다. 강제집행은 서로에게 상처가 될 뿐이다. 우여곡절 끝에 낙찰자가 수익을 챙긴다 하더라도 왠지 모를 찝찝함과 아쉬움이 남는다. 그래서 경매를 하는 동안에는 절대 강제집행을 하지 않는다는 신념을 가지고 임차인과 협상하는 사람들도 있다. 결론적으로 일반물건이든 특수물건이든 경매로 낙찰받으면 당사자를 만나 협상하는 과정을 피할 수 없다.

04

부동산 경매 감정평가액이 실거래가보다 높은 경우가 많다

부동산 경매시장에서 최고의 투자 전략은 '실속'이다. 좋은 물건을 저가에 낙찰받아 높은 시세 차익을 내기 위해 부동산 경매를 하는 것이다. 어렵게 권리분석을 해서 감정가 대비 아주 싸게 낙찰받는다 하더라도, 감정가가 높게 평가되어 수익이 적거나 남는 것이 별로 없다면 그야말로 헛수고가 아닌가. 실제 경매물건의 3분의 1 정도가 실속 없는 물건이다. 속 빈 강정이 경매시장에 널려 있다.

더구나 요즘 경매물건에 대한 감정평가 가격이 대부분 실거래가와 비슷하거나 조금 더 높은 경우도 많다. 감정평가사들이 민원을 의식해서 실제 거래가격보다 조금 높게 평가하는 경향을 보이는 것이다. 특히 아파트나 오피스텔처럼 환금성이 좋은 물건은 대부분 감정평가 가격이 실거래가를 조금 웃도는 수준이다. 이런 사정을 잘 모르는 초보 경매인들이 아파트나 주택을 감정가 이상으로 낙찰받고 기뻐하는 모습을 보면 안타까운 생각이 든다. 낙찰받은 물건의 시세가 올라 손해를 보지 않으면 다행이지만, 어쨌든 경매로 수익을 얻지 못한 것은 사실이다.

실거래가보다 훨씬 높은 감정평가액

서울시 서대문구 홍제동 개미마을의 땅이 경매로 나온 적 있다. 토지면적은 50평인데 감정평가 가격이 2억 7,900만 원이었다. 평당 550만 원이 넘는 가격이었다. 건물은 제외하고 토지만 지분매각하는 물건으로 전형적인 법정지상권이었다. 처음 이 물건을 봤을 때 놀랍기도 하고 재미있기도 했다. 서울에 이렇게 싼 땅이 있나 하는 의구심도 들었다. 더 놀라운 것은 1차 유찰되어 2억 2,300만 원으로 떨어져 있었다. 게다가 지구단위계획구역에 해당되어 빌라 단지 등으로 개발될 예정이었다. 쾌재를 부르며 이것저것 알아보고 최종적으로 현장에 가보았다.

이 물건은 등산로 입구의 마을버스 종점 바로 옆에 위치해 있었다. 여러 가지로 욕심이 나는 땅이었다. 지상에는 오래된 주택이 지어져 있고, 여름에는 등산객을 상대로 차와 막걸리 등을 팔고 있었다. 겨울인데도 등산객이 많았다. 지대가 높아 서울 시내가 한눈에 들어왔다. 집을 짓고 살기에는 아주 좋은 위치였다. 응찰을 결심하고 시세를 알아보기로 했다. 산 밑으로 내려와 부동산 몇 군데를 들렀는데 이상하게도 공인중개사들은 그 땅에 관심이 없었다. 매물로 내놓지도 않았다. 그래서 다시 개미마을로 올라갔다.

아주 오래전에 돈이 없는 사람들이 국유지인 이 땅으로 들어와 무허가 건물을 짓고 살게 되었다. 시간이 지날수록 그 숫자가 늘어나자 국가에서도 이대로 둘 수 없어서 지구단위계획구역으로 지정하고 땅을 민간에 불하해주었다. 그러나 거기에 살고 있는 사람들은 경제적 여유가 없어 개발이 계속 지연되고 있었다. 한참 동안 마을을 돌아다니다 전봇대에 붙어 있는 조합 전화번호로 전화를 했다. 건축 시행은 언제 하며, 지주들의 동의는 얼마나 받았는지 등 기본적인 것들을 물어보았다. 그리고 매물로 나온 땅이 있는지, 평당 얼마인지 물었다. 평균적으로 350만 원에 나와 있는데 큰 땅은 그보다 더 싸다는 대답이 돌아왔다. 대체 어떻게 된 일일까?

2018년 4월 감정평가 가격은 평당 550만 원 이상이었는데 시세는 350만 원이라는 것이었다. 사무실로 돌아와 감정평가서를 분석해봤다. 감정평가 가격은 거래사례 비교법으로 정해진 것으로 보였다. 예전에 이 지역이 언론에 오르내릴 때 거래된 가격이 감정평가 가격에 반영된 것이었다. 지금은 개발이 지지부진해지자 땅값이 내려갔고, 사업이 구체화되어 가면서 조금씩 오르고 있는 상황이었다. 한 번 더 떨어질 것으로 예상하고 기다려보기로 했다. 2019년 1월 2차 경매에서 여지없이 유찰되자 3차에는 응찰하기 위해 물건분석과 권리분석을 했다.

2019년 2월 3차 경매에서는 최저가 1억 7,870만 원으로 입찰이 진행되었다. 그래도 시세보다 조금 높은 가격이기에 응찰을 망설였다. 꼭 사야 한다면 시세대로 조합에서 사야겠다는 마음으로 경매 결과를 지켜봤는데, 누군가 1억 8,000만 원에 낙찰받았다. 앞으로 이 지역의 땅값이 크게 올라 낙찰자에게 수익을 안겨줄 수 있을지 모르지만 어쨌든 시세보다 비싸게 산 셈이다.

경매시장에서 수익이 별로 없는 물건을 고르는 이유는 물건분석을 세밀하게 하지 않았기 때문이다. 물건분석만 제대로 하면 미래 가치를 보고 현재 가격과 비교해서 적당한 이윤을 예상하고 응찰할 수 있다. 유찰 횟수와 최저가만 보고 응찰하면 손해를 볼 수도 있다. 감정평가 가격이 시세보다 조금 낮을 거라는 착각을 하고 많이 유찰된 물건이 수익성이 좋다고 단정하기 쉽다. 그러나 그런 착각에서 빨리 벗어나야 한다.

실수요자가 몰리는 경매물건은 실익이 없다

경매에서 수익을 창출하려면 싸게 받는 것도 중요하지만 입찰 경쟁이 낮은 물건을 찾는 것이 더 중요하다. 남들이 관심을 갖지 않는 종목, 입찰자들이 적게 몰리는 것이 실속 있는 물건이다. 경매에서 알짜 수익을 챙기려면 돈 되는 물건을 싸게 낙찰받아야 한다.

부동산 경매에서 실익이 없는 대표적인 것이 소형 물건이다. 소형 아파트와 다세대, 상가, 오피스텔은 초보 경매 투자자들이 관심을 가장 많이 가지는 물건이다. 물건 하나를 가지고 수십 명이 경쟁을 하기 때문에 운이 좋아야 낙찰받을 수 있다. 전세보증금에서 조금만 보태면 낙찰받을 수 있다고 생각하고 응찰 가격을 높게 쓴다. 실수요자들이 많이 몰리기 때문에 낙찰가는 시세를 웃도는 경우가 많다.

실수요자가 몰리는 물건일수록 수익은 반감된다. 이런 물건의 감정평가 가격은 대부분 시세보다 비싸다. 비교 대상과 거래 사례가 많다 보니 실거래 가격이 많이 노출되어 있다. 그래서 채무자(소유자)들은 자신의 부동산이 시세보다 적게 평가될까 봐 노심초사하면서 지켜보고 있다. 몇 달 전의 시세가 이랬는데 지금은 더 올랐지 않느냐고 따지기도 하고 민원을 제기하기도 한다. 그래서 이런 물건은 시세보다 조금 비싸거나 비슷하게 나오게 마련이다. 이런 상황을 감안해서 낙찰받아야 하는데, 경쟁률이 높다 보니 이것저것 따질 겨를이 없다. 일단 낙찰받고 보자는 식으로 입찰가를 쓰기도 한다. 이런 감정평가 가격을 이해하고 수익을 생각하면서 입찰에 응해야 한다.

법정지상권이나 유치권이 있는 물건은 감정평가액이 낮다

법정지상권이나 유치권이 있는 건물은 토지 사용을 제한받는 범위만큼 금액을 삭감하기 때문에 오히려 토지의 가치가 더 낮게 평가된다. 실제 가격보다 더 낮게 평가된 금액에서 유찰이 거듭되면 더욱 낮은 가격으로 낙찰받을 수 있다. 정상 가격보다 싸게 평가된 물건을 더 싸게 낙찰받을 수 있는데 굳이 경쟁이 심하고 싸지도 않은 물건만 바라보고 있다면 실로 안타까운 일이 아닐 수 없다. 감정평가 가격도 싸고, 경쟁률도 낮은 데다 권리분석도 어렵지 않은 특수물건에 눈을 돌려야 한다. 그래야 부동산 경매시장에서 오래 살아남고 수익도 많이 챙길 수 있다.

05

부동산 침체기에는 특수물건 경매가 답이다

부동산 경기 침체와 대출 규제 등으로 빚에 허덕이는 사람들이 소유하고 있던 부동산이 경매로 나오는 비율이 점점 늘어나고 있다. 지방을 시작으로 서울과 수도권 경매시장에 물량이 대거 공급되고 있다. 특히 서울과 수도권 지역에서 연립·다세대 경매물건이 급증하고 있다. 연립·다세대 물건의 증감은 법원경매시장에서 서민 주택시장을 가장 잘 반영하는 지표 중 하나이다.

반면 경매물건 대비 낙찰 건수, 즉 낙찰률은 연중 최저 수준을 기록하고 있다. 주택 가격 하락과 경기 침체가 겹치면서 매물이 쏟아지고 있지만 9·13부동산대책으로 대출이 막히면서 부동산 경매시장이 가장 먼저 타격을 받고 있다. 주인을 찾지 못한 매물들이 쌓이고 신규 매물이 더해지면 향후 경매 적체 현상이 벌어질 가능성이 크다. 불황일수록 오히려 빛을 발하는 경매시장, 어떻게 접근해야 할까.

남들보다 싸게 낙찰받아야 한다

부동산 경기 침체가 지속되면서 경매물건 수가 연중 최고치를 기록했다. 법원경매 정보 사이트 '지지옥션'에 따르면 2019년 4월부터 주거시설 경매 건수가 서서히 늘어 지금은 매월 5,000건이 넘는다고 한다. 반면 낙찰률은 떨어지고 있다. 주택경기 부진과 대출 규제, 세금 등의 영향 때문이다. 법원경매는 부동산 경기가 나쁠수록 공급 물량이 쏟아진다. 올해 들어 빚을 갚지 못해 법원경매로 넘어간 수도권 부동산이 지난해보다 눈에 띄게 늘었다. 특히 서민 주택인 다세대·연립은 작년보다 50% 이상 급증해 부동산 경기 침체에 큰 타격을 입고 있다. 대출 규제 등으로 추가 대출이 제한되면서 일어난 현상들이다.

경매에 나오는 부동산이 점점 늘어나는 만큼 투자자들은 선택의 폭이 더 넓어지고 더 싸게 낙찰받으려고 한다. 불과 몇 개월 전만 해도 일반물건의 낙찰가율은 90% 안팎이었다. 부동산 경기 침체에도 불구하고 아파트 등 주거용 경매물건의 낙찰가율이 많이 떨어지지는 않는다.

거래가격보다 싸게 낙찰받는 것이 중요한 경매시장에서 시세 차익을 얻기는 쉽지 않다. 낙찰 통계를 보면 대부분 10~15% 정도 낮게 낙찰받는 것이 일반적이다. 하지만 요즘 같은 부동산 가격 하락기에는 그 정도 금액으로 낙찰받는다고 해도 큰 수익을 내기 어렵다. 왜냐하면 부동산 실거래 현장에서는 시세보다 월등하게 저렴한 경매 직전 매물과 급매 등이 많기 때문이다.

감정평가 가격의 최소 80% 선에서 낙찰받아야 취·등록세, 국세, 지방세 등 제세금과 이사비를 비롯한 추가 비용을 감안했을 때 수익을 창출할 수 있다. 최근 경매시장에 나오는 물건 대부분의 감정가가 시세보다 높다. 경매물건을 고를 때 기존의 낙찰 통계를 기준으로 낙찰가를 결정하는 것보다 최근 감정가의 80% 선 아래로 낙찰받는 방법을 강구하는 것이 부동산 경기 침체기에 올바른 경매 투자 전략이다.

투자 심리가 얼어붙은 시기에 경매시장에서 충분한 수익을 창출하고 급매물보다 훨씬 값싼 부동산을 매입하려면 남들이 관심을 갖지 않는 물건에 투자해야 한다. 경매 물량이 증가할 때는 대부분의 사람들이 특수물건보다는 일반물건에 관심을 두게 마련이다. 왜냐하면 굳이 까다로운 물건을 고르지 않아도 어느 정도 수익을 낼 수 있다고 생각하기 때문이다. 그러나 부동산 가격이 하락하는 시기에는 싸게 낙찰받았다 해도 시세 차익을 볼 수 없는 경우가 많다. 이럴 때일수록 투자 가치가 높은 특수물건을 싸게 낙찰받는다면 가치 상승의 가능성이 충분하기 때문에 엄청난 시세 차익을 기대할 수 있다.

알짜 물건을 경쟁 없이 산다

부동산 경기가 침체될수록 사람들은 안전하고 좋은 물건을 찾으려고 한다. 그런 생각이라면 부동산 경매시장이 아니라 인근 부동산중개사무소에서 급매물을 찾는 것이 훨씬 쉽고 안전하다. 불안정한 시기에는 급매물을 시세보다 싸게 샀다 해도 부동산 가격이 얼마나 더 떨어질지 모르기 때문에 불안하기는 마찬가지다.

이럴 때 특수물건을 찾아서 투자한다면 기대 이상의 수익을 얻을 수 있다. 일반물건도 많기 때문에 특수물건에 대한 관심이 적고 유찰이 거듭되어 가격이 더 떨어진다.

지인 중에 한 사람은 강남의 14층짜리 건물이 감정가 80억 원인데, 유찰을 거듭해 14억 원까지 떨어진 것을 낙찰받았다. 14억 원을 주고 산 부동산의 시세가 지금은 감정가의 2배가 넘는 가격으로 올랐다. 그는 14층에 자기 사무실을 두고 유유자

적한 삶을 살고 있다. 그 건물에서 나오는 월세가 수천만 원이다. 월세를 받아서 건물 관리만 해도 여유 있게 살 수 있는 것이다.

부동산 투자는 남들도 똑같이 관심을 가지는 물건만 찾아다니면 큰 수익을 낼 수 없다. 남들이 관심을 가지지 않는 특수물건은 가격 하락 폭이 크고 경쟁률이 낮기 때문에 낙찰받기 쉽다.

경매물건이 풍성한 시기에는 그야말로 알짜 물건을 큰 경쟁 없이 싸게 살 수 있다. 지금은 실수요자들이 경매시장을 주도하고 있다. 경매 낙찰가와 경쟁률이 낮기 때문에 투자하기 좋은 기회다. 그러나 우량 물건들은 어느 정도 가격을 형성하면서 낙찰되는 추세다.

이럴 때 미래 가치가 충분한 특수물건 하나만 낙찰받아도 엄청난 수익을 낼 수 있다. 경기가 어려운 시기에는 특수물건도 많이 나온다. 지금 뛰어들지 않으면 다시 기회를 잡기 어렵다. 특수물건에 투자하기에는 지금이 가장 좋은 시기다. 투자 여건이 지금처럼 좋은 때는 앞으로 없을지도 모른다. 특수물건도 일반화, 대중화되어 가고 있다. 이제는 누구나 특수물건에 도전할 수 있을 만큼 시장도 넓어지고 정보도 많다. 앞으로 2~3년 후면 특수물건이라는 말도 사라질지 모른다.

06

낙찰만 받으면 팔 걱정하지 않아도 된다

부동산 경매물건을 낙찰받고 나면 가장 두렵고 부담스러운 것이 과연 내가 원하는 시기에 제값을 받고 팔 수 있을까 하는 것이다. 경매로 부동산을 낙찰받아 소유권을 이전하고 수익을 내려면 누군가 사주거나 임대를 해야 한다. 그렇기 때문에 특히 토지를 낙찰받을 때는 신중하게 물건분석을 해야 한다. 토지는 수익을 가장 많이 낼 수 있지만 애물단지가 되는 경우도 많다.

후배 중 하나는 10여 년 전 부동산 경매를 처음 배울 때 경매학원에서 소개한 토지를 아주 싼 가격에 낙찰받았지만 지금까지 팔지 못하고 있다. 개발 호재가 많은 평택 지역의 땅인데도 말이다. 토지에 대한 규제와 개발 가능성은 변화무쌍하고 지방자치단체의 조례에 따라 엄청난 차이가 있다. 그만큼 토지 투자는 어렵기도 하지만 한번 물꼬를 트면 엄청난 수익을 안겨주기 때문에 유혹을 뿌리치기 어렵다. 하지만 토지는 도로에 대한 지식이나 안목이 어느 정도 있어야 가치를 평가할 수 있다. 어쨌든 후배는 개발 호재가 많은 지역의 땅을 소유하고도 수익을 올리지 못한 채 세금만 내고 있다.

특수경매는 반드시 사줄 사람이 있다

하지만 특수물건은 모두 상대방이 있다. 즉 낙찰만 받으면 반드시 사주거나 나한테 싼값에 팔겠다는 사람들이 있다. 예를 들어 법정지상권 성립 여지가 있는 토지를 낙찰받으면 그 위에 건축 공사가 진행 중인 건물이 있다. 당연히 이 건물 소유주는 내가 낙찰받은 토지의 소유주였다. 건축 공사를 하던 중 대출이 막혀 부도가 나면서 땅만 경매로 나온 것이다. 이 건물의 운명은 어떻게 될까?

이런 경우 대부분 법정지상권이 성립하지 않는다. 법정지상권이 성립하지 않는 건물은 남의 토지를 불법으로 점유한 것이므로 당연히 철거되어야 한다. 건물 소유주에게 내 토지 위에 있는 불법 건물을 철거하든지, 아니면 내 땅을 사라고 요구할 수 있다. 건물주 입장에서는 난감할 수도 있다. 돈이 없어서 공사가 중단되고 땅까지 뺏겼는데 말이다.

그러나 곰곰이 생각해보면 건물주에게는 새로운 기회가 생긴 것이다. 그동안 땅을 담보로 수십억 원의 대출을 받아 건축을 하는 중에 부도가 나서 땅의 소유권이 넘어갔다. 그렇다면 그 수십억 원의 대출금은 어디로 갔는가? 모두 소멸되었다. 모든 빚이 탕감된 것이다. 조금만 생각해보면 자신의 빚을 탕감해준 낙찰자에게 오히려 고마워해야 한다. 그렇기 때문에 대부분의 협상이 순조롭게 진행된다. 서로에게 수익이 극대화되는 방향으로 양보하면서 협상하면 되는 것이다.

이렇게 대화 상대와 협상의 여지가 있는 것이 특수경매다. 반드시 상대방과 대화를 해야만 하나라도 더 챙길 수 있다. 특히 건물주는 낙찰자(토지 소유자)에게 '을'의 입장이다. 협상이 틀어지면 자기 돈으로 세운 건물을 철거해야 한다. 철거하는 동안 땅을 점유하고 사용한 대가로 지료도 내야 한다. 낙찰자는 편안한 마음으로 대화에 임할 수 있다. 일반경매에서 낙찰자가 느긋한 마음으로 채무자나 임차인을 만날 수 있을까? 일반경매에서는 낙찰자가 '을'의 입장인 경우가 많다. 반면 특수물건은 낙찰받으면 내가 제시한 조건을 상대방이 받아들일 수밖에 없다. 상대방이 배짱을 부릴 여유가 없다. 서로의 목적이 분명하기 때문에 일방적인 대화가 아닌 타협이 가능한 대화를 할 수 있다.

특수경매는 서로에게 이익이 되는 상생의 경매다

이 건물주는 다시 땅을 담보로 대출받아 건축하고 분양하면 재기할 수 있다. 낙찰자에게 토지를 적당한 가격에 다시 사기만 하면 된다. 낙찰자에게 지불해야 할 토지 대금은 대출을 받아서 주거나 건물을 완공한 후 분양해서 주겠다고 협상하면 된다. 서로 대화의 여지가 있는 것이 법정지상권 경매다. 서로에게 이익이 되는 상생의 경매라는 것이다.

수십억 원을 들여서 건축 공사를 하는 건물주는 사전에 입지와 상권 등 물건분석을 충분히 했을 것이다. 건물주가 더 이상 공사를 진행할 여력이 없다면 낙찰자에게 싸게 팔면 된다. 낙찰자는 건축 공사를 완료해서 분양하면 되는 것이다. 이렇게 서로에게 이익이 되는 방향으로 협상할 여지가 있다.

이런 점에서 특수경매는 일반경매보다 더 단순하고 매력적이다. 수차례 강조했지만 법정지상권 경매는 특별한 권리분석이 필요 없다. 물건이 좋다면 우선 낙찰받고 나서, 법정지상권이 성립하면 지료를 내라고 하고, 성립하지 않으면 건물을 철거하라고 하면 된다. 여기서부터 협상이 시작되는 것이다. 법정지상권이 성립한다 하더라도 결국 건물주는 지료를 내야 한다. 그리고 지료는 임대료보다 비싼 경우가 많다. 본인이 그 건물에서 사업을 한다면 모를까 임대를 해서는 지료를 감당하기 어렵다. 게다가 지료를 2년간 연체하면 법정지상권이 소멸된다. 법정지상권이 소멸되면 건물을 철거해야 한다. 결국 토지를 사든지 건물을 싸게 파는 것이 낫다.

법정지상권이 성립하지 않는 경우 건물주의 상황은 더 어렵다. 당장 건물을 철거해야 하는 상황에서 협상에 응하지 않을 수가 없다. 낙찰자는 '갑'의 입장에서 여유 있게 협상에 나설 수 있다. 그리고 수익을 많이 내는 것도 중요하지만 어느 정도의 수익만 얻으면 건물주에게 최대한 양보하고 빠져나오는 것이 좋다. 잘못하면 협상이 장기화될 수도 있고, 감정이 개입되면 소송으로 이어질 수 있기 때문이다. 소송이 진행되면 시간뿐 아니라 추가 비용이 든다. 차라리 그 시간과 비용으로 더 좋은 물건을 찾아서 낙찰받는 것이 낫다.

얼마 전 안양에서 건축하다 부도가 난 물건을 낙찰받았는데, 건물이 거의 완공되어 내부 공사만 마무리하면 되는 것이었다. 낙찰받고 현장에 가서 출입문에 전화번호를 붙여놓고 돌아오는데 건물주에게 전화가 왔다. 낙찰 당일 바로 협상을 하게 된 것이다. 건물주의 사정을 들어보고 나서 적당한 가격을 제시하면 토지를 매도하겠다고 했다. 그러자 건물주는 건물을 완공하고 처음 분양되는 금액으로 토지 대금을 지불하겠다고 했다. 나는 약속을 보증하는 의미로 건물주 명의 변경 서류를 해달라고 했다. 토지 대금을 모두 입금하면 받았던 서류를 돌려주는 조건이었다. 그렇게 해서 공사가 다시 시작되었고, 두 달 정도 지나 완공된 후 토지 대금을 받았다.

이런 과정에서 건물주와 친해져 가끔씩 술도 한잔하는 사이가 되었다. 알고 보니 나이도 같아 친구로 지내고 있다. 그 친구는 건축을 하면서 경매도 시작해서 요즘은 나에게 경매 관련 질문도 많이 하고, 임장도 같이 다닌다. 특수물건 경매를 하면서 건축 분야를 잘 아는 친구가 생겨 나 역시 많은 도움을 받고 있다. 임장을 다니면서 여행도 하고, 친구도 생기고, 돈도 벌 수 있으니 일석삼조가 따로 없다. 상생하는 특수경매를 하면 보람도 있고 즐거움도 넘친다.

경쟁률이 낮은 시장에 뛰어들어라

퇴직을 앞두고 인생 2막을 어떻게 시작할까 고민하다 부동산 경매를 본격적으로 해보고 싶다는 생각을 했다. 그러나 시중에 나와 있는 관련 책들을 보면 대부분 은퇴자에게 창업보다는 취업을 권한다. 물론 그것이 가장 안전한 선택일 수 있다. 점점 고민도 깊어졌고, 무엇보다 아내를 설득하고 동의를 구하는 게 우선이었다.

오랜 고민 끝에 아내에게 "퇴직하면 경매를 하면서 당신하고 같이 경매 여행을 다니고 싶다"고 말했다. 어떤 지역에 좋은 경매물건이 있으면 임장을 겸해서 주변 관광도 하고 맛있는 음식도 먹고 즐기다 오는 것이다. 아내는 그동안 고생했으니 하고 싶은 거 하라며 선뜻 동의해주었다.

사무실도 경매로 낙찰받아 마련하고 본격적으로 경매를 시작했다. 그러나 세상 모든 일이 뜻대로 되지 않는다. 열심히 권리분석과 물건분석을 해서 경매법정에 나가면 예상가보다 훨씬 높은 가격에 낙찰되는 것이었다. 낙찰 한번 받아보지 못하고 경매계를 떠나야 하는 건 아닌가 하는 불안감과 초조함이 밀려왔다.

그러다 우연히 법정지상권 경매를 접하게 되었다. 법정지상권이 성립하지 않는 물건, 즉 건물 신축 중에 부도가 난 물건 위주로 낙찰받아 수익을 내겠다는 목표를 정하고 적당한 물건을 골라 도전해보기로 했다. 물건을 선정하고 입찰하면서도 두려움이 앞섰다. 법정지상권이 어렵다는 말을 많이 들었기 때문이다. 차라리 떨어졌으면 하는 마음까지 들었지만 운 좋게 낙찰되었다.

낙찰받고 나니 두려움이 더욱 커졌다. 어떻게 해결해야 할지 난감했던 것이다. 낙찰받은 다음 날 현장에 가서 '출입 금지 푯말'을 세우고 전화번호를 붙여놓고 돌아왔다. 얼마 후 건물 소유주에게 전화가 와서 만나게 되었다. 건물주는 이런저런 하소연을 늘어놓더니 토지를 팔라고 했다. 그분과는 협의가 잘되어 적당한 가격에 토지를 넘겼다. 건물주는 넘겨받은 토지를 담보로 다시 대출을 받아 건물을 완공하고 분양했다. 마음의 부담을 한 번에 털어내고 충분한 수익까지 얻었다.

이처럼 낙찰자가 항상 '갑'의 입장에서 협상할 수 있는 것이 법정지상권 경매다. 법정지상권의 권리분석은 별것 아니었다. 법정지상권이 성립하면 토지 사용 대가인 '지료'를 청구하고, 성립하지 않으면 건물 철거를 요구하면 된다. 이 과정에서 자연스럽게 협상이 이루진다. 법정지상권이 성립하든 안 하든 '갑'의 입장에서 협상을 이끌 수가 있다. 그런데도 일반인들이 꺼리는 이유는 법정지상권은 반드시 소송을 해야 한다는 부담 때문이다. 소송 없이도 건물주와 협상해서 수익을 낼 수 있다. 지금은 특수경매 시장도 많이 일반화되었다. 지금이라도 빨리 시작해야 기반을 잡고 여유 있게 부동산 경매 투자를 할 수 있다.

07

특수물건은 아파트보다 환금성이 좋다

돈이 되는 부동산을 싸게 사는 것도 중요하지만, 팔고 싶을 때 빨리 처분할 수 있는 부동산을 찾는 것이 현명한 투자 방법이다. 좋은 부동산은 현금화하기 쉬운, 소위 '잘 팔리는' 부동산이다. 부동산 투자를 할 때는 최우선으로 팔 때를 생각해야 한다. 부동산 투자에서 최대의 적은 거래가 되지 않는 물건이다. 부동산은 비싼 데다 덩치가 커서 쉽게 팔리지 않는다. 특히 경매와 공매를 통해 낙찰받았다가 되파는 경우 환금성이 더 떨어진다. 경매 낙찰가가 등기사항전부증명서에 기록되어 있기 때문에 매수 희망자들은 가격부터 깎으려고 한다. 급매물 가격보다 더 싸게 사려는 심리다.

경매로 낙찰받는 부동산은 시세가 오를 때까지 '묵혀두기'보다는 빨리 현금화할 수 있는 매물을 찾는 것이 현명하다. 경매 투자의 성패는 낙찰받을 때 결정되기 때문에 매도 전략까지 염두에 두어야 한다. 즉 싸게 낙찰받아서 언제든지 현금화할 수 있는 물건을 고르는 것이다.

예전처럼 주택과 상가를 사고파는 것으로 시세 차익을 올리기 어렵게 되면서 경매 투자의 트렌드도 많이 바뀌고 있다. 싸게 낙찰받는다 하더라도 팔리지 않으면 장기간 돈이 묶인다. 빨리 처분할 수 있는 경매물건을 고르려면 객관적인 시각을 가져야 한다. 나에게 좋고 남에게도 좋은 경매물건을 골라야 한다는 것이다.

아파트도 현금화까지 시간이 많이 걸린다

현금화하기 가장 쉬운 경매물건은 단연 아파트다. 아파트는 수요가 넉넉하고 가격 상승의 기대감도 크기 때문이다. 또한 불황에도 거래가 많이 이루어진다. 특히 소형 아파트는 약간의 차익만 보고 매물로 내놓으면 실수요자들에게 팔기 쉽다. 하지만 환금성이 좋은 아파트도 현금화하기까지 오랜 시간이 걸릴 수 있다는 점을 간과해서는 안 된다.

2018년 경기도 남양주에 있는 30평짜리 아파트가 감정가 3억 6,000만 원에 경매로 나왔다. 1차 유찰되어 2억 5,000만 원대로 떨어졌을 때 2억 9,000만 원에 낙찰받았다. 대출이 막혀 입찰 경쟁이 그리 치열하지 않았기에 비교적 싸게 낙찰받은 것이다. 낙찰을 받고 며칠 후 소유자를 만나러 아파트로 갔는데 아무도 없었다. 관리사무소에 가서 누가 살고 있는지, 미납된 관리비 등이 있는지 확인했다. 집주인이 노모와 함께 살고 있는데 얼마 전부터 집에 잘 들어오지 않는다고 했다. 노모를 모실 만한 집을 구하러 다니나 보다 생각하고 출입문에 전화번호를 남기고 돌아왔다.

그러나 일주일 넘게 기다렸는데도 아무런 소식이 없었다. 이번에는 저녁 8시쯤 가봤는데 불도 꺼져 있고 인기척도 없는 듯했다. 조금 더 기다려보기로 하고 아파트 정원 벤치에 앉아 있다가 11시쯤 다시 올라가 보았다. 불은 꺼져 있는데 인기척이 들리는 듯해 벨을 눌렀다. 아무런 반응이 없었다. 다시 벨을 누르고 "안에 계신 거 알고 있습니다. 문 좀 열어주세요"라고 말하고 기다렸다. 강제집행을 해야 하나 고민을 하며 한참을 서 있는데, "누구세요"라고 조심스런 여자의 목소리가 들렸다. "네, 여기 집주인입니다. 문 좀 열어주세요. 이야기를 나눠야 할 것 같은데요"라고 말하자 잠깐 멈칫하더니 현관문이 열렸다.

40대 중반으로 보이는 여자분이었다. 이 집을 낙찰받고 현관문에 전화번호를 남겨놨는데 연락이 없어서 밤늦게 찾아왔다고 했다. 난감해하는 표정이었다. "잠깐 들어가서 말씀드려도 될까요?"라고 묻자 허락해주었다. 집 안으로 들어서면서 곳곳을 빠르게 살펴보았다. 조용하고 비교적 깔끔했다. 큰방에 할머니가 앉아 텔레비전을 보고 계신 것을 보고는 물건 인도에 시간이 필요할 것이라는 생각이 들었다. "어머님과 두 분이 살고 계신가요?"라고 묻자, 아이들은 대학 기숙사에서 지내고 남편은 지방에서 일하는데 가끔 올라온다고 했다.

여자분은 지방에 머물면서 어머니를 모시고 살 집을 알아보러 다니다 오늘 올라왔다고 했다. 언제쯤 이사할 수 있느냐고 물으니 한숨을 크게 쉬었다. 지방에 집을 얻기도 쉽지 않고, 무엇보다 어머니가 편찮으신데 치료하는 데 6개월 정도 걸린다고 했다. 6개월은 너무 길고 일주일 내로 이사 날짜를 정해달라고 했다.

며칠 지나서 그분에게 전화가 왔는데 어머니 치료 때문이니 4개월만 더 살게 해달라고 통사정을 했다. 할 수 없이 4개월 후 정확한 날짜를 정하고 확인서를 써달라고 했다. 약속한 날짜에 이사하면 약간의 이사비를 주기로 하고 협상을 마무리했다. 약속대로 그분은 정해진 날짜에 이사했고, 동시에 부동산에 매물과 전세를 모두 내놓았다.

부동산 규제 정책으로 대출을 제한하자 아파트를 사려는 사람이 없었다. 그래서 2억 원에 전세를 놓고 기다리기로 했다. 낙찰받은 지 6개월이 지났는데 매매가 되지 않고 전세를 내서 일부 환가를 하는 정도였다. 물론 정부 정책이 영향을 미치기도 하지만 기본적으로 아파트를 환가하는 데는 몇 개월의 시간이 걸린다.

특수물건이 오히려 현금화하기 편하다

반면 법정지상권이나 유치권, 지분 등은 협상만 잘되면 단기간에 현금화할 수 있다. 이런 특수물건은 대부분 '갑'의 입장에서 협상하기 때문에 오히려 시간이 단축된다. 소송으로 이어지지만 않는다면 아파트보다 환금성이 더 빠르다. 법정지상권이 성립하든 안 하든 상대방은 빨리 협상하기를 바란다. 왜냐하면 건축 중인 건물은 어떤 방식으로든 협상을 마무리해서 빨리 건물을 완공해야 돈을 회수할 수 있기 때문이다. 빨리 협상하고 마무리하는 것이 양쪽 모두에게 유리하다. 내 경우 법정지상권이 성립하지 않는 물건 위주로 낙찰받기 때문에 환가하기까지 6개월을 넘긴 적이 거의 없다. 대부분 건물을 완공해서 회수하기까지 길어야 6개월이면 마무리되었다.

소송까지 해야 하는 유치권의 경우 입찰을 심각하게 고민해야 한다. 유치권이 성립하지 않는 물건을 골라서 낙찰받아야 한다. 유치권이 성립하지 않을 경우 입증 서류만 잘 정리해서 신청하면 한두 달 내로 인도명령을 받을 수 있다. 인도명령만 받으면 모든 일은 일사천리로 진행된다. 인도명령서를 가지고 물건의 점유를 회복하고 현금화 절차를 밟으면 된다.

지분물건은 협상 속도가 더 빠르다. 낙찰받고 법원을 나오기도 전에 협상을 마무리한 경우도 많다. 지분 공유자 또는 물건과 어떤 관련이 있는 사람들이 공유자 우선매수청구권을 행사하지 못했거나 입찰에서 떨어진 경우 바로 협상을 시도한다. 이럴 때는 바로 적당한 가격에 지분을 매도하면 되는 것이다.

이처럼 특수물건은 현금화 절차가 훨씬 단순하고 빠르다. 물론 협상이 성사되지 않고 소송으로 이어져 장기화되는 경우도 있다. 협상을 빨리 마무리짓기 위해 소송도 필요하다. 소송을 하면 상대방도 본인에게 불리하다는 것을 깨닫고 협상에 응한다. 그때 협상을 마무리하고 소송은 취하하면 된다. 이런 경우는 더 유리한 입장에서 협상할 수가 있다. 이처럼 특수물건은 어떤 경우든 단기간에 많은 수익을 안겨준다.

PART 2

특수물건 경매, 이것만은 꼭 알고 시작하자

01

경매 진행 절차 및 입찰 참여

부동산 경매의 의의

부동산 경매는 채권자의 신청에 의하여 법원이 채무자 또는 물상보증인(物上保證人, 채무를 보증하기 위해 자기 재산을 담보로 제공한 사람) 소유의 부동산에 대해 경매 개시 결정 및 압류를 하고, 경매 절차를 통해 매각한 후, 현금화된 매각 대금으로 채권액을 갚아주고, 남은 금액은 소유자에게 지급(배당)하는 강제집행 절차이다.

과거에 부동산 경매 절차는 「민사소송법」에 의한 '강제경매'와 「경매법」에 의한 '임의경매'로 나뉘었다. 그 후 「경매법」을 폐지하고 구 「민사소송법」(1990. 1. 13. 개정)의 강제집행 절차에 흡수되었다가, 강제집행 절차만 분리해 새로운 「민사집행법」(2002. 1. 26.)을 제정하여 2002년 7월 1일부터 시행하고 있다.

부동산 경매 절차에 따라 법률적·경제적 위험을 안고 낙찰된 부동산에 대한 잔금을 납부하면 낙찰자에게 소유권이 이전된다. 일반적인 부동산 매매에서는 발생한 권리의 하자나 목적 부동산 자체의 하자가 있는 경우 매도인이 책임지기 때문에 매수자는 투자 위험만 부담하면 된다. 그러나 부동산 경매는 물건의 하자 및 권리하자, 명도 하자 등 법률적·경제적 위험을 낙찰자가 부담해야 한다.

부동신 경매는 채무자가 채권자에게 약속한 날짜까지 대여금을 변제하지 못하면 채권자는 사적 자치가 아닌 공권력, 즉 국가기관인 법원에 강제집행을 신청하여 채무자의 부동산을 압류하고 현금화해서 채권자의 배당 순위에 따라 배당받는 것이다.

채권자가 채무자와의 채권 관계를 증명하는 서류를 첨부하여 경매신청서와 비용을 경매법정에 제출하면, 압류의 효력 발생과 동시에 경매 절차가 시작된다. 경매에 부친 부동산이 경쟁 입찰을 통해 최고가 매수인에게 낙찰되고 잔금을 납부하면, 채권자는 배당 순위에 따라 배당받음으로써 채권을 회수하게 된다. 세부적인 경매 절차는 다음과 같다.

경매 절차

① 경매 신청 및 경매 개시 결정 — ② 배당요구의 종기 결정 및 공고 — ③ 매각 준비 — ④ 매각 기일 및 매각 결정 기일의 지정 · 공고 · 통지 — ⑤ 매각 — ⑥ 매각 허가/불허가 결정 — ⑦ 매각 대금 납부 — ⑧ 소유권 이전등기의 촉탁 — ⑨ 배당 — ⑩ 인도명령

※ 경매 절차 진행도(56쪽)

경매 절차

개인 간의 채권·채무 관계에서 변제 시기가 지났는데도 채무를 이행하지 않을 경우 채권자는 자기의 채권을 실현하기 위하여 「민사집행법」의 부동산 강제집행 규정에 의한 절차에 따라 법원에 채무자의 부동산을 매각하여 그 대금으로 채권을 회수할 수 있게 해달라고 신청한다. 이와 같은 강제집행의 절차로 채권자의 신청에 의하여 채무자 소유 등기사항전부증명서 '갑'구란에 '경매개시결정기입등기'가 등재됨으로써 경매가 시작된다.

입찰 참여

매각 기일에 경매법정에 도착하여 입구에 게시된 공고를 통해 본인이 입찰하고자 하는 물건의 진행 여부를 확인한다. 당일 입찰이 진행될 사건이 변경(하자가 발생한 경우 법원이 직권으로 매각 일정을 변경하는 것), 연기(이해관계인의 신청으로 매각 기일을 미루는 것), 정지(이해관계인의 신청으로 경매 진행 절차가 중지되는 것), 취하(경매 신청 채권자가 취하서를 제출해 경매를 취소하는 것)되었는지를 확인하는 것이다.

입찰 개시

입찰 개시는 집행관이 주재하고, 그에 앞서 집행 기록을 입찰자에게 공지한다. 특별 매각 조건이 있다면 이를 사건별로 고지한다. 입찰은 법원마다 약간의 차이는 있지만 매각 기일 오전 10시에 시작하는 것이 보통이다. 입찰자들은 입찰 서류를 열람한 후 입찰표와 입찰 봉투를 작성하여 입찰함에 투입한다. 통상 11시 10분에 입찰을 마감한다. 집행관이 입찰 마감 선언 후 개찰하여 최고가 매수 신고인을 결정한다. 이때 차순위 매수 신고 자격을 가진 입찰자가 있는 경우 차순위 매수 신고

| 경매 절차 진행도 |

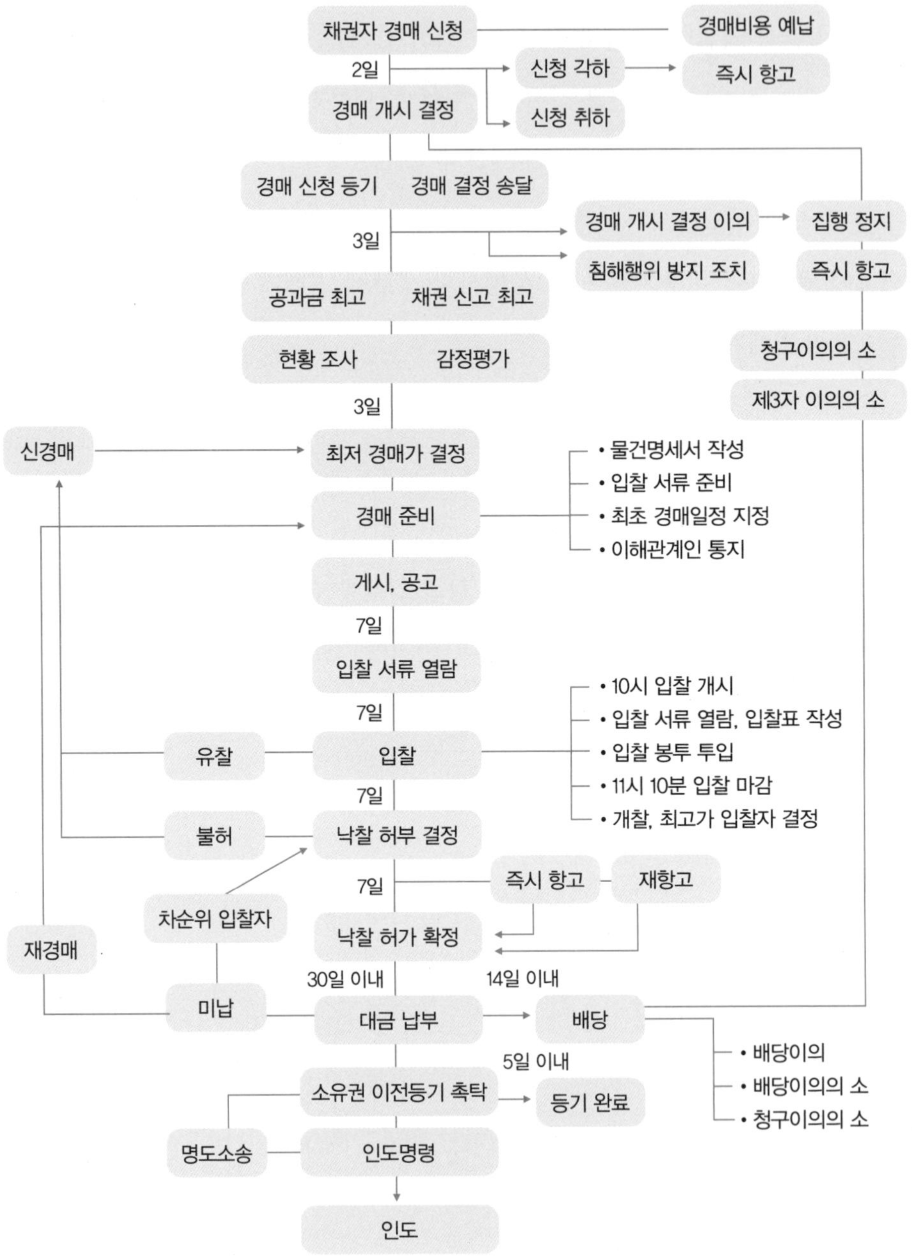

※ 경매 신청부터 종료까지 통상적인 기간이며, 이의 신청이나 송달 여부, 기타 절차 등에 따라 사건별로 기간이 다름.

를 받고 탈락자에게 보증금을 돌려주는 것으로 입찰을 종결한다.

| 입찰 준비물 |

구 분		준비물
본인 입찰	개인	신분증, 도장, 입찰보증금
	법인	법인등기사항전부증명서, 법인인감증명, 대표이사 신분증, 법인인감도장, 입찰보증금
대리인 입찰	개인	대리인의 신분증, 본인의 위임장(인감도장 날인), 본인의 인감증명, 대리인의 도장, 입찰보증금
	법인	대리인을 증명하는 위임장, 대리인의 신분증, 대리인의 도장, 법인등기사항전부증명서, 법인인감증명, 입찰보증금

입찰표 작성 시 주의해야 할 사항 중 하나는 반드시 사건번호와 물건번호를 기재해야 한다는 것이다. 하나의 물건에 하나의 입찰표를 작성한다. 입찰 금액은 반드시 최저 입찰가보다 높은 금액을 써야 한다. 최저 입찰가보다 낮게 쓰면 무효 처리된다. 본인이 직접 입찰에 참가하는 경우 신분증, 도장, 보증금을 준비해야 한다. 대리인이 입찰하는 경우에는 대리인의 신분증 및 도장 외에도 본인의 인감증명 1통, 위임장 1통, 보증금을 준비해야 한다. 위임장에는 반드시 본인의 인감도장을 찍어야 한다. 입찰 가격과 보증금 난에는 아라비아 숫자로 기재하고, 금액을 수정하면 안 된다. 수정하면 무효 처리가 되므로 다시 작성해야 한다.

입찰표 기재

집행관이 입찰표 제출 방법을 안내하고, 입찰 마감 시간과 개찰 시간을 알려줌으로써 입찰이 시작된다. 입찰표에는 사건번호, 입찰자의 성명과 주소, 부동산의 표시와 물건번호, 입찰 가격, 대리인이 입찰하는 경우 대리인의 성명과 주소, 보증금을 기재한다. 입찰 가격은 일정한 금액으로 표시해야 하며, 다른 입찰 가격에 대한 비례로 표시하지 못한다.

입찰표 및 입찰보증금 제출

입찰표는 매각 기일에 집행관에게 제출해야 한다. 입찰 봉투에 넣어 입찰함에 투입하면 집행관에게 제출하는 것이다. 한번 제출한 입찰표는 취소·변경 또는 교환할 수 없다.

입찰보증금은 특별 매각 조건이 없는 한 최저 매각 가격의 10분의 1 상당액이다.(재입찰의 경우 최저 매각 가격의 2/10 또는 3/10으로 특별 매각 조건을 정한다.) 입찰보증금은 입찰표와 함께 집행관에게 제출해야 한다. 2004년 9월 1일부터는 서울보증보험(주)에서 발행하는 보험증권으로도 입찰보증금을 납부할 수 있다. 개찰 결과 최고 가격으로 입찰한 사람이 입찰보증금을 제출하지 않았다면 그 입찰은 무효가 된다.

입찰 종결

입찰을 마감하면 지체 없이 입찰표를 개봉한다. 공정성을 기하기 위해 개찰 시 입찰자가 출석해야 하며, 입찰자가 출석하지 않았을 경우 집행관은 법원 사무관 등 상당하다고 인정하는 자를 대신 참여하게 한다.

개찰 결과 최고 가격으로 응찰하고 소정의 입찰보증금을 제출한 자로 판명된 자를 최고가 입찰자로 결정한다. 최고가 입찰자가 2인 이상일 때는 그들만을 대상으로 추가 입찰을 실시하는데, 앞서 제시한 입찰 가격보다 적은 가격으로 응찰할 수 없다. 앞서의 입찰 가격보다 적은 가격으로 응찰한 경우 응찰하지 않은 것으로 간주한다. 추가 입찰 결과 또 2인 이상이 최고 가격으로 응찰한 경우에는 추첨으로 최고가 매수인을 정한다. 추가 입찰 자격을 가진 사람들 전원이 입찰에 응하지 않은 경우에도 추첨으로 최고가 매수인을 정한다.

최고가 매수인이 결정되면 그다음으로 차순위 매수 신고인을 결정하는데 최고가 입찰 가격에서 입찰보증금을 공제한 금액을 초과한 경우에만 할 수 있다. 최고가 입찰자가 대금 지급 의무를 이행하지 않는 경우 자기의 입찰에 대하여 낙찰을 허가해달라는 신고(차순위 매수 신고)를 하는 것이다. 이는 재입찰로 인한 경매 절차가 지연되는 것을 방지하고 법원의 과중한 업무를 경감하기 위한 차순위매수신고제도이다.

최고가 매수 신고인 및 차순위 매수 신고인이 결정되면 집행관은 그들의 성명과 가격을 고지하고 입찰 절차를 종결한다. 입찰 절차의 종결을 고지한 후 최고가 매수 신고인 및 차순위 매수 신고인 이외의 입찰자에게 입찰보증금을 즉시 반환한다.

(앞면)

기 일 입 찰 표

지방법원 집행관 귀하 입찰기일 : 20 년 월 일

<table>
<tr><td colspan="2">사건번호</td><td colspan="2">타경 호</td><td>물건번호</td><td colspan="2">※ 물건번호가 여러 개 있는 경우에는 꼭 기재</td></tr>
<tr><td rowspan="6">입찰자</td><td rowspan="3">본인</td><td>성 명</td><td colspan="2">(인)</td><td>전화번호</td><td></td></tr>
<tr><td>주민(사업자)등록번호</td><td></td><td>법인등록 번 호</td><td colspan="2"></td></tr>
<tr><td>주 소</td><td colspan="4"></td></tr>
<tr><td rowspan="3">대리인</td><td>성 명</td><td colspan="2">(인)</td><td>본인과의 관 계</td><td></td></tr>
<tr><td>주민등록 번 호</td><td colspan="2"></td><td>전화번호</td><td>–</td></tr>
<tr><td>주 소</td><td colspan="4"></td></tr>
</table>

입찰가격	천억	백억	십억	억	천만	백만	십만	만	천	백	십	일		보증금액	백억	십억	억	천만	백만	십만	만	천	백	십	일	
													원													원

보증의 제공 방법		보증을 반환받았습니다.
	○ 현금·자기앞수표 ○ 보증서	입찰자 본인 또는 대리인 (인)

⊙ 주의사항

1. 입찰표는 물건마다 별도의 용지를 사용하십시오. 다만, 일괄 입찰 시에는 1매의 용지를 사용하십시오.
2. 한 사건에서 입찰물건이 여러 개 있고 그 물건들이 개별적으로 입찰에 부쳐진 경우에는 사건번호 외에 물건번호를 기재하십시오.
3. 입찰자가 법인인 경우에는 본인의 성명란에 법인의 명칭과 대표자의 지위 및 성명을, 주민등록란에는 **입찰자가 개인인 경우에는 주민등록번호를, 법인인 경우에는 사업자등록번호를** 기재하고, 대표자의 자격을 증명하는 서면(법인의 등기사항증명서)을 제출하여야 합니다.
4. 주소는 주민등록상의 주소를, 법인은 등기기록상의 본점 소재지를 기재하시고, 신분 확인상 필요하오니 주민등록증을 꼭 지참하십시오.
5. **입찰가격은 수정할 수 없으므로, 수정을 요하는 때는 새 용지를 사용하십시오.**
6. 대리인이 입찰하는 때는 입찰자란에 본인과 대리인의 인적사항 및 본인과의 관계 등을 모두 기재하는 외에 본인의 **위임장(입찰표 뒷면을 사용)**과 인감증명을 제출하십시오.
7. 위임장, 인감증명 및 자격증명서는 이 입찰표에 첨부하십시오.
8. 일단 제출된 입찰표는 취소, 변경이나 교환이 불가능합니다.
9. 공동으로 입찰하는 경우에는 공동입찰신고서를 입찰표와 함께 제출하되, 입찰표의 본인란에는 "별첨 공동입찰자목록 기재와 같음"이라고 기재한 다음, 입찰표와 공동입찰신고서 사이에는 공동입찰자 전원이 간인하십시오.
10. 입찰자 본인 또는 대리인 누구나 보증금을 반환받을 수 있습니다.
11. 보증의 제공 방법(현금·자기앞수표 또는 보증서) 중 하나를 선택하여 ✓표를 기재하십시오.

(뒷면)

위 임 장

대리인	성 명		직 업	
	주민등록번호	—	전화번호	
	주 소			

위 사람을 대리인으로 정하고 다음 사항을 위임함.

다 음

지방법원 타경 호 부동산

경매사건에 관한 입찰행위 일체

본인1	성 명	인감인	직 업	
	주민등록번호	—	전화번호	
	주 소			
본인2	성 명	인감인	직 업	
	주민등록번호	—	전화번호	
	주 소			
본인3	성 명	인감인	직 업	
	주민등록번호	—	전화번호	
	주 소			

* 본인의 인감증명서 첨부
* 본인이 법인인 경우에는 주민등록번호란에 사업자등록번호를 기재

지방법원 귀중

02

경매물건 찾기 및 물건분석 절차

부동산 경매는 국가기관인 법원을 통해 부동산을 사고파는 것이다. 경매에서 성공하려면 무엇보다 돈이 되는 물건을 찾을 줄 알아야 한다. 부동산의 가치를 제대로 알고 활용해서 가치를 극대화하는 방법을 아는 것이다. 앞으로 부동산 시세가 어떻게 형성될지, 유망한 지역은 어디인지, 사람들이 어떤 물건에 관심을 가질지 등에 대한 안목을 키워야 한다.

이런 안목을 키우기 위해서는 공부를 해야 한다. 그러나 이 공부가 대단하거나 어려운 것이 아니다. 조금만 관심을 가지면 된다. 예를 들어 부동산은 정부 정책이나 개발 호재에 따라 가격이 급격히 상승하고 가치도 커진다. 정부의 정책 방향이나 개발 호재에 대한 기사나 칼럼을 꾸준히 읽으면서 조금씩 지식을 쌓다 보면 안목이 생기고 자신감도 높아진다.

그다음에는 자신 있는 지역의 물건을 우선적으로 선정한다. 경매물건은 낙찰받는 것도 중요하지만 제때에 적절한 가격으로 매각해야 수익을 낼 수 있다. 자신이 잘 모르는 지역의 물건, 특히 개발 호재나 특정 이슈가 없어 매수세가 따르지 않으면 수익을 실현하는 데 많은 시간이 걸린다. 따라서 제때 팔 수 있는 물건인지를 우선적으로 검토해야 한다. 어떤 물건을 아주 싸게 낙찰받았지만 제때 팔지 못해 애태우는 경우가 많다.

부동산 경매로 꾸준한 수익을 내려면 물건을 무조건 싸게 낙찰받아 비싸게 파는 것보다 적정 가격에 낙찰받아 빨리 수익을 실현하는 것이 낫다. 이 수익을 종잣돈 삼아 다른 물건을 낙찰받고 매각하는 것을 반복하다 보면 훨씬 큰 수익을 낼 수 있다.

잘 팔리는 경매물건 찾기

부동산 경매에 대한 정보를 쉽게 얻을 수 있는 방법으로 경매 카페 또는 경매 사이트 등을 활용하는 것도 좋다. 또는 카페나 모임을 만들어서 같이 공부하는 것도 유용한 방법이다. 이런 경우 각자 활동하면서 얻은 정보들을 모임에서 발표하고 투자 방법을 공유하면 상상 이상의 효과를 거둘 수 있다. 나 역시 경매 관련 모임을 통해 많은 투자를 하고 있다. 특히 요즘처럼 대출이 잘 안 되는 시기에는 공동 투자로 단기간에 팔아서 수익을 내야 한다.

경매물건을 찾기 위해서는 기본적으로 대법원경매 정보 사이트를 살펴보고, 시중의 유료 정보 사이트를 활용하는 것이 효과적이다. 유료 정보 사이트를 통해 매물을 알아보고 스카이 뷰나 로드 뷰로 물건의 입지를 미리 분석한다. 이렇게 하면 현장에 가지 않고도 어느 정도 투자 가치가 있는 물건을 골라낼 수 있다.

우선적으로 자신이 잘 아는 지역에서 개발 호재나 정부의 개발 정책이 있는 곳, 사람들이 모여드는 이슈가 있는 곳의 물건을 찾아서 분석한다. 그러나 너무 큰 개발 호재가 있는 지역은 피하는 것이 좋다. 누구나 다 알고 있는 지역은 경쟁이 심해서 낮은 가격에 낙찰받기가 쉽지 않다. 그곳에 살고 있는 사람들이 알 만한 사업지구개발계획이나 공원, 도로개발계획 등이 있는 지역의 물건을 골라 분석하면 낮은 경쟁률로 낙찰받을 수 있다.

권리에 하자가 있는 알짜 물건을 골라라

요즘 경매시장에서는 권리관계가 복잡하지 않는 일반물건으로 수익을 내는 경우가 없다. 웬만한 권리관계로는 수익을 내기가 힘들다. 그래서 권리관계가 복잡한 물건만 찾아다니는 사람들도 있다. 이런 물건들이 더 높은 가격에 낙찰되는 경우도 많다. 어느 정도 경매 공부를 했거나 근소한 차이로 패찰을 거듭했던 사람들은 한 단계 더 높은 곳을 바라볼 필요가 있다. 지금까지는 대단지 아파트 로열층이나 브랜드 아파트만 골라서 입찰했다면, 이제는 방향을 바꾸어야 한다. 권리관계가 복잡한 중소형 단지 아파트나 빌라, 단독주택에도 도전해야 한다. 물론 이 시장도 그리 녹록지 않아 실패를 거듭할 수 있다.

부동산에 등기된 권리는 결국 사람이 만드는 것이므로 기본적인 메커니즘만 잘 알면 어려울 것이 없다. 차분하게 분석하고 공부하면 충분히 해결할 수 있는 것들이다. 알고 보면 특수물건은 일반 아파트보다 권리관계가 훨씬 단순하다. 단지 사람들이 미리 겁먹고 도전하지 못할 뿐이다. 이런 물건들을 골라 과감하게 도전해야 한다.

현장에서 답을 찾아라

경매는 100건을 분석해서 10건에 응찰하고 1건을 낙찰받으면 성공한 것이라는 말이 있다. 부동산 경매가 그리 쉽지만은 않다는 얘기다. 물건분석을 하고 임장까지 하려면 엄청난 시간과 돈이 필요하다. 그러나 요즘은 직접 현장에 가지 않고도 유료 경매 정보 사이트에서 많은 정보를 알아낼 수 있다. 이런 사이트를 잘 활용해서 정말 좋은 물건을 골라낸 다음 꼭 입찰해야 할 물건들은 임장을 나간다.

물건이 있는 현장에는 반드시 세 번 이상 가볼 것을 권한다. 탐문해서 알아내야 하는 정보도 있지만, 이해관계인과 대화를 나누다 우연히 알짜 정보를 알아내는 경우도 많다. 그리고 내 편에서 일해줄 수 있는 사람을 만나기도 한다.

어느 지역의 지분물건을 낙찰받았는데, 대로변에 위치한 '대지'여서 이해관계인을 만나기가 쉽지 않았다. 주변 사람들에게 물어물어 겨우 한 지분권자의 며느리를 만났다. 시어머니와 자식들 3명의 지분으로 등기되어 있었는데, 그중 둘째아들이 부도가 나서 경매로 나온 4분의 1 지분을 내가 낙찰받은 것이었다. 시어머니와 나머지 형제들은 낙찰받은 지분을 살 여유가 없다고 했다. 나는 시어머니와 형제들을 설득해서 지분을 싼값에 팔면 수수료로 2,000만 원을 주겠다고 했다. 적극적이고 전폭적인 지원을 받아 아주 쉽게 지분 전체를 살 수 있었다.

경매로 나온 4분의 1 지분의 감정가가 2억 원 정도였고, 낙찰가는 9,800만 원이었다. 역으로 계산해보면 전체 지분의 가격은 약 8억 원으로 예상된다. 그런데 며느리의 적극적인 도움으로 나머지 지분을 3억 8,000만 원에 인수할 수 있었다. 결국 8억 원짜리 물건을 4억 7,800만 원에 구입한 것이다. 이 정도면 수수료 2,000만 원이 전혀 아깝지 않다.

대부분의 사람들은 임장을 두려워하는데, 결코 어렵게 생각할 일이 아니다. 초

창기에는 나도 아내와 함께 임장을 많이 나갔다. 그런데 아내 때문에 주변 사람들을 만나지 못하고 돌아오는 경우가 많았다. 어떤 단독주택을 낙찰받기 위해 아내와 함께 임장을 나갔는데, 할머니가 그 집 마당에서 도토리를 말리고 계셨다. 나는 들어가서 할머니를 만나려고 했는데 아내가 극구 말렸다. 아들이 부도가 나서 집이 경매로 넘어갔는데, 저 할머니가 이런 사실을 모르고 계실 수도 있다고 말이다. 혹시나 할머니가 충격을 받을 수도 있을 것 같아 그냥 돌아왔다. 그러나 임장에 나가면 어떻게 해서든 이해관계인이나 주변 사람들과 대화를 나눠야 많은 정보를 얻을 수 있다.

반드시 수익성을 분석해야 한다

부동산 경매에서 도저히 수익성이 나오지 않는 가격으로 낙찰받는 사람들이 있다. 이들은 수익을 내는 것보다 낙찰받기 위해 경매를 하는 것처럼 보인다. 이런 사람들 때문에 경매 고수들이 낭패를 보는 경우가 많다. 경매에 나서려면 반드시 수익성을 분석해서 적정한 가격의 낙찰가를 써야 한다. 본인에게 꼭 필요하다거나 이해관계가 있는 물건이라면 모를까 손해를 보면서까지 경매할 이유가 전혀 없다. 경매의 매력은 물건을 싸게 사서 비싸게 파는 것이다. 이 물건에 얼마를 투자해서 얼마를 남겨야겠다는 생각을 가지고 투자에 임해야 한다.

03

배당 원칙과 배당 절차

배당이란

매각 대금에서 집행비용을 공제하고 남은 금액을 채권자에게 순위에 따라 나눠 주는 것을 배당이라고 한다. 낙찰자가 대금을 납부한 후 경합할 채권자가 없거나 변제받을 채권자가 1명 또는 낙찰 대금이 채권자들이 요구한 금액보다 많으면 집행법원은 채권자들에게 배당 절차 없이 채권액을 나눠 주면 된다. 그러나 낙찰 대금으로 채권액을 전부 변제하지 못할 경우 법률에 의한 원칙과 순위에 따라 배당한다.

배당 절차

① 매각(낙찰) 대금 납부 — ② 배당 기일 지정 · 통지(매각 대금 납부일부터 3일 내에 지정) — ③ 채권 계산서 제출(통지서 수령 후 일주일 이내) — ④ 배당표 작성 및 교부 — ⑤ 배당표에 대한 이의 — ⑥ 배당표 확정(배당이의 없는 경우) — ⑦ 배당 실시 — ⑧ 배당이의가 있을 때 배당표 불확정

배당 절차

낙찰자가 납기일에 대금을 완납하면 법원은 3일 이내에 대금 납부일로부터 2주 이내의 날짜로 배당 기일을 지정한 후 각 채권자와 채무자에게 배당 기일 3일 전까지 도달할 수 있도록 배당 기일 소환장을 발송한다.

배당표 초안은 배당 기일 3일 전까지 각 법원경매계에 비치한다. 배당 기일에 출석한 배당권자가 배당에 이의가 있으면 배당이 유보되며 이의가 없으면 배당을 실시한다.

이의 신청 채권자가 배당이의의 소를 제기하면 배당 기일부터 7일 이내에 소 제기 증명을 법원에 제출해야 한다. 제출하지 않으면 배당을 실시한다. 소 제기 증명이 제출되면 배당할 금액을 공탁한다. 소송 변론 기일에 출석하지 않은 경우에도 소를 취하한 것으로 간주하여 원래대로 배당한다.

배당요구

다른 채권자가 신청한 경매 절차에 참가하여 매각(낙찰) 대금에서 변제를 받으려

는 행위이다. 경매 대상 채권자들은 배당요구 종기일까지 배당요구를 해야 배당받을 수 있다. 그러나 배당요구를 하지 않아도 배당받을 수 있는 채권자들도 있다. 배당요구를 하지 않는 채권자의 채권액은 등기사항전부증명서의 경매 기록에 있는 서류를 보고 계산한다. 이 경우에는 채권액을 추가하지 못한다. 배당요구와 대비되는 개념으로 권리신고가 있는데, 경매 부동산의 권리자가 집행법원에 자신의 권리를 신고하는 것을 말한다. 권리신고를 하면 경매 절차에서 이해관계인이 되지만 배당요구는 별도로 해야 한다.

예를 들어 배당요구를 했다고 해서 당연히 배당받는 것은 아니다. 대항력 있는 임차인이나 선순위 전세권자가 있는 경매물건은 입찰 전에 배당요구의 유무를 반드시 확인해야 한다. 선순위 임차인이나 선순위 전세권자가 배당요구 종기일 이후에 배당요구를 했다면 효력이 없어지므로 배당받지 못한다. 즉 낙찰자가 인수할 수 있으므로 세밀하게 분석해야 한다.

배당요구 철회

경매 부동산의 이해관계인은 법원이 공고한 배당요구 종기일까지 배당 신청을 해야 한다. 배당요구 철회는 채권자 마음대로 할 수 있다. 다만 배당요구에 따라 낙찰자가 인수해야 할 부담이 바뀌는 경우에는 배당요구를 한 채권자는 배당요구 종기일이 지난 후에는 이를 철회하지 못한다. 따라서 채권자는 배당요구 종기일까지 배당 신청을 철회해야 한다. 종기일 이후에 철회하면 법원은 배당요구가 철회되지 않은 것으로 취급하여 배당하게 된다.

배당요구를 하지 않아도 배당되는 배당권자

- 경매로 소멸하는 저당권, 담보가등기, 전세권, 등기된 임차권등기명령권자로서 경매개시결정기입등기 당시 등기된 자
- 경매개시결정기입등기 전에 등기된 가압류 채권자
- 경매 신청 채권자 및 이중 경매 신청 채권자(배당요구 종기일 후 경매 신청을 한 체권자는 선행 사건으로 배당하는 경우에 배당 불가)
- 경매개시결정기입등기 전의 체납 처분에 의한 압류권자
- 대위변제자(배당 기일까지 대위자임을 소명하면 된다. 대위변제를 한 근저당이 자동 배당 대상)
- 토지별도등기권자
- 종전 등기 기록상의 권리자(재개발, 재건축 부동산에 대한 경매 시 종전 등기부의 저당권, 가압류 등은 새로운 등기부에 이기되지 않았더라도 등기된 것과 동일하게 보고 자동 배당)
- 대항력과 우선변제권이 있는 임차인이 경매를 신청한 경우

반드시 배당요구를 해야 배당받을 수 있는 배당권자

- 경매개시결정기입등기 이후에 등기된 저당권, 가압류 채권자
- 「민법」, 「상법」, 그 밖의 법률에 의하여 우선변제권이 있는 채권자(주택·상가 임차인, 임금채권자, 「주택임대차보호법」에 따라 대항력이 인정된 법인)
- 판결문 등 집행력 있는 정본을 가진 채권자
- 선순위 전세권자
- 담보가등기권자
- 경매개시결정기입등기 이후 조세 기타 공과금 채권

배당표 작성

실제로 각 채권자에게 배당할 금액은 「민사집행법」 제147조 제1항에 따라 본래 배당할 금액(매각 대금 + 지연이자 + 항고보증금 + 전 입찰보증금 + 보증금 등의 이자)에서 집행비용을 공제한 나머지다.

여러 개의 재산이 일괄 매각된 경우 「민사집행법」 제101조 제2항에 따라 각 재산의 대금액을 특정할 필요가 있는 때에는 각 재산에 대한 최저 매각가격의 비율로 정하고, 각 재산의 대금액은 총 대금액을 각 재산의 최저 매각가격 비율에 따라 나눈 금액으로 한다. 각 재산이 부담할 집행비용을 특정할 필요가 있는 때에도 이와 동일하다.

배당 순위

0순위 : 경매비용, 저당물의 제3취득자의 필요비, 유익비(소유권자, 지상권자, 전세권자, 등기된 임차권자등기명령권자)

1순위 : 최우선 변제금, 3월분 임금, 3년분 퇴직금, 재해보상금

2순위 : 교부권자, 압류권자(당해세 및 가산금)

3순위 : 당해세 이외 국세 및 지방세, (근)저당권, 전세권 등, 담보가등기권 등, 확정일자부 임차권(「주택임대차보호법」, 「상가건물임대차보호법」)

4순위 : 3월 초과분 임금, 3년 초과분 퇴직금

5순위 : 법정 기일(고지일)이 근저당 등 보다 늦은 국세, 지방세

6순위 : 각종 공과금(의료보험료, 연금보험료, 산업재해보상보험료 등)

7순위 : 일반 채권(소비대차, 대항력 없는 주택이나 상가건물 임대차 등)

「민사집행법」 제145조 제2항의 규정에 의해 매각 대금으로 배당에 참가한 모든 채권자를 만족할 수 없는 경우 법원은 「민법」, 「상법」, 그 밖의 법률에 의한 우선순위에 따라 배당해야 한다. 담보물권 등의 성립일이 조세 채권의 법정 기일 전후에 따라 조세 등 채권과 일반 임금채권의 배당 순위가 달라진다.

배당 원칙

낙찰 대금이 채권 금액보다 많아 모든 채권자들이 충분이 만족할 수 있다면 배당은 간단하게 해결된다. 그러나 대부분의 낙찰 대금은 배당받을 채권자들을 만족시키기에 턱없이 부족하다. 따라서 「민사집행법」 제145조 제2항에서 규정한 순위배당을 해야 한다.

순위배당에는 일정한 원칙이 있다. 이를 배당의 3원칙이라고 하며, 안분(평등)배당, 순위(흡수)배당 안분 후 흡수배당이다.

안분(평등)배당

채권 상호 간에 배당되는 것을 말한다. 예를 들어 채권 상호 간에는 채권자 평등의 원칙이 적용된다. 채권은 성립 시기나 권원에 상관없이 순위가 같다. 동 순위의 배당은 자신의 채권 비율에 따라 안분배당한다.

안분배당의 계산식은 다음과 같다.

$$\text{배당할 금액} \times \frac{\text{자신의 채권액}}{\text{총채권액}} = \text{자신의 안분배당액}$$

| 배당 가능 금액 : 1억 원 |

설정일	설정된 권리	배당금액	비고
갑 2. 1.	① 가압류 4,000만 원	2,500만 원	채권자 평등의 원칙을 적용하여 성립 시기에 관계없이 안분배당
을 3. 1.	① 가압류 4,000만 원	2,500만 원	
병 4. 1.	① 가압류 4,000만 원	2,500만 원	
정 5. 1.	① 가압류 4,000만 원	2,500만 원	

순위(흡수)배당

물권은 설정일 순으로 배당한다. 설정일은 등기사항전부증명서의 접수 일자를 기준으로 한다. 저당권, 가등기담보권, 전세권, 확정일자 있는 주택임차권 상호 간에는 설정일 순서로 정한다.

물권과 채권이 충돌할 경우 물권우선주의 원칙에 따라 성립 시기를 불문하고 원

| 배당 가능 금액 1억 원 |

설정일	설정된 권리	배당금액	비고
갑 3. 10.	① 저당권 6,000만 원	6,000만 원	등기 설정일이 같은 경우 접수번호 순이다.
을 4. 10.	② 저당권 3,000만 원	3,000만 원	
병 5. 10.	③ 저당권 2,000만 원	1,000만 원	

칙적으로 물권이 우선한다. 물권은 자신의 권리를 모든 사람에게 주장할 수 있는 권리이고, 채권은 특정인, 즉 당사자에게만 주장할 수 있는 권리이기 때문이다.

설정일	설정된 권리	배당금액	비고
갑 5. 20.	② 대여금 6,000만 원	없음	배당 가능 금액 1억 원
을 6. 20.	① 저당권 1억 5,000만 원	1억 원	

안분 후 흡수배당

배당 순위가 상호 모순 관계에 있는 채권자는 안분 후(순환) 흡수배당을 한다. 권리 상호 간에 배당 순위가 충돌하는 경우에 배당하는 방법이다. 즉 배당받을 권리가 순환적으로 우선하는 관계가 성립할 경우에는 1차적으로 각 채권자의 채권액을 기초로 안분배당하고, 2차적으로 선순위 채권자가 자기 채권액의 부족 금액만큼을 후순위 채권자의 1차 안분배당액에서 흡수한다.

흡수당할 자(피흡수자)가 수 명일 경우 후순위자부터 먼저 흡수한다. 가장 열후한 피흡수자부터 흡수하되 흡수 한도(피흡수자 1차 안분배당 금액) 내에서 흡수하지 못한 금액은 그다음 열후한 피흡수자에게 차례로 채권액을 만족할 때까지 흡수하는 절차를 거치게 된다. 다만 피흡수자가 동 순위일 경우 피흡수자의 채권액에 비례하여 안분 흡수한다.

흡수 한도는 흡수권자의 채권액에서 1차 안분배당 금액을 공제한 금액으로, 피흡수자의 1차 안분 금액 내에서만 흡수할 수 있다. 또한 피흡수자가 선순위 채권자에게 이미 1차 안분 금액에서 흡수당한 경우, 이 금액을 공제한 잔액만을 가지고 후순위 흡수권자가 흡수할 수 있다. 흡수권자는 단 1회의 흡수만 가능하고 반복하여 흡수할 수 없다. 그러나 피흡수자는 다수의 흡수권자마다 1회씩 흡수당할 수 있다.

흡수당한 자는 흡수당한 부분을 공제한 나머지 부분만 흡수한다. 흡수당한 부분은 일단 배당받은 것이다. 즉 1차 안분배당 금액을 선순위 채권자에게 흡수당해서 1차 안분배당 금액을 보유하지 못하게 된 것까지 후순위 채권자에게 흡수한다면 이중 배당으로 볼 수 있기 때문이다.

후순위 흡수권자가 자기보다 선순위 흡수권자에게 흡수당하여 자기 채권의 부족액이 증가되었더라도 후순위 채권자로부터 자기 채권 부족액 전부가 아니라 흡수 한도(청구 채권액 - 1차 안분액 = 흡수 한도), 즉 안분 부족액만을 흡수할 수 있다.

| 배당 가능 금액 4,000만 원 |

설정된 권리	1차 안분배당	2차 흡수배당	3차 흡수배당
① 가압류(A) 3,000만 원	1,500만 원	1,500만 원	500만 원
② 근저당(B) 3,000만 원	1,500만 원	2,500만 원	2,500만 원
③ 조세 (C) 2,000만 원	1,000만 원	0원	1,000만 원

1차 안분배당으로 각각 채권 비율로 안분배당을 한다[4,000만 원 × (3,000만 원 ÷ 8,000만 원)].

2차 흡수배당으로 근저당이 조세보다 앞선 권리이므로 조세가 배당받은 금액을 흡수한다.

3차 흡수배당으로 조세는 가압류보다 우선하므로 가압류의 배당액을 흡수한다. 흡수할 때 최초 안분배당에서 배당된 1,000만 원을 넘을 수 없다.

PART 3

법정지상권 경매, 고수의 투자 기회를 제공한다

01

법정지상권 경매란?

지상권이란

건물이나 수목 등을 소유하기 위하여 타인의 토지를 배타적으로 사용·수익할 수 있는 용익물권을 지상권이라고 한다. 한마디로 땅을 매수할 사정이 안 되어 건물을 짓거나 나무를 심는 등의 목적으로 타인의 토지를 빌려서 사용하고 수익하는 권리를 말한다.

타인의 토지를 사용하는 방법으로는 토지임대차와 지상권이 있다. 토지 소유자에게 월세를 지급하고 건물을 빌려 쓰는 것을 토지임대차라 하고, 지료를 내고 토지를 장기간 사용하는 계약을 체결하고 등기부에 기재하는 것을 지상권이라고 한다.

타인의 토지를 빌려 사용하는 목적은 같으나 토지임대차는 당사자에게만 주장할 수 있는 채권인 반면 지상권은 당사자는 물론 제3자 등 누구에게나 주장할 수 있는 물권이다. 또한 지상권은 계약 내용을 등기하여 제3자에게 공시할 수도 있기 때문에 채권에 불과한 임대차보다 효력이 훨씬 강하다.

법정지상권이란

법이 정한 일정한 요건을 갖춘 경우에 성립하는 토지사용권을 법정지상권이라고 한다. 즉 타인의 토지를 배타적으로 사용할 수 있는 권리가 부여된다. 다만 지상권은 효력이 발생하려면 반드시 등기가 필요하지만, 법정지상권은 법이 특별히 정한 경우에 인정되는 것으로 등기 없이도 누구에게나 주장할 수 있는 권리이다.

그렇다면 토지임대차나 지상권 계약만으로도 토지 소유자와 건물 소유자가 협의하여 사용할 수 있는데, 굳이 법정지상권제도가 필요할까? 우리나라는 토지와 건물을 각각 독립된 부동산으로 본다. 항상 토지와 건물을 일체로 거래할 필요 없이 별도의 물건으로 거래할 수 있다. 토지와는 별도로 건물만 거래할 수 있기 때문에 종종 건물 소유자와 토지 소유자가 다른 경우가 생긴다.

이때 토지 소유자가 건물 소유자를 상대로 토지 이용에 방해가 된다며 무조건 건물 철거를 요구할 수 있다면 건물 소유자는 경제적으로 큰 손실을 입을 수 있다. 법적으로는 토지와 건물을 별도로 거래할 수 있도록 해놓고 건물만 매수한 사람이 토지 소유자의 철거 요구에 대항할 수 없다면 법리에 맞지 않다. 정상적인 거래의 경우 당사자 간의 협의로 건물 철거의 약정 또는 토지 사용에 대한 특약으로 해결할 수도 있다. 하지만 경매와 같이 자신의 의사와 상관없이 소유권이 넘어간 경우에는 부수적인 특약을 체결할 수 없기에 문제가 발생한다.

경매를 통해 건물 소유자와 토지 소유자가 달라지는 경우 일정한 요건을 충족하면 건물 소유자가 건물을 철거하지 않고도 토지를 사용할 수 있는 권리를 부여하는 제도가 법정지상권이다.

법정지상권은 건물과 토지를 따로 거래함으로써 건물 소유자와 토지 소유자가 달라질 수 있는 법 제도에서 건물 철거로 인한 경제적 손실을 막고 담보권자와 건물 소유자의 이익을 조화롭게 보호하기 위해 만들어진 제도이다. 법정지상권은 우리나라에만 있는 독특한 제도이다.

법정지상권을 너무 폭넓게 인정하면 건물 소유자의 권리는 보호할 수 있지만 토지 소유자의 이익이 침해될 수 있다. 반면 너무 좁게 인정할 경우 건물 소유자나 담보권자(은행 등)가 손해를 입을 수 있다. 따라서 일정한 경우에만 법정지상권이 성립하도록 하여 양자의 이익을 조율하는 것이다.

법정지상권의 종류

법정지상권은 토지 소유자와 건물 소유자가 분리된 상황에서 건물을 철거하는 것보다는 그대로 유지하는 것이 사회경제적으로 바람직하다는 취지에서 만들어진 제도이다. 현행법상 건물 소유를 인정하는 4가지 권리가 있고, 그 외에 대법원 판례에서 인정하는 관습법상 법정지상권과 분묘기지권이 있다.

법정지상권은 토지 소유자와 건물 소유자, 근저당권자 등 3자 간의 이해관계에서 누구의 이익을 보호하는 것이 합리적인가 하는 관점에서 만들어진 제도이다. 이 개념을 잘 파악하면 법정지상권 성립 여부에 대한 판단이 쉬워질 것이다.

| 법정지상권의 종류 |

종류	내용
법정 지상권	**전세권(「민법」 제305조)** ①대지와 건물이 동일한 소유자에 속한 경우에 건물에 전세권을 설정한 때에는 그 대지소유권의 특별승계인은 전세권 설정자에 대하여 지상권을 설정한 것으로 본다. 그러나 지료는 당사자의 청구에 의하여 법원이 이를 정한다. ②전항의 경우에 대지소유자는 타인에게 그 대지를 임대하거나 이를 목적으로 한 지상권 또는 전세권을 설정하지 못한다.
	저당권(「민법」 제366조) 저당물의 경매로 인하여 토지와 그 지상건물이 다른 소유자에 속한 경우에는 토지소유자는 건물소유자에 대하여 지상권을 설정한 것으로 본다. 그러나 지료는 당사자의 청구에 의하여 법원이 이를 정한다.
	가등기담보권(「가등기 담보에 관한 법률」 제10조) 토지와 그 위의 건물이 동일한 소유자에게 속하는 경우 그 토지나 건물에 대하여 제4조제2항에 따른 소유권을 취득하거나 담보가등기에 따른 본등기가 행하여진 경우에는 그 건물의 소유를 목적으로 그 토지 위에 지상권(地上權)이 설정된 것으로 본다. 이 경우 그 존속기간과 지료(地料)는 당사자의 청구에 의하여 법원이 정한다.
	입목(「입목에 관한 법률」 제6조) ① 입목의 경매나 그 밖의 사유로 토지와 그 입목이 각각 다른 소유자에게 속하게 되는 경우에는 토지소유자는 입목소유자에 대하여 지상권을 설정한 것으로 본다. ② 제1항의 경우에 지료(地料)에 관하여는 당사자의 약정에 따른다.
관습상 법정지상권	**관습상의 법정지상권** 토지와 건물이 동일인이 소유하던 중에 토지 또는 그 건물만이 매매, 증여, 강제경매, 공매 등의 원인으로 소유자가 다르게 된 경우, 건물을 철거한다는 특약이 없는 경우에 건물소유자에게 인정되는 지상권이다.
	분묘기지권 타인의 토지에 분묘를 설치한 자가 그 분묘의 기지부분인 토지를 사용할 수 있는 권리이다. 자기의 토지에 분묘를 설치 후 특약 없이 토지만 처분한 경우도 인정된다.

02

너무나 쉬운 법정지상권 경매 권리분석과 물건분석

법정지상권 권리분석과 물건분석

법정지상권 권리분석이 단순하고 쉽다는 것은 성립 요건이 무척 단순하고 엄격하다는 뜻이다. 저당권을 설정할 당시 지상에 건물이 존재해야 하고, 토지와 건물의 소유자가 동일인이어야 한다. 이후에 부동산 경매 등으로 인해 토지와 건물의 소유권이 바뀌면 법정지상권이 성립한다. 3가지 요소 중 한 가지만 맞지 않아도 법정지상권은 성립하지 않는다.

한번 성립된 법정지상권은 당사자가 본인의 의무를 충실히 지키는 한 깨지기 어렵다. 지상권이 성립하지 않으면 본인의 돈을 들여 건물을 철거해야 하고 성립하면 지료를 내야 한다. 건물이 완성되어 사람이 살고 있거나 건물의 형태를 갖출 정도면 대부분 지상권은 성립한다. 법정지상권이 성립된 토지나 건물이 경매로 나오는 상황이라면 건물주는 지료를 감당하기 쉽지 않을 것이다. 2년간 지료를 연체하면 법정지상권 소멸을 청구할 수 있고, 법정지상권이 소멸되면 건물을 철거해야 한다. 따라서 토지를 낙찰받았을 경우 법정지상권이 성립하든 성립하지 않든 항상 '갑'의 입장에서 협상할 수 있다.

법정지상권은 협상만 잘하면 쉽게 정리되고 빨리 수익을 낼 수 있다. 권리분석보다는 협상을 잘하느냐 못하느냐에 따라 결과가 달라지는 것이다. 가급적 법정지상권이 성립하지 않는 경매물건을 찾아 낙찰받으면 더 유리한 입장에서 협상할 수 있고 수익도 더 많이 낼 수 있다. 법정지상권이 성립하지 않으면 건물을 철거해야 하기 때문에 건물주는 불리한 입장일 수밖에 없다.

법정지상권이 성립하지 않는 경매물건은 주로 어떤 것일까? 건축 공사가 진행되는 중에 부도가 나서 건물이 완공되지 못한 채 경매로 나온 경우 대부분 지상권이 성립하지 않는다. 통상적으로 먼저 토지를 담보로 대출을 받고 건축 허가를 받아 공사를 시작한다. 이런 경우는 절대 법정지상권이 성립할 수 없다. 앞에서 언급했듯이 법정지상권이 성립하려면 대출 당시에 토지와 건물이 존재해야 하기 때문이다.

건축 중에 대출이 막혀 추가 건축비를 감당하지 못한 경우와 건축비를 다른 사업에 투자해서 공사비를 충당하지 못한 물건을 낙찰받아 수익을 내면 된다. 경매물건은 낙찰받음과 동시에 여러 가지 저당권 등의 채무가 모두 소멸하기 때문에 다시 대출을 받을 여력이 생긴다. 따라서 법정지상권 경매는 서로에게 이익이 되고, 보람도 있는 투자이다.

법정지상권 경매물건에 투자하려면 우선 부동산 경매 사이트에서 '토지만 매각'이라는 조건이 붙은 물건을 찾아 성립 요건을 기준으로 권리분석을 한다. 먼저 등기사항전부증명서와 건축물대장을 보고 토지와 건물이 존재할 때 소유자가 동일인이었는지를 확인하고, 건축허가일과 사용승인일 등을 비교하여 대출 당시에 건축물이 존재하고 있었는지 확인한다. 법정지상권이 성립한다면 물건분석을 하여 지료를 어느 정도 받을 수 있는지 예측해보고 수익성이 맞으면 과감하게 입찰하면 된다. 그러나 법정지상권이 성립하는 물건은 신중하게 접근하는 것이 좋다. 철거 소송과 지료 연체 기간 등의 조건을 충족하기 위한 시간이 많이 소요될 수 있기 때문에 투자금 회수가 늦어질 우려가 있다.

저당권 설정 당시 토지와 건물의 소유자가 동일인이 아니었거나, 건물 신축 공사 중 또는 건물이 존재하지 않았다면(미등기) 법정지상권이 성립하지 않는다. 이런 물건은 통상 토지만 경매로 나오기 때문에 과감하게 입찰하여 낙찰받은 다음 건물주와 협의하여 토지를 적당한 가격에 매도하거나 신축 중인 건물을 싼값에 인수하면 된다.

이런 물건은 별도의 물건분석을 하지 않아도 큰 무리가 없는 경우가 많다. 건물주가 나름대로 수익성 분석을 하고 이익을 낼 수 있다고 판단했기 때문에 공사를 시작했을 것이다. 투자자는 확인 차원에서 물건분석을 해도 큰 무리가 없다. 은행에서도 철저한 물건분석을 통해 수익성이 있는 것으로 판단했기 때문에 대출을 해준 것이다.

법정지상권 성립 요건

법정지상권은 타인의 토지를 사용할 수 있는 막강한 권리라고 요약할 수 있다. 이런 권리를 쉽게 인정해주면 누군가는 필요 이상의 혜택을 보고, 누군가는 예상치 못한 손해를 볼 수 있다. 따라서 이해관계인(토지 및 건물 소유자, 저당권자)의 이익이 침해되는 것을 최소화하기 위해 일정한 요건을 규정하고 있다.

「민법」에서 정하는 법정지상권 성립 요건은 다음과 같다. 첫째, 저당권 설정 당시 토지 위에 건물이 실제로 존재해야 하고, 보존등기는 없어도 된다. 둘째, 저당권을 설정할 당시 토지와 건물의 소유자가 같은 사람이어야 한다. 셋째, 경매로 토지와 건물의 소유권이 달라져야 한다. 이 3가지 요건만 충족하면 건물 소유자는 등기나 별다른 절차 없이도 법정지상권을 취득하게 된다.

예를 들어 은행에서 땅을 담보로 대출해줄 때 토지 위에 건물이 존재하고 있다면 건물 때문에 토지 이용에 제한을 받는 만큼 가치를 낮게 평가할 것이다. 이런 경우 경매로 토지와 건물의 소유자가 달라지고 건물 소유자에게 법정지상권을 인정해준다 해도 은행은 별다른 손해가 없다. 처음부터 그런 상황을 감안해 대출을 적게 해주었기 때문이다. 은행 측에서 대출을 해줄 당시 토지 위에 건물이 있었다면 굳이 토지에만 저당권을 설정해서 권리관계를 복잡하게 만들고 본인들의 채권 회수도 어렵게 할까라는 의문이 생길 수 있다. 당연히 은행에서도 저당권 설정 당시 토지 위에 등기된 건물이 있었다면, 토지와 건물을 공동 담보로 하여 저당권을 설정해야 할 것이다. 그러나 현실적으로 토지와 건물 어느 한쪽에만 저당권을 설정해야 할 이유들이 많이 있다. 토지에 근저당을 설정할 때 지상의 건물이 미등기 또는 무허가 건물이어서 등기부가 없는 경우, 건물이 신축 중이어서 등기부나 건축물대장이 없는 경우 등이다.

법정지상권은 건물 소유자에게는 타인의 토지를 마음대로 사용할 수 있는 엄청난 혜택을 주는 것이고, 토지 소유자는 자기 땅을 마음대로 사용할 수 없는 불합리한 상황이 될 수 있다. 따라서 법정지상권을 함부로 인정해서는 안 된다. 건물 소유자와 토지 소유자가 처음부터 다르다면 건물 소유자는 토지 소유자와 토지 사용 방법에 대해 어떤 약속이나 계약을 했을 것이다. 계약 관계 없이 불법적으로 남의 토지를 사용한 건물 소유자를 법적으로 보호해줄 필요는 없다. 이런 경우 건물 소유자는 토지 소유자가 건물 철거를 요구하면 꼼짝없이 철거할 각오를 해야 한다. 이런 건물 소유자를 위해 굳이 법정지상권이라는 막강한 권리를 부여할 필요는 없다. 오히려 건물 소유자와 토지 소유자가 달라 부득이하게 한쪽만 저당권을 설정하게 된 은행을 더 보호해주어야 한다.

건물 소유자와 토지 소유자가 동일한 경우 토지 이용에 대한 관계를 설정할 필요가 없다. 이런 경우 경매로 토지 소유자와 건물 소유자가 달라졌다면 건물 소유자를 보호해줄 필요가 있다. 따라서 법정지상권의 성립 요건으로 저당권 설정 당시 건물 소유자와 토지 소유자가 반드시 동일해야 한다는 요건이 필요하다.

법정지상권 성립 여부를 판단할 때의 기준은 여러 가지 상황에서 건물 소유자, 토지 소유자, 저당권자 중에 누구를 보호하는 것이 합리적이냐 하는 문제이다. 건물 철거를 방지하기 위해 법정지상권을 무조건 인정하기보다 저당권자의 이익을 고려한다. 저당권 설정 당시 지상에 건물이 존재하는 경우, 토지 소유자를 보호하기 위해 건물과 토지 소유자가 동일한 경우에만 법정지상권을 인정하는 것이 「민법」의 취지에 부합한다.

법정지상권 성립 요건

1. 저당권 설정 당시 토지 위에 건물이 실제로 존재해야 한다.
2. 저당권 설정 당시 토지와 건물의 소유자가 동일인이어야 한다.
3. 경매로 인하여 토지와 건물의 소유권이 달라져야 한다.

법정지상권 성립 시기와 존속 기간

법정지상권 성립 시기는 매수인(낙찰자)이 대금을 완납했을 때이다. 저당권자의 경매 신청에 의해 토지와 건물의 소유자가 달라진 때이므로, 대금 완납과 동시에 법정지상권이 성립하고 이날이 지료 청구의 기준일이 된다. 법률의 규정에 의해 당연히 취득하는 것이고 등기하지 않아도 된다. 판례에서는 법정지상권을 기간을 약정하지 않는 지상권으로 보고, 「민법」 제280조 제1항에서 규정하고 있는 지상권의 최단기간을 적용한다.

최단기간은 건물의 종류에 따라 석조, 석회조, 연와조 또는 이와 유사한 견고한 건물이나 수목인 경우에는 30년, 보통의 건물은 15년이다. 무허가 건물이나 미등기 건물이라도 견고한 건물에 해당하면 존속 기간은 30년이다. 건물 기둥이 목재인 경우에도 벽체가 벽돌과 시멘트 블록이고 지붕이 슬레이트라면 존속 기간은 30년이 된다.

법정지상권의 존속 기간이 끝나면 계약 갱신을 요구할 수 있고, 토지 소유자가 원하지 않으면 지상물의 매수를 청구할 수 있다. 다만 법정지상권자가 계약갱신청구권과 지상물매수청구권을 행사하려면 2년 이상의 지료 연체가 없어야 한다.

03

법정지상권의 지료청구와 건물철거청구

법정지상권의 핵심은 지료 청구와 건물 철거이다. 법정지상권이 성립하면 지료 청구를 하고, 성립하지 않으면 불법 건물이 되기 때문에 철거를 청구할 수 있다. 따라서 법정지상권이 성립하든 안 하든 큰 문제될 것이 없다. 물론 법정지상권이 성립하지 않으면 협상하기도 쉽고 빨리 마무리할 수 있다. 투자 방향을 결정하는 지침으로서 법정지상권의 핵심 쟁점인 지료와 건물 철거에 대해 자세히 살펴보자.

법정지상권의 지료를 결정하는 기준

법정지상권이 인정되는 건물이 존재하는데도 토지만 경매로 나와 낙찰받았다고 하자. 이 토지는 법정지상권이 성립하므로 낙찰자는 건물 소유자에게 지료를 청구할 수 있다. 법정지상권의 취지는 저당물(부동산)이 경매로 인해 토지와 건물의 소유권이 달라진 경우 건물이 철거되는 사회경제적 손실을 방지하려는 것이다. 그러므로 법원은 법정지상권 설정 당시의 제반 사정을 참작하고 당사자의 이익을 침해하지 않는 수준에서 지료를 정해야 한다. 지료는 당사자 간의 협의에 의해 정하는 것이 원칙이지만 협의되지 않는 경우 당사자의 청구로 법원이 정한다. 지료 산정은 토지의 현재 상태를 기준으로 판단하는 것이 아니라 나대지 상태로 상정하여 판단한다. 법원에서 지료를 결정할 때는 감정평가사가 평가한 금액을 기준으로 재산정한다.

법원은 감정평가 시점의 기초 가격(공시지가의 약 1.4~1.5배)에 기대이율(국공채 이율, 은행 장기대출 금리, 시중금리, 정상적인 부동산 거래 이윤율, 「국유재산법」과 「지방재정법」에 따른 대부료율) 등 제반 사정을 감안하고, 부동산을 계속 임대하는 데 필요한 제반 경비를 합산하여 지료를 결정한다. 필요제경비는 임대인이 임대차 기간 동안 임차인이 임대 부동산을 사용·수익할 수 있도록 관리 유지하는 필요비용을 말한다. 이때 필요비용은 감가상각비, 유지관리비, 공조공과(公租公課, 국가가 징수하는 세금, 즉 공조는 국세와 지방세를 말하고, 공과는 세금 이외의 각종 수수료를 뜻한다), 손해보험료, 대손준비금(貸損準備金, 은행의 대출 채권이 회수되지 못할 가능성을 대비해 대출금액의 일정 비율을 차감하는 비용), 공실손실 상당액, 정상운전자금 이자 상당액, 토지에 관한 세금 등이다.

월 지료 = [(기초 가격 × 연면적(m^2) × 기대이율) + 필요제경비] ÷ 12

출처 : 한국감정원 토지보상 평가지침

법원에서 정하는 기대이율은 농지는 2% 내외, 주거용지는 4% 내외, 상업용지는 6% 내외이다.

| 기대이율 적용 기준율 |

토지 용도		실제 이용 상황		
		최유효 이용	임시적 이용	나지
상업용지	업무 · 판매 시설 등	7~10%	3~6%	3~4%
	근린생활시설(주택 · 상가 겸용 포함)	5~8%	2~5%	2~3%
주거용지	아파트 · 연립주택 · 다세대주택	4~7%	2~4%	1~2%
	다중주택 · 다가구주택	3~6%	2~3%	1~2%
	일반 단독주택	3~5%	1~3%	1~2%
공업용지	아파트형 공장	4~7%	2~4%	1~2%
	기타 공장	3~5%	1~3%	1~2%
농지	경작 여건이 좋고 수익성이 있는 순수농경지	3~4%	–	–
	도시 근교 및 기타 농경지	2% 이내	–	–
임지	조림지 · 유실수단지 · 죽림지	1.5% 이내	–	–
	자연림지	1% 이내	–	–

출처 : 한국감정원 토지보상평가 지침 제49조 제4항(토지 사용료의 평가)

대법원 판례를 보면 "타인 소유의 토지 위에 소재하는 건물의 소유자가 법률상 원인 없이 토지를 점유할 경우 토지의 소유자에게 지급해야 할 토지 사용료를 산정할 때는 특별한 사정이 없는 한 토지 위에 건물이 소재함으로써 토지 사용권에 제한을 받는 사정은 참작할 필요가 없다"고 했다. 즉 나대지 상태를 상정하여 토지의 가치를 가장 좋게 반영하여 지료를 평가해야 한다는 것이다.

따라서 법정지상권이 성립해 30년 동안 지료밖에 청구할 수 없으니 쓸모없는 땅이라고 생각할 필요 없다. 위 판례의 취지에 따라 나대지 상태에서의 지료를 청구할 수 있으니 임대 수익보다 더 많은 수익을 낼 수도 있다.

예를 들어 감정가가 10억 원인 토지 위에 법정지상권이 성립하는 건물이 존재하는 물건이 경매에 나왔는데 응찰하는 사람이 없어 감정가의 20%인 2억 원까지 최저가가 떨어졌다. 이런 토지를 낙찰 받을 경우 지료는 낙찰가를 기준으로 받는 것이 아니라, 감정가를 기준으로 받기 때문에 10억 원을 기준으로 받는다. 따라서 10억 원에 대한 4~5% 정도의 지료를 받을 수 있다는 결론이다. 현재 은행금리를 생각하면 놀라운 수익률이다. 또 건물주가 돈이 없어 지료를 2년 이상 연체하면 지상권소멸청구를 통해 건물을 철거할 권한이 생기니 낙찰자는 아쉬울 것이 없다. 땅의 가치만 높다면 법정지상권의 성립 여부를 떠나 무조건 낙찰받아야 한다.

철거해야 하는 건물에 투자하는 방법

법정지상권이 성립하지 않고 토지와 건물의 소유자가 달라졌다면 건물 소유자는 건물을 철거해야 한다. 불법으로 타인의 토지를 침해하고 있기 때문이다. 낙찰 후 건물 철거를 청구하고 철거가 완료되기 전까지는 불법적으로 토지를 사용하고 있으므로 지료를 청구한다. 그러나 통상적으로 건물주는 토지 사용료를 내지 않는다. 내 돈 들여 지은 건물을 내 돈 들여 철거하는 것도 억울한데, 토지 사용료까지 내야 한다는 사실을 받아들이지 못하는 것이다.

토지 사용료를 내지 않으면 건물지료청구권을 원인으로 건물을 가압류한다. 동시에 건물철거 및 토지인도청구권을 피보전 권리로 하는 처분금지가처분을 하고 건물 철거 및 지료 청구 소송을 제기한다. 철거 소송이 진행되는 동안 연체된 지료를 근거로 건물을 경매 신청한다. 경매가 진행되는 동안 건물철거 및 토지인도청구권에 대한 판결이 난다.

건물 철거 소송이 진행되는 동안 경매가 신청된 건물은 유찰에 유찰을 거듭한다. 이런 경매물건은 누구도 낙찰받지 못한다. 곧 철거될 건물이기 때문이다. 결국 토지 소유자는 건축 중인 이 건물을 본인이 받고 싶은 금액에 낙찰받는다. 예를 들어 5억 원짜리 건물을 5,000만 원이든 1,000만 원이든 자신이 받고 싶은 금액에 받을 수 있다. 통상적으로 지료 연체 금액에 받는데, 그러면 낙찰 잔금을 낼 필요도 없다. 왜냐하면 낙찰 대금을 연체된 지료와 상계하면 되기 때문이다. 공짜로 건물 한 채를 갖게 되는 것이다.

법정지상권이 성립하는 물건은 지료를 받을 수 있고, 성립하지 않으면 건물 철거 청구를 통해 건물을 싸게 매입할 수 있다. 누구나 어렵다고 생각하는 법정지상권이 이렇게 단순하다. 법정지상권은 물건분석을 잘해서 미래 가치가 충분하고 지료가 충분히 나올 수 있다는 판단이 선다면 망설이지 말고 응찰해야 한다. 거듭 강조하지만 법정지상권은 수익률도 크고 환금성도 빠르다.

| 법정지상권 해결 절차 |

법정지상권이 성립하는 경우	법정지상권이 성립하지 않는 경우
• 토지 낙찰 • 건물지료청구권을 원인으로 건물 가압류 • 지료 청구의 소송 제기 • 지료 연체 시 법정지상권 소멸 청구 및 건물 경매 신청 • 건물 낙찰(지료 연체 금액에 낙찰받음)	• 토지 낙찰 • 건물지료청구권을 원인으로 건물 가압류 • 건물철거 및 토지인도청구권에 기한 처분금지 가처분 • 건물 인도 · 건물 철거 · 지료 청구 소송 제기 • 건물 경매 신청, 토지 인도 및 건물 철거 판결 • 건물 낙찰

04

돈이 되는 법정지상권 경매에 확신을 갖자

법정지상권 경매가 어렵다는 선입견을 버려라

대부분의 사람들은 법정지상권을 어렵게 생각한다. 왜냐하면 겉으로 드러나지 않는 권리이기 때문이다. 법정지상권은 등기하지 않아도 성립하기 때문에 등기사항전부증명서를 아무리 살펴봐도 알 수가 없다. 하지만 등기되지도 않았는데 타인의 토지를 30여 년 이상 자기 마음대로 쓸 수 있는 막강한 권리를 가진다. 소유권과 다름없는 권리인 것이다.

사용·수익·처분 권한을 가지는 소유권보다 법정지상권이 못할 게 없어 보인다. 막강한 권리를 가지는 만큼 성립하기도 어렵다. 법정지상권을 쉽게 인정해주면 타인의 이익을 침해할 수 있기 때문이다. 성립하기도 어렵고 유지하기도 쉽지 않다.

지료를 내는 것도 만만치 않다. 당사자 모두에게 어려움이 있는 권리이기 때문에 이를 공략하는 사람에게는 오히려 쉬울 수 있다. 그만큼 허점이 많다는 것이다.

그러나 법정지상권 경매는 쉬운 것부터 해야 한다. 쉽게 접근할 수 있는 것은 법정지상권이 성립하지 않는 물건을 찾아 응찰하는 것이다. 보통은 법정지상권이나 특수물건은 경매를 하지 않는 것이 좋다고 말한다. 더구나 법정지상권에는 소송이 따르는 것으로 여긴다. 변호사나 일부 경매 고수들의 영역인 것처럼 비쳐지는 것이다. 실제로 법정지상권에 관한 책을 쓰는 사람들은 대부분 변호사들이다. 법정지상권 경매를 하고 있는 나 역시 그런 책들의 내용을 이해하기 어렵다. 주로 일반인이 접근하기 어려운 사례들로 구성되어 있기 때문이다. 초보자가 접근하기 어려운 시장이라는 선입견을 심어주기 때문에 결국 일부 사람들의 영역이 되어버렸다. 하지만 실상을 알고 보면 누구나 도전해볼 만한 영역이다.

내가 법정지상권 경매에 도전하게 된 계기는 일반물건 경매에서 여러 번 떨어지고 실의에 빠져 있을 때 이런 말을 들은 것이다. "법정지상권이 성립해도 좋고, 안 해도 좋은 물건을 골라 낙찰받기만 하면 성공한다." 법정지상권이 성립하면 지료를 받고 성립하지 않으면 건물 철거를 빌미로 협상해서 수익을 챙기면 된다는 말이다. 이 말에 용기를 얻어 법정지상권에 도전하기로 결심했다.

난생처음 법정지상권 경매에 도전하다!

처음 법정지상권 경매에 도전한 물건이 영종도에 빌라를 건축하던 중에 부도가 난 건물이었다. 여러 채를 차례로 지어 분양하던 중 한 동의 건물이 공사가 중단되어 경매로 나왔다. 당시 영종도는 엄청난 불황을 겪고 있었다. 여기저기 개발계획은 많았지만 공사가 진행된 곳은 많지 않았고, 허허벌판만 구획되어 있는 황량한 땅이었다. 이 지역의 경매물건 대부분이 50% 이하에 낙찰되고 있었다. 영종도 하면 국제공항밖에 떠오르지 않았고, 사람들이 많이 살지 않을 것으로 인식되었다. 그러나 물건분석을 할수록 미래 가치가 충분한 곳이었다.

당시는 부동산 경기가 좋지 않아 땅값과 집값이 계속 떨어지고 있었다. 이곳에 관심을 갖는 사람들도 많지 않아 아파트도 50% 이하에 낙찰되었다. 언뜻 보기에는 절대 투자해서는 안 될 지역이라는 생각이 들었다. 그러나 다양한 개발계획이 세워져 있어 무한한 가능성을 가진 지역이었다. 투자하면 머지않아 많은 수익을 안겨줄 수 있다고 판단했다.

우선 공사가 중단된 빌라를 골라 경매 투자를 하기로 했다. 150평 대지에 4층 건물로 22평짜리 빌라 8채의 외부 공사는 마무리되었고 내부 마감 공사를 하고 있는 빌라의 토지만 경매로 나왔다. 감정가는 3억 7,500만 원이었고, 세 번 유찰되어 최저가가 1억 2,800만 원으로 떨어졌다. 감정가 대비 30%대로 떨어져 응찰해도 무난할 것으로 판단했다. 응찰가는 최저가에서 200여만 원을 더해 1억 3,000만 원에 낙찰받았다. 2명이 응찰했는데 2등은 1억 2,950만 원으로 불과 50만 원 차이였다.

현관에 전화번호를 남기고 집으로 향하는 도중에 전화가 왔다. 건물 소유자인데 만나고 싶다는 것이었다. 다시 영종도 현장으로 돌아와 건물주를 만났다. 40대 후반의 남자는 빌라를 많이 지어 분양하고 돈도 많이 벌었는데 사업을 무리하게 확장하는 바람에 자금 융통이 어려웠다고 했다. 현장 네 곳이 부도가 났고, 다른 지역에 있는 현장도 곧 경매로 나올 상황이라고 했다. 이 건물이라도 완공해서 임대하면 어느 정도 자금을 융통해서 추가 부도를 막을 수 있다는 것이었다.

나는 최저가에서 1억 2,000만 원만 더 주면 토지를 다시 팔겠다고 제안했다. 그는 잠시 머뭇거리더니 그렇게 하겠다고 했고, 계약서 작성은 낙찰 대금 완납 후 하기로 했다. 낙찰 당일 협상을 완료하고 수익을 실현할 수 있게 된 것이다. 일주일 뒤 건물주는 중단된 건물 공사를 진행하겠다고 알렸다. 기존 거래처에 사정 얘기를 했더니 자재를 공급해주기로 했다는 것이다. 공사가 빨리 마무리되면 투자금 회수가 빨라지니 마다할 이유가 없었다. 그 후 은행과 협조해서 낙찰 잔금 전부(약 1억여 원)를 대출로 처리하고 소유권을 이전했다. 낙찰 잔금을 치른 후 얼마 되지 않아 공사가 완료되었고, 매매와 전세로 물건을 내놓았다. 매매 수요는 별로 없었지만 전세는 그런 대로 잘 나갔다. 낙찰받고 2개월 정도 지나서 토지 대금을 받고 토지 소유권을 다시 이전해주었다.

이런 불황에도 아직 건축이 완료되지 않은 건물을 낙찰받아 2개월여 만에 수익을 실현했다. 낙찰 보증금 1,280만 원을 투자해서 2개월 만에 1억 2,000만 원을 벌어들인 셈이다. 나의 첫 법정지상권 경매는 그야말로 쉽게 끝났다. 이후로 두려움이 사라졌다. 심지어 '법정지상권 성립 여지 있음'이라는 물건만 보면 가슴이 설레기까지 했다. 물론 운이 좋았을 수도 있다. 그러나 건물 소유주도 우리와 똑같은 평범한 사람들이다. 돈을 벌기 위해 건물을 지었는데, 잘못되어 토지가 경매로 넘어간 것이다. 그들의 입장에서 조금 손해를 본다는 생각으로 협상하면 대부분 순조롭게 풀린다. 어차피 낙찰자에게는 큰 부담이 없다.

05

법정지상권의 대표적인 13가지 사례

법정지상권의 성립 여부는 관련 서류를 열람하는 것만으로 파악할 수 있다. 토지대장, 건축물대장, 토지 및 건물 등기사항전부증명서, 폐쇄등기사항전부증명서 등을 살펴봐야 한다. 물건이 소재하고 있는 시·군·구청에서 건축 허가 일자와 착공 일자, 건축주 이름, 건축주 변경 여부 등을 확인한다. 무허가 건물은 무허가건축물대장이나 재산세부과대장 등을 확인하고, 멸실된 건물은 멸실건축물관리대장을 확인해야 한다.

법정지상권이 성립하는 경우는 건물이 증개축 또는 신축된 경우, 미리 건축 허가를 받아 대지 위에 건축하는 중에 저당권을 설정한 경우, 관습법상 법정지상권이 존재하는 건물을 경매로 취득한 경우, 건물 공유자 중 한 사람이 단독 소유하고 있는 토지가 경매로 나온 경우, 건물 공유자 중 한 사람이 토지를 단독 소유하는 상태에서 건물 지분이 경매로 나온 경우 등이다.

법정지상권이 성립하지 않는 경우는 토지에 근저당을 설정한 후 건축 공사를 한 경우, 토지와 건물에 공동으로 저당권을 설정한 후에 건물을 철거하고 신축한 경우, 미등기 건물을 양도한 경우, 토지 매수 후 미등기 상태에서 건물이 신축된 경우, 나대지에 담보가등기를 설정하고 건물을 신축한 경우, 토지 근저당권자(은행)가 건축에 동의한 경우, 가압류 당시 토지와 건물의 소유자가 다르나 경매 시 소유자가 동일한 경우, 토지 공유자 중 한 사람이 다른 공유자의 동의를 얻어 건물을 신축한 경우 등이다.

위에서 제시한 13가지 사례만 공부하면 투자하는 데 아무런 문제가 없다. 경매 시장에 나온 법정지상권의 95% 이상이 이 범위를 벗어나지 않는다.

법정지상권이 성립하는 경우

건물이 증개축 또는 신축된 경우

건물이 증개축 또는 신축된 경우 법정지상권이 성립한다. 다만, 구 건물 기준 범위 내에서 법정지상권이 유효하고, 구 건물의 범위를 유지하거나 사용하기 위해 필

요한 범위 한도 내에서 유효하다.

'갑'이 자신의 토지에 작은 건물을 짓고 창고로 사용하는 중에 돈이 필요해 은행에서 대출을 받았다. 은행은 지상에 있는 건물이 너무 작아 가치가 없다고 판단하여 토지만 담보로 대출해주었다. '갑'은 대출받은 돈으로 건물을 증축하여 집으로 사용하던 중 갑자기 사업이 잘못되어 토지만 경매로 나왔다. 토지만 담보로 저당권이 설정되었기 때문이다. 이런 토지를 '을'이 낙찰받았는데, '갑'의 건물에 대한 법정지상권을 인정해줘야 할까? 구 건물 범위 내에서만 법정지상권을 인정할 수 있다. 대출 당시에는 신축한 건물이 존재하지 않았기 때문이다. 이 건물에 법정지상권을 인정해주면 나대지로 알고 대출을 많이 해준 은행이 손해를 볼 수 있기 때문이다. 건축물대장을 확인한 '을'은 대출 후에 건물이 완성되어 신축 건물에는 법정지상권이 성립하지 않는다는 것을 알고 낙찰받은 것이다. 구 건물 기준으로만 법정지상권이 성립하면 건물주는 신축 건물을 철거해야 할 수도 있다. 이 논리를 잘 활용하면 낙찰자는 협상을 유리하게 이끌어갈 수 있다.

미리 건축 허가를 받아 대지 위에 건축하는 중에 저당권을 설정한 경우

토지에 대해 저당권을 설정하기 전에 이미 건축 허가를 받고 공사가 진행되었다면 법정지상권이 성립한다. '갑'이 토지 위에 저당권 설정(대출)을 할 당시에는 건축 공사가 진행 중이었다. 사회 통념상 독립된 건물로 볼 수 있는 정도는 아니지만, 외형상으로 규모와 종류를 예상할 수 있는 정도로 건축이 진전되었다. 누가 봐도 집을 짓고 있다는 것을 알 수 있었다. 그 후 경매 절차에서 낙찰자가 매각대금을 지불할 때까지 최소한의 지붕과 기둥, 주벽이 만들어지는 등 독립된 건물의 요건을 갖추어야 법정지상권이 인정된다.

터파기 공사나 흙막이 공사 등 토목공사는 건물로 보기 어렵고, 적어도 토목공사 완료 후 건물 기둥과 주벽을 올릴 수 있는 콘크리트 타설 공사 등의 기초공사는 되어 있어야 한다.

예를 들어 '갑'이 건축하는 도중에 돈이 필요해 은행에 대출 서류를 제출했다. 은행 직원이 대출금 산정을 위해 현장 실사를 했는데, 이미 터파기 공사가 완료되어 1층 공사가 진행 중이었다. 현장 실사를 마친 은행 직원은 나대지가 아닌 건물이 있는 상태를 상정하여 대출 금액을 결정했다. 건축물로 인해 토지의 사용 가치가 하락한 상태를 감안해서 대출을 해준 것이다. 이런 경우 법정지상권을 인정해줘도 대출을 해준 은행은 손해를 입지 않는다.

관습법상 법정지상권이 존재하는 건물을 경매로 취득하는 경우

관습법상 법정지상권은 등기하지 않아도 효력이 발생한다. 건물 소유자는 등기 없이도 토지 소유자에게 관습법상 법정지상권을 주장할 수 있다.

건물 소유자가 관습법상 법정지상권을 취득한 상황에서 토지가 매매된 경우 새로운 토지 소유자에게도 등기 없이 관습법상 법정지상권을 주장할 수 있다.

관습법상 법정지상권이 성립하는 건물을 경매로 낙찰받아 소유권을 이전받은 새로운 건물 소유자(낙찰자)는 건물에 존재하는 관습법상 법정지상권도 당연히 이전받았다고 봐야 하므로 등기 없이도 법정지상권을 취득한다.

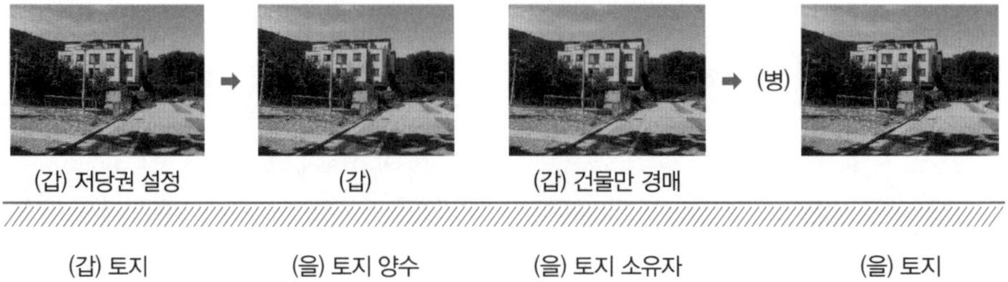

'갑'이 토지와 건물을 소유하고 있는 상태에서 건물만 담보로 대출을 받았다. 그 후 추가 자금이 필요해서 토지만 '을'에게 매도했다. 매매로 인해 토지와 건물의 소유자가 달라졌기 때문에 '갑'은 관습법상 법정지상권을 취득한다. 왜냐하면 '을'이 토지를 매입하기 전에 '갑'이 토지와 건물을 소유하고 있었기 때문이다. 그런데 '갑'의 사업이 악화되어 살고 있던 건물이 경매로 넘어갔다. 이 건물을 낙찰받은 '병'에게 법정지상권을 인정해줄까? 당연히 인정된다.

건물 공유자 중 한 사람이 단독 소유하고 있는 토지가 경매로 나온 경우

건물 공유자 중 한 사람이 토지를 단독 소유하는 상태에서 토지만 저당권을 설정했고, 경매로 토지의 소유자가 달라진 경우이다. 토지 소유자는 자기뿐만 아니라 다른 공유자도 토지의 이용을 인정하고 있었다고 할 것이다. 저당권자도 저당권 설정 당시 법정지상권의 부담을 예상했으므로 손해를 입는 것이 아니다. 또한 건물의 철거로 인한 사회경제적 손실을 방지할 공익상의 필요성도 있다. 따라서 건물 공유자들은 「민법」 제366조에 의해 토지 전부에 관하여 건물의 존속을 위한 법정지상권을 취득한다고 봐야 한다.

'갑'의 토지 위에 '갑'과 '을'이 공동 소유로 건물을 건축했다. 그러다 '갑'의 토지만 경매로 나왔고, '병'이 토지를 낙찰받았다. 건물 소유자는 여전히 '갑'과 '을'이다. 이런 경우 '갑'과 '을'은 법정지상권을 취득한다.

건물 공유자 중 한 사람이 토지를 단독 소유하는 상태에서 건물 지분이 경매로 나온 경우

건물 공유자 중 한 사람이 토지를 단독으로 소유하고 있는 상태에서 건물에만 저당권을 설정했고, 경매로 건물 소유자가 달라진 경우에 법정지상권이 성립한다. 토지 소유자가 자기뿐만 아니라 다른 공유자를 위해서도 토지의 이용을 인정하고 있었으므로 토지 전부에 관해 건물의 존속을 위한 법정지상권을 취득한다.

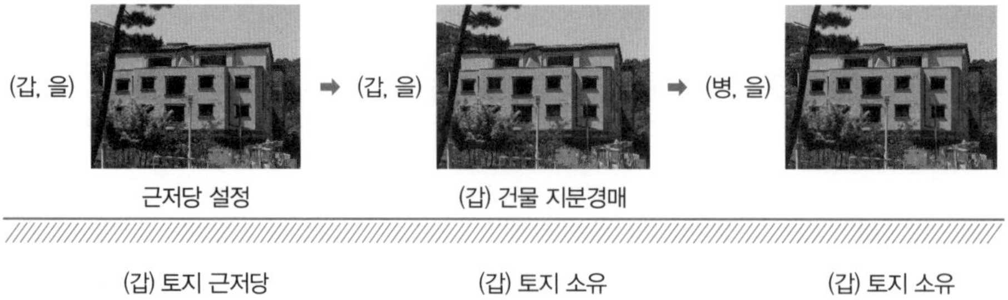

'갑' 소유의 토지 위에 있는 건물을 '갑'과 '을'이 공동으로 소유하고 있었는데, '갑'의 건물 지분이 경매로 나오자 '병'이 낙찰받았다. 이 경우 '병'과 '을'의 건물 존속을 위한 법정지상권이 인정된다.

법정지상권이 성립하지 않는 경우

토지에 근저당을 설정한 후 건축 공사를 한 경우

「민법」 제366조에 따르면 법정지상권은 저당권 설정 당시 한 사람이 소유하고 있던 토지와 건물이 경매로 넘어가 토지와 건물의 소유자가 달라질 때 건물 소유자를 보호하기 위한 권리이다. 토지에 대해 저당권이 설정될 당시 건물이 존재하지

않았다면 저당권 실행으로 인한 경매 절차에서는 법정지상권이 인정되지 않는다.

'갑'이 토지만 소유하고 있는 상태에서 토지를 담보로 대출받아 근저당을 설정한 후에 그 토지에 건물을 신축하던 중 토지만 경매로 나왔다. 이 경우 건물주 '갑'은 토지 낙찰자 '병'에게 법정지상권을 주장할 수 없다. 저당권 설정 당시 은행은 건물이 없는 나대지를 상정하여 대출을 많이 해주었기 때문이다. 그런데 법정지상권을 인정해주면 대출을 많이 해준 은행과 토지를 낙찰받은 '병'이 손해를 입게 되므로 법정지상권은 인정되지 않는다.

토지와 건물에 공동으로 저당권을 설정한 후에 건물을 철거하고 신축한 경우

토지와 건물을 소유하는 '갑'이 A은행에 토지와 건물에 공동으로 저당권을 설정하고 대출을 받은 후 기존 건물을 철거하고 신축했다. 여전히 신축 건물과 토지의 소유권은 '갑'에게 있다. 그런데 '갑'이 B, C 은행에서 신축된 건물을 담보로 대출받았다. 이 상태에서 '갑'의 토지가 경매로 나오자 '을'이 낙찰받았다. 이런 경우 신축 건물에 대한 법정지상권은 성립하지 않는다.

공동 저당권자 A은행은 토지 및 건물 각각의 교환 가치 전부를 담보로 저당권을 설정해주었다. 저당권의 목적이 된 건물이 그대로 있다면 건물을 위한 법정지상권이 성립한다 해도 A은행은 손해 볼 것이 없다.

그러나 기존 건물을 철거하고 신축한 건물에 대해 다른 은행이 저당권을 설정했기 때문에 법정지상권이 성립하지 않는다. 토지와 건물에 대한 공동 저당권자인 A은행이 건물에 대한 대출금을 회수할 수 없기 때문이다. 법정지상권의 가액 상당의 가치를 되찾을 길이 막혀 A은행은 예측하지 못한 손해를 입게 된다. 즉 A은행은 토지와 건물의 전체 가치를 평가하여 대출을 해주었다. 건물주가 신축을 하고 A은행

말고 다른 은행에 담보를 제공하면 A은행은 토지와 건물이 경매로 넘어갈 경우 대출금 회수에 제한을 받게 된다.

공동 담보로 제공되었던 건물을 철거하고 신축 건물에 대해 A은행에 담보를 제공하지 않은 건물주를 보호해주면 안 된다. 최초에 건물과 토지를 공동 담보로 설정하여 담보 가치를 극대화한 담보권자(A은행)를 보호하는 것이 합리적이기 때문이다. 법정지상권이 성립하지 않는 대표적인 사례로 하루아침에 수십억 원대의 건물이 철거되는 상황에 놓이게 된다.

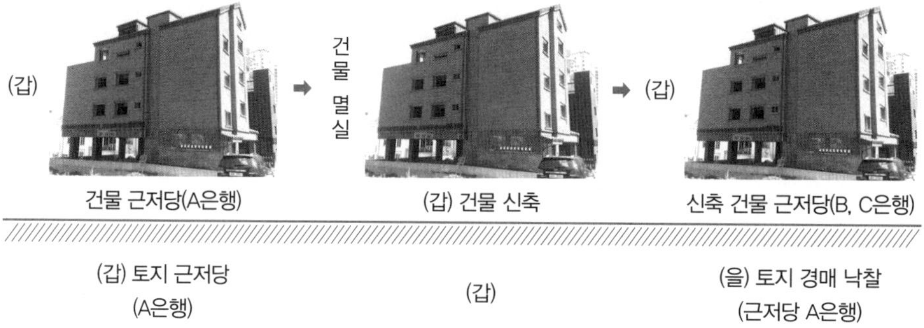

미등기 건물을 양도한 경우

토지와 건물이 동일인의 소유였던 미등기 건물이 양도된 경우이다. 미등기 건물은 등기하지 않으면 처분할 수 없기 때문에 미등기 건물 취득을 통해 법률상 또는 사실상 그 건물을 처분할 수 있는 지위를 얻을 수는 있어도 이전등기를 하지 않는 한 건물 소유권을 취득할 수 없다. 실질적인 소유자이지만 등기가 없어 다른 사람은 알 수 없다는 것이다.

'갑'이 토지와 미등기 건물을 동시에 '을'에게 양도했다. 건물은 등기가 없는 상태이기 때문에 토지만 '을' 앞으로 이전등기가 되었다. 그 후 '을'이 대출받으면서 토지에 저당권을 설정했다. 얼마 후 '을'의 토지가 경매로 넘어가 '병'의 소유가 되었다. 건물은 등기가 이전되지 않았기 때문에 미등기 건물의 소유권은 여전히 최초 양도인인 '갑'에게 있는 것으로 보여진다. 따라서 저당권 설정 당시 미등기 건물은 양도인 '갑'의 소유인 반면 토지는 이전등기를 완료한 '을'의 소유로 보여진다. 토지와 건물의 소유자가 동일인이 아니기 때문에 법정지상권이 성립하지 않는다.

토지(근저당 설정) 매수 후 미등기 상태에서 건물이 신축된 경우

법정지상권의 핵심은 애초에 토지와 건물의 소유자가 동일인이어야 한다는 점

이다. 근저당이 설정된 토지를 매수한 자가 소유권 이전등기를 하지 못한 상태에서 건물을 신축했는데, 전 소유자의 저당권이 실행(경매)되어 토지와 건물의 소유자가 달라진 경우에는 법정지상권이 성립하지 않는다.

'갑'에게 토지를 매수한 '을'이 소유권 이전등기를 하지 않고 건물을 신축했다. 그 후 경매 절차에서 '병'이 토지를 낙찰받은 경우 '을'은 법정지상권을 취득할까? 건물은 '을'의 소유가 명백한 반면 토지는 '을'이 매수하여 사실상의 소유자이지만 소유권 이전등기를 하지 못해 토지와 건물의 소유자가 다르게 보인다. '병'의 입장에서 보면 낙찰 당시 건물 소유자는 '을', 토지 소유자는 '갑'으로 보여진다. 저당권 설정 당시 토지와 건물의 소유자가 동일해야 한다는 조건에 어긋나므로 법정지상권이 성립하지 않는다.

이때 토지와 건물의 소유자가 동일하다는 것을 제3자도 식별할 수 있어야 한다. 즉 등기사항전부증명서에 동일인으로 표시되어야 한다는 것이다. 단, '병'이 낙찰받기 전에 '을'이 토지에 대한 소유권 이전등기를 마치면 '을'은 법정지상권을 취득한다. 소유자가 동일해야 한다는 것은 경매개시결정기입등기 당시가 아니라 매각 당시를 기준으로 하기 때문이다.

나대지에 담보가등기를 설정하고 건물을 신축한 경우

채권을 담보하기 위해 '갑'의 나대지에 '을'이 가등기를 설정한 후 대지 소유자(갑)가 건물을 신축했다. '갑'이 돈을 갚지 않자 '을'이 가등기에 기한 본등기를 완료하면서 토지 소유권이 '을'로 바뀌었다. 대지와 건물의 소유자가 달라진 경우 관습법상 법정지상권을 인정하면 토지에 가등기를 설정한 사람(을)의 이익이 크게 침해된다. 따라서 특별한 사정이 없는 한 관습법상 법정지상권은 성립하지 않는다.

토지 근저당권자가 건축에 동의한 경우

토지 근저당권 설정 당시에는 건물이 없었으나 토지 근저당권자가 건물을 짓는 것에 동의한 경우 법정지상권이 성립할까? 토지 근저당권자의 건축 동의나 토지 소유자의 토지 사용 승낙 등 제3자가 객관적으로 알 수 없는 내부적인 사항은 법정지상권 성립 요건이 되지 못한다.

가압류 당시 소유자가 달랐으나 경매 시 소유자가 동일한 경우

가압류 당시에는 건물 소유자가 '갑', 토지 소유자가 '을'이었다. 그 후 소유권이 모두 '병'으로 바뀐 상태에서 매각(경매)이 진행되었다. 가압류에 의한 강제경매를 통해 건물을 낙찰받은 '정'이 관습법상 법정지상권을 취득할 수 있을까? 가압류 당시에 토지와 건물의 소유자가 같았다면 관습법상 법정지상권은 성립한다. 하지만 가압류 당시 토지와 건물의 소유자가 달랐으므로 관습법상 법정지상권은 성립하지 않는다.

토지 공유자 중 한 사람이 다른 공유자의 동의를 얻어 건물을 신축한 경우

토지 공유자 중 한 사람이 다른 공유자 과반수의 동의를 얻어 건축한 후 토지와

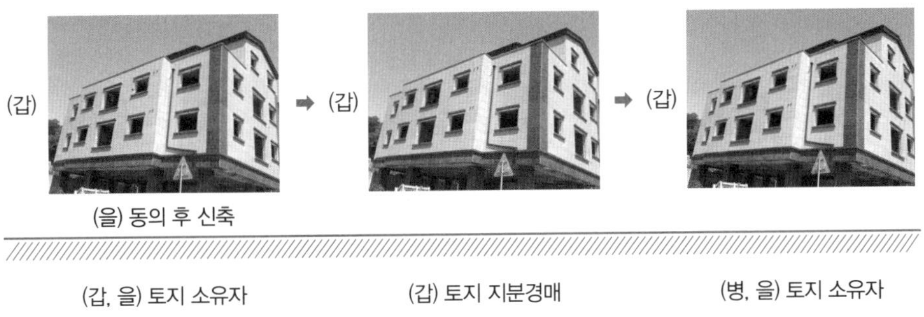

건물의 소유자가 달라진 경우 관습법상 법정지상권이 성립하지 않는다. 토지 공유자 중 한 사람 때문에 다른 공유자의 지분까지 지상권 설정이라는 처분행위를 허용하는 것이 되기 때문이다.

'갑'과 '을'이 토지를 공동 소유하고 있는 중에 '갑'이 '을'의 동의를 얻어 건물을 신축했다. 그 후 '갑'의 토지 지분이 강제경매로 나와 '병'이 낙찰받았다. 이때 '을'의 동의를 받고 건물을 신축했다 하더라도 '갑'에게 관습법상 법정지상권을 인정해주지 않는다. '을'은 건축에 대한 동의를 해주었지만 자신의 토지 소유권을 침해하는 것에 동의한 것이 아니기 때문이다.

06

법정지상권 경매 투자 성공 사례

사례 요약

이 사례는 금요일반 수강생의 지인이 의뢰한 물건으로 복잡한 사연이 얽힌 물건이다. 금요일 수업 중에 한 수강생이 이 물건을 지인에게 부탁받았다면서 이 물건을 제시했다. 한눈에 봐도 물건이 크고 방대해서 엄두가 나지 않을 정도였다. 서류상으로는 방대한 땅과 일부 건물이 건축 중인 것으로 파악되었다. 수강생 모두가 물건이 마음에 들지 않아 보이는 눈치였다. 수업 중에 개략적인 검토를 마치고 시간이 가용한 대로 현장에 가보기로 하고 수업을 종료했다.

일요일 오후에 임장을 가볼까 하고 단톡방에 올렸으나 반응이 별로 없었다. 하는 수 없이 아내와 함께 구경삼아 다녀오기로 하고 가벼운 마음으로 출발했다. 물

2017 타경 85○○(임의)			매각기일 : 2019-05-29 10:00~ (수)		경매3계 031-880-7447
소재지	경기도 양평군 ○○면 ○○리 ○○-1 외26필지				
용도	임야	채권자	농○○○○○○○○○○○	감정가	4,501,739,000원
토지면적	81743㎡ (24727.15평)	채무자	씨○○○○○	최저가	(34%) 1,544,096,000원
건물면적		소유자	씨○○○○○	보증금	(10%)154,409,600원
제시외		매각대상	토지일괄매각	청구금액	2,333,167,535원
입찰방법	기일입찰	배당종기일	2018-01-08	개시결정	2017-09-28

기일현황 (간략보기)

회차	매각기일	최저매각금액	결과
신건	2018-03-07	4,501,739,000원	변경
신건	2018-05-16	4,501,739,000원	유찰
2차	2018-06-20	3,151,217,000원	유찰
	2018-08-08	2,205,852,000원	변경
	2018-09-12	2,205,852,000원	변경
3차	2018-11-07	2,205,852,000원	유찰
4차	2018-12-19	1,544,096,000원	매각
한○○/입찰1명/낙찰1,657,111,000원(37%)			
	2018-12-26	매각결정기일	불허가
신건	2019-02-13	4,501,739,000원	유찰
2차	2019-03-20	3,151,217,000원	유찰
3차	2019-04-24	2,205,852,000원	유찰
4차	2019-05-29	1,544,096,000원	매각
홍○○/입찰2명/낙찰1,600,001,000원(36%) 2등 입찰가 : 1,555,050,000원			
	2019-06-05	매각결정기일	허가
	2019-07-18	대금지급기한	추후지정
	2019-07-25	대금지급기한	
배당종결된 사건입니다.			

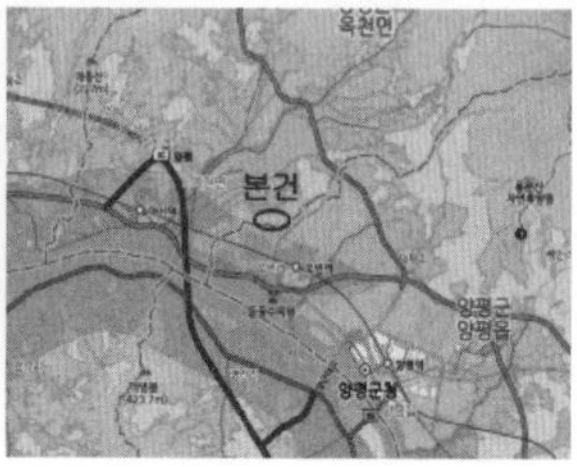

일괄매각, 입목 포함, 일부 토지 지상에 소재하는 컨테이너박스, 계사 등은 매각에서 제외함, 목록 7 상공으로 고압선이 통과함, 목록 1,2,3,4,5,7,8,9,12,13,19,20,21,25,26 토지는 맹지임, 목록 17 토지의 현황은 부지조성을 위한 토목공사가 일부 진행된 상태임, 2018.1.8. 유치권자 김병선으로부터 공사대금 금333,431,541원에 대하여 유치권 신고, 채무자 대표이사 김기천의 유치권자 김병선은 공사도급계약체결을 한 사실이 없다는 유치권없음사실확인서 제출, 2018.8.20.자 유치권자 김병선 유치권이 있다는 의견서 제출, 유치권성립여부는 불분명. 2019.4.23. 주식회사 두연으로부터 금130,000,000원의 유치권 신고 있으나 그 성립여부는 불분명.

건지에 도착해 보고 눈을 의심할 정도로 깜짝 놀랐다. 대규모 유럽형 전원주택이 30여 채가 지어져 있었다. 추가로 전원주택 50여 채를 충분히 지고도 남을 만한 부지가 있는 좋은 물건이었다. 주변에는 이미 대규모 전원주택단지가 조성되어 입주했고, 인접한 전원마을은 예술인 문화마을로 유명한 곳이었다. 즉시 수강생 몇 분에게 전화를 해서 시간이 가능하면 한번 와서 보는 게 좋겠다고 했다. 수강생 두 분이 추가로 와서 보고 감탄을 하고 투자하고 싶다고 했다. 물건이 가치가 있다고 판단하고 수업시간에 자세히 분석해보기로 했다. 신고된 유치권은 별론으로 하더라도 법정지상권 성립여부를 판단하기 위해 건축허가 현황을 파악하는 등 각자의 임무를 분담하여 자료 수집을 했다.

이 물건은 건축업자 김##으로부터 333,431,541원, ㈜두#으로부터 130,000,000원, 총 463,431,541원의 유치권이 신고된 물건이었다. 감정가 45,501,739,000원, 24,727.15평의 광활한 토지와 건축이 거의 완료된 유럽형 전원주택 30여 채, 게다가 거듭된 유찰로 1,544,096,000원까지 떨어진 상태였다. 의뢰하신 분에게 같이 투자해도 좋겠냐는 의향을 물어보니 좋다고 했다.

사전 협상을 준비를 하다

규모가 크다 보니 먼저 토지와 건물 소유자를 만나야겠다는 생각이 들었다. 소유자 회사를 검색하여 접촉을 시도했으나 전화도 받지 않았다. 그래서 하는 수 없이 탐문조사를 하기로 하고 주변을 돌며 이것저것 파악했으나 소득이 없었다. 그렇게 주변을 해매고 다니다 우연히 이미 지어진 전원주택 사이를 걷다가 한 집의 대문에 '분양이 완료된 집입니다.'라고 써진 집을 발견하고 묘한 희망의 끈을 잡은 느낌이 들었다.

집 주변을 둘러보니 사람이 살고 있거나 살았던 것이 분명해 보였다. 그래서 대문에 전화번호와 여기에 온 이유를 간단히 적어 붙여 놓고 왔다.

입찰기일이 얼마 남지 않았기에 초조한 마음으로 기다렸다. 그러나 역시 연락이 없었다. 하는 수없이 다시 한 번 주변을 둘러보고 사전협상의 빌미를 찾아보기로 했다. 날씨가 엄청 추웠지만 목도리와 모자를 눌러쓰고 수강생과 함께 집 주변을 어슬렁거리고 다녔다. 한참이 지나고 이제 돌아가야겠다는 마음으로 주차해 놓은 곳을 향해 가고 있는데 누군가 우리에게 다가오더니 누구냐고 물었다. 이 물건이 경매로 나왔기에 한번 와봤다고 하자, 다짜고짜 나가라고 했다. 말도 못 붙이고 쫓기듯이 주차장 쪽으로 향했다. 그는 우리를 계속 쫓아오면서 우리가 다른 곳으로 가지 못하게 했다.

어느 정도 여유가 생긴 뒤 그에게 누구냐고 물었지만, 여전히 알 필요 없다며 우리를 몰아세웠다. 당신이 누군데 무슨 권리로 우리를 쫓아내냐고 따졌다. 당신이 주인이라도 되냐고 묻자, 그렇다고 했다.

그래서 걸음을 멈추고 같이 사업을 해보면 어떠냐고 제안했다. 그러자 그는 무슨 사업을 하냐고 따지듯 물었다. 이렇게 많은 돈을 들여 놓고 분양도 못하고 경매에 나온 것이 안타까워 건물주 분과 같이 사업을 하고 싶다고 했다. 그러자 그는 낙찰받고 나서 오라고 했다. 정말 낙찰받고 오면 같이 해결할 의향이 있냐고 다시 물었더니, 여러 가지 사정이 안 좋아 여기까지 왔는데 서로에게 도움이 되면 못할 것도 없다고 했다.

나중에 안 사실이지만 이 사람이 토지와 건물 소유 회사 대표였다. 그리고 명함을 달라고 하자 주저주저 했다. 내 명함을 내밀며 다시 한 번 명함을 달라고 하자 마지못해 명함을 주는데 명함은 등기부에 나온 회사와 무관해 보였지만 더 묻지는 않았다.

공든 탑이 허망하게 무너지다

이후 입찰일까지 우리는 몇 번의 토의시간을 가졌다. 물건에 대한 의견이 분분해 우리 내부에서 의견이 일치되지 않아 고민이 많았다. 의뢰인과 수강생의 일부가 한 번 더 유찰되면 받자는 의견을 제시했다. 이 물건을 남에게 뺏길 것 같은 느낌이 들어 경매 법정에 나가 지켜보기로 했다. 초조한 마음으로 집행관의 유찰 물건 발표를 기다렸는데, 누군가 응찰을 했다. 결과적으로 단독입찰해서 1,657,111,000원에 어떤 법인이 낙찰받아 갔다. 너무나 안타깝고 허무했다. 추운 날씨에도 불구하고 수십 차례 임장과 탐문활동이 물거품이 되어버린 순간이다. 그렇게 이 물건은 정리되었다.

우연히 경매물건 검색 중 다시 찾은 기회

이후 다시 일상으로 돌아와 책을 쓰고 강의도 하며 바쁜 나날을 보냈다. 이 시기에 낙찰의뢰를 많이 받아 하루가 어떻게 지나갔는지도 모를 지경이었다. 그러던 어느 날 책 쓰기 위한 자료를 찾기 위해 물건을 검색하다가 깜짝 놀랐다. 어디서 많이 보던 물건이 올라와 있는 것이다. 검색해 보니 우리가 공들였던 물건이 불허가 결정되어 다시 경매 물건으로 나와 있었다. 채무자가 불허가 신청하여 불허가 처분이 내려진 것이다. 즉시 의뢰인에게 전화를 해서 이 물건이 다시 나왔는데 진행할 의향이 있느냐고 물었다. 생각해보고 전화해주겠다고 했다.

그리고 이 물건을 같이 검토했던 수강생 팀에게도 이 사실을 알리고 의향을 물었다. 그런데 그 팀은 그 시기에 유치권 물건을 낙찰받을 준비에 바빴고 팀원 개별적으로도 낙찰받은 물건을 정리 중에 있던 분도 있었다. 그래서 대부분 이 물건에 흥미를 느끼지 못했다. 의뢰인도 전화가 없어 그냥 넘어가나 했는데, 며칠 후 전화가 왔다. 의뢰인은 진행 의사를 밝혔고 지난번과 비슷한 가격으로 낙찰받고 싶다고 했다.

낙찰의 기쁨을 맛보다

입찰기일에 아침 일찍 법원으로 향했다. 응찰가를 놓고 수차에 걸친 토의를 했기 때문에 고민할 것은 없었다. 다만 이 물건이 경매시장에 노출이 많이 되어 있는 상태라 경쟁자가 있지 않을까 하는 걱정이 앞섰다. 낙찰가를 지난번 낙찰자보다 약 5,700여만 원 낮게 잡아 1,600,001,000원으로 썼다. 경쟁자가 있다면 떨어질 확률이 높은 금액이다. 경쟁자가 없기를 바라면서 결정을 기다렸다.

우리 순서가 되어 집행관이 입찰자를 부르는데, 이 물건에 우리를 포함해 2명이 입찰을 했다. 순간 긴장이 되고 입찰가를 너무 낮게 잡은 것 같아 걱정이 앞섰다. 다행히 최종적으로 우리가 최고가 매수인으로 결정되었다. 2등과는 약 4,500여만 원 차이가 났다. 이렇게 큰 물건을 큰 부담 없이 낙찰받을 수 있는 행운을 얻을 수 있어 기뻤다.

이 물건을 낙찰받기 위해 투자한 금액을 간단히 정리해보면, 입찰 보증금으로 154,409,600원이 들어갔고 10억여 원을 대출받았다. 결국 6억 원을 투자해서 45억짜리 물건을 사게 된 것이다. 이 물건 같은 경우 본인이 투자한 6억 원도 다양한 대출 방법을 활용하면 충분한 추가대출이 가능하다.

그리고 이런 물건은 투자금 회수 방법이 다양하다. 앞에서 언급했듯이 이미 지어진 물건을 세를 놓거나, 건물주에게 토지를 감정가보다 싸게 되팔거나 건물주와 건축을 마무리하는 방법 등 다양한 수익창출 모델이 나온다. 대처하는 방법에 따라 수익은 천차만별이지만 분명한 것은 수십억 원의 수익을 기대할 수 있다는 것이다.

PART 4

유치권 경매,
아는 만큼 수익이 보인다

01

유치권 경매란?

유치권이란

타인의 부동산을 점유하는 자가 그 부동산에 관하여 생긴 채권을 변제받을 때까지 그 부동산을 유치할 수 있는 권리를 유치권이라고 한다. 예를 들어 타인의 건물에 공사를 해주고 공사 대금을 받지 못했다면 전액 변제받을 때까지 그 건물을 유치할 수 있는 권리이다.

건물주가 건축비를 지급하지 않고 건물을 차지한다면, 건축업자는 부득이하게 법원에 건축비 청구 소송을 제기해 확정 판결을 받아 건물을 압류한 후 경매를 통해 낙찰 대금에서 건축비를 배당받을 수밖에 없다. 하지만 건축비를 받으려고 많은 비용을 들여 변호사를 선임하고 1년 이상 소송을 벌여야 한다면 너무 복잡하고 불합리하다.

이러한 결과를 막기 위해 건축업자에게 유치권이라는 권리를 부여하는 것이다. 건축업자는 유치권을 행사해 사실상 건축비를 우선적으로 회수할 수 있는 권리를 갖게 된다. 이 유치권은 건축을 맡긴 건축주뿐만 아니라 이 세상 누구에게도 주장할 수 있는 막강한 권리이다. 건물주가 건물의 소유권을 건축업자와 아무 계약 관계가 없는 다른 사람에게 넘기더라도 건축업자는 유치권을 주장할 수 있다는 뜻이다.

이 건물이 경매에 붙여져 낙찰되더라도 건축업자는 낙찰자에게 여전히 유치권을 주장할 수 있다. 이를 유치권의 물권적 효력 또는 대세권이라고 한다. 유치권은 채무자 한 사람에게만 주장할 수 있는 채권이 아닌 물권의 성격을 갖는다. 실제로 유치권은 법이 정한 일정한 요건만 갖추면 성립하는 법정담보물권이다.

유치권의 효력이 막강한 만큼 성립 요건이 까다롭다. 그렇기 때문에 법원에 신고된 유치권 중 90%는 성립하지 않는다는 말이 있다.

유치권 성립 요건

우리가 알고 있는 유치권의 대표적인 성립 요건은 물건에 대한 점유이다. 유치권이 무서운 것은 유치권자가 사실상 목적물을 점유하기 때문에 원래 소유자가 자신의 목적대로 사용할 수 없다.

건축주가 건물의 신축을 맡겼는데 건축비를 지급하지 않으면 당연히 건물을 사용할 수 없다. 이때 건축주는 어떻게든 자금을 마련해서 건축비를 지급하고 건물을 되찾으려 할 것이다. 즉 유치권의 효력이 막강한 것은 목적물을 유치할 수 있는 권리가 있기 때문이고, 이 힘의 원천인 목적물의 점유는 유치권 성립의 가장 중요한

유치권을 규정한 「민법」 내용

제320조(유치권의 내용)
① 타인의 물건 또는 유가증권을 점유한 자는 그 물건이나 유가증권에 관하여 생긴 채권이 변제기에 있는 경우에는 변제를 받을 때까지 그 물건 또는 유가증권을 유치할 권리가 있다.
② 전항의 규정은 그 점유가 불법행위로 인한 경우에 적용하지 아니한다.

제321조(유치권의 불가분성)
유치권자는 채권 전부의 변제를 받을 때까지 유치물 전부에 대하여 그 권리를 행사할 수 있다.

제324조(유치권자의 선관의무)
① 유치권자는 선량한 관리자의 주의로 유치물을 점유하여야 한다.
② 유치권자는 채무자의 승낙 없이 유치물의 사용, 대여 또는 담보 제공을 하지 못한다. 그러나 유치물의 보존에 필요한 사용은 그러하지 아니하다.
③ 유치권자가 전 2항의 규정에 위반한 때에는 채무자는 유치권의 소멸을 청구할 수 있다.

제325조(유치권자의 상환청구권)
① 유치권자가 유치물에 관하여 필요비를 지출한 때에는 소유자에게 그 상환을 청구할 수 있다.
② 유치권자가 유치물에 관하여 유익비를 지출한 때에는 그 가액의 증가가 현존한 경우에 한하여 소유자의 선택에 좇아 그 지출한 금액이나 증가액의 상환을 청구할 수 있다. 그러나 법원은 소유자의 청구에 의하여 상당한 상환 기간을 허여할 수 있다.

제326조(피담보채권의 소멸시효)
유치권의 행사는 채권의 소멸시효의 진행에 영향을 미치지 아니한다.

제328조(점유상실과 유치권 소멸)
유치권은 점유의 상실로 인하여 소멸한다.

요건이 된다.

그렇다면 점유가 어떤 의미이고, 어떤 경우에 점유가 인정되는 것일까? 사실 점유의 개념과 인정 범위에 대해서는 판사들의 의견이 분분할 만큼 구분하기 어렵다. 통상적으로 인정되는 물건에 대한 사실상의 지배가 법적인 의미의 점유인데 실질적으로 적용하기에는 어려움이 많다.

실제 재판에서는 유치권자의 주장과 간단한 소명만으로도 재판부에서 점유를 인정하는 편이다. 일단 유치권자가 자신의 점유를 주장하면 대부분 점유가 있는 것으로 추정하고, 낙찰자나 소유자에게 점유를 부정할 만한 사정과 정황 등을 입증하라고 요구한다. 이 입증에 실패하면 원고는 소송에서 패한다.

목적물에 사람이 살고 있지 않다는 증거로 먼지가 뿌옇게 쌓인 건물 사진을 찍어 제출하거나, 열쇠가 잠겨 있지 않아 누구라도 건물에 쉽게 들어갈 수 있다는 것을 주장하여 유치권자의 배타적인 점유를 반박해야 한다. 아니면 임차인이 거주한다는 사실을 입증할 수도 있다. 이와 같은 특별한 사정을 입증하지 못하면 유치권자의 점유가 인정된다.

따라서 현장 탐문 결과 유치권자가 실제로 점유하지 않는 듯하다는 심증만으로는 유치권이 성립하지 않는다고 단정할 수 없다. 일단 유치권자의 점유가 인정된다는 생각으로 점유를 부정할 수 있는 증거들을 꼼꼼히 챙겨야 한다.

02

유치권 권리분석 공식

유치권은 특정 물건을 직접 지배하여 이익을 얻는 배타적 권리로서의 물권이다. 타인의 물건에 대한 점유를 성립 및 존속 요건으로 하므로 점유를 상실하면 소멸한다. 유치권은 당사자의 의사와는 무관하게 일정한 요건이 구비되면 생기는 법정담보물권이다. 유치권은 여러 가지 특성을 가지는 담보물권이어서 성립 요건도 더 엄격하다.

나는 유치권 성립 요건의 주요 키워드 첫 글자를 따서 쉽고 재미있게 설명한다. 타·점·관·변·특! 여기에 맞게 증거 수집을 하면 빠뜨리지 않고 정리할 수 있다. 주요 키워드를 따라 유치권의 성립 요건을 살펴보자.

첫째, 목적물(부동산)이 **타**인의 소유여야 한다. 둘째, 목적물을 **점**유하고 있어야 한다. 셋째, 피담보채권이 그 목적물에 **관**하여 생긴 것이어야 한다. 즉 견련성(牽連

性, 사물 상호 간에 연결되어 있는 의존성)이 있어야 한다. 넷째, 피담보채권이 변제기(辨濟期, 채권자가 채무자에게 채무의 이행을 청구할 권리가 있는 시기)에 도래해야 한다. 다섯째, 당사자 간에 유치권 성립을 배제하는 특약이 없어야 한다.

그중에서도 특히 점유는 유치권의 성립 요건이자 존속 요건이므로 점유를 유지하는 것이 유치권의 생명이다. 유치권 신고가 된 경매물건은 위의 성립 요건을 중심으로 분석하면 된다. 경매시장에 나와 있는 유치권은 대부분 허위이거나 성립 요건을 충족하지 못해 이미 효력을 상실한 경우가 많다. 그 성립 요건에 맞춰 권리분석을 하는 연습을 해보자.

타인의 물건(부동산)이어야 한다

자신의 물건에 대해서는 유치권을 주장할 수 없다. 공사업자가 자기의 재료와 노력으로 건물을 지었고, 독립된 건물에 해당하는 부분은 공사업자의 소유로 볼 수 있다. 그러므로 공사업자는 자기 소유의 건물에 대해서는 유치권을 주장할 수 없다. 즉 어떤 사람이 자신의 토지에 건축을 하고 싶은데 돈이 없어서 공사업자에게 부탁하여 건축 공사를 맡긴다. 건축비는 공사 완료 후 지급하겠다는 약속을 한 경우이다. 그런데 건물 완공 후에 건축비를 모두 받지 못했을 때 공사업자가 유치권을 주장할 수 있을까? 이 경우에는 건물의 소유자를 건축업자로 봐야 하기 때문에 건축업자는 유치권을 주장할 수 없다.

그리고 유치권자와 채무자의 관계를 면밀히 살펴봐야 한다. 동업 관계는 아닌지, 유치권자가 법인일 때는 법인 이사 중에 채무자가 있는지, 공사비 지급 영수증 등을 꼼꼼히 살펴 자신의 건물에 유치권을 행사하는 것은 아닌지 점검해봐야 한다.

점유는 적법해야 하고 계속되어야 한다

"점유라 함은 물건이 사회 통념상 그 사람이 실제로 지배하고 있다고 보여지는 객관적 관계를 말하는데, 실제로 지배가 있다고 하기 위해서는 반드시 물건을 물리적으로, 현실적으로 지배하는 것만을 의미하는 것이 아니고 물건과 사람과의 시간적, 공간적 관계와 본권관계, 타인의 지배 가능성 등을 고려하여 사회 관념에 따라 합목적적으로 판단하여야 한다"(대판1996.8.23. 95다8713)고 판시하고 있다.

유치권은 점유하고 있는 물건이나 유가증권에 대한 권리이므로, 점유를 상실하면 유치권은 소멸한다. 유치권을 행사하려면 물건을 점유해야 하는데, 직접 점유 또는 간접 점유도 무방하다. 「민법」 제320조 제2항에 "채권자의 점유는 불법행위로 인한 것이어서는 안 된다"고 명시되어 있다. 유치권자의 점유는 적법한 것이어야 하고, 불법 점유는 유치권이 성립하지 않는다.

'유치권 성립 여지 있음'이라고 기재되어 있는 경매물건에 대한 권리분석을 할 때 가장 먼저 봐야 할 것이 점유 시점이다. 대부분의 유치권은 점유 개시 시점이 늦어서 성립하지 않거나 대항력을 상실한 경우이다. 경매 개시 결정 전에 점유가 이루어져야 하기 때문이다. 즉 최초로 경매개시결정기입등기(부동산 등기사항전부증명서 '갑'구에 경매 개시 사실을 기입하는 등기)가 되기 전에 점유가 이루어져야 한다. 경매개시결정기입등기 일자와 유치권 신고 일자를 비교해봤을 때 경매가 시작되고 난 후에 신고된 유치권은 대항력이 없다. 집행관의 현황조사서에 "소유자 또는 임차인이 점유하고 있음"이라고 적혀 있으면 집행관이 경매가 시작되어 현황 조사를 하러 갔을 때도 점유되지 않았다는 증거이다. 이러한 자료들을 꼼꼼히 확인하고 수집하여 인도명령(引渡命令, 강제집행에서 집행법원이 특정한 물건을 집행관 또는 보관인에게 인도할 것을 명하는 결정) 신청 시 첨부하면 쉽게 인도명령을 받을 수 있다.

유치권자가 건물주의 동의 없이 일방적으로 타인에게 물건을 임차한 경우는 유치권도 성립하지 않고, 주택임대차보호의 대상도 되지 않는다. 그러나 건물주의 동의를 얻어 임대인을 유치권자로 하고 계약서에 특약 사항으로 건물주의 동의를 얻었다는 정확한 표현이 있다면 간접 점유로 인정되어 유치권이 성립한다. 하지만 이런 경우는 극히 드물다. 이렇게 불안한 집에 임차인으로 들어오려고 하는 사람은 없기 때문이다. 또 건물주가 유치권자의 동의를 얻어 임대를 했다면 어떨까? 이때는 유치권이 성립하지 않는다. 건물주가 임의로 임대를 한 경우에도 점유를 상실한 것으로 보아 유치권이 상실된다.

이외에도 유치권자가 임대차 계약을 체결하고 점유하는 경우, 공사업자가 대물변제(代物辨濟, 채무자가 채권의 목적물 대신 다른 물건으로 채무를 소멸하는 것)로 받은 부동산을 점유하는 경우, 공사 대금을 받지 못한 공사업자들끼리 협의하여 아무 부동산이나 무단 점유하는 경우, 건물주의 승낙 없이 열쇠수리공을 불러 강제로 문을 열고 점유하는 경우, 공사업자가 공사한 건물을 건축주에게 넘겨주었다가 다시 점유한 경우는 유치권이 성립하지 않는다.

점유가 인정되지 않아 유치권이 성립하지 않는 경우는 많다. 그만큼 '점유'를 유지하기가 어렵다는 것이다. 그렇기 때문에 유치권이 있는 경매물건은 꼼꼼히 검토하여 입찰하면 많은 수익을 낼 수 있다. 유치권의 권리분석은 사무실에서 10%, 현장에서 90%라고 강조한다. 유치권은 등기되지 않는 권리이기 때문에 사무실에서는 간단한 권리관계만 살펴보고 현장 조사를 통해 확인해야 한다. 유치권의 권리분석은 별다른 게 없다는 뜻이다. 초보자도 간단한 원칙만 알고 현장 상황과 물건 기록을 비교하면서 증거를 수집하면 된다.

해당 물건에 관하여 발생한 채권이어야 한다

유치권이 성립하려면 점유자의 채권이 그 목적물에 관하여 생긴 것이어야 하는데, 이를 견련성 또는 견련관계라고 한다. 유치권의 성립 요건 중 가장 논란이 되는 개념으로 판단하기 쉽지 않다.

채권이 물건 자체에서 발생한 경우, 채권자는 그 채권으로 인해 점유하므로 유치권을 행사할 수 있다. 유치권의 전형적인 형태로 자신이 건축 공사를 한 건물의 공사비를 받지 못한 경우 합법적으로 유치권을 행사할 수 있다는 것이다.

공사 대금 채권이 발생한 건물 외에 건축주의 다른 건물에 유치권을 행사할 수는 없다. 토지 위에 건물을 신축할 경우 그 토지도 견련관계가 인정되는 것일까? 건축 공사 계약의 목적은 토지 위에 건물을 신축하여 토지와는 별개로 건물에 대해서만 새로운 소유권을 취득하기 위한 것이고, 공사 대금은 건물의 신축으로 인해 발생한 것이므로 토지는 견련관계가 없다.

신축 중인 건물의 토지만 경매로 나온 경우 토지와 독립된 건물로 볼 수 있을 정도, 즉 기둥과 지붕, 주벽(周壁, 둘레의 벽)이 세워진 상태에서는 토지와 별도로 유치권을 행사할 수 있다. 미완성인 건물은 동산으로 취급되어 유치권을 행사할 수는 있으나, 동산인 상태의 건물의 일부는 토지의 부합물(附合物, 부가물, 부동산에 부가되어 거래상 독립성을 잃고 그것과 일체가 된 물건)로 보아 별도의 소유권 취득 대상이 되지 못하고 토지의 처분과 운명을 같이해야 하기 때문에 토지와 별도로 유치권을 행사할 수 없다.

피담보채권이 변제기에 도래해야 한다

유치권이 성립하려면 담보물권의 성격상 점유자가 채권을 가지고 있어야 한다.

채권의 발생 원인은 묻지 않으므로 계약, 사무관리, 부당이득, 불법행위 등 어떤 경우라도 문제없다. 또 유치권을 행사하는 도중에 채권을 취득해도 상관없다. 그러나 애초에 존재하지 않았던 거짓 채권인 경우에는 유치권이 성립하지 않는다.

그리고 점유자가 가진 채권이 변제기에 있어야 한다. 채권을 변제할 시기가 되기 전에 유치권의 성립을 인정하면, 변제할 때가 아님에도 채무의 이행을 간접적으로 강제하는 것이다. 변제기가 정해지지 않은 채권(예를 들어 물건을 납품하면서 매월 일정 금액을 결재하는 방식의 채권)은 발생과 동시에 유치권이 성립한다.

건물이 완공되어 건축업자가 토지 소유자에게 완성된 건물을 넘겨준 후에 채권의 변제기가 성립된다. 공사 진척 정도에 따라 공사 대금을 수차례 나눠 지급하기로 계약한 경우에도 나머지 잔금의 변제기는 건물 공사가 완공된 때이다. 유치권자가 고의로 채권을 변제하지 못하도록 수령을 지체하는 경우에도 유치권을 행사할 수 없다.

유치권 성립을 배제하는 특약이 없어야 한다

유치권은 채권자의 이익을 보호하기 위한 채권 담보의 수단에 불과하므로 채권계약을 하면서 유치권을 배제하는 특약, 미리 유치권을 포기하는 특약(각서), 유치권이 성립한 후에 포기하는 특약 등이 모두 유효하다.

부동산표준임대차계약서에 계약 조건에 세입자의 원상 회복 의무가 기재되어 있는 경우에는 유치권을 주장하기는커녕 오히려 원상 회복을 해야 할 의무가 있다. 또한 대출을 받거나 공사 계약을 할 때도 유치권 포기 특약을 많이 하고 있으므로 은행이나 관련 회사에 문의하여 유치권을 소멸할 수 있는 증거 자료를 확보하는 것이 중요하다.

03

유치권이 성립하지 않음을 입증하는 증거 수집이 생명이다

유치권 물건분석을 위한 정보를 수집하라

유치권이 존재하지 않음을 입증하려면 사전에 충분한 증거를 수집해야 한다. 불분명한 증거와 정보로 섣불리 접근했다가 소송으로 이어지면 큰 낭패를 볼 수 있다. 증거 서류와 정보는 유치권 관련 공적 장부나 신고 서류 검토, 현장 확인을 통해 수집한다. 먼저 매각물건에 대한 현황조사보고서와 매각물건명세서에 기재된 유치권자의 점유 현황을 확인한다. 그리고 유치권 신고서와 첨부한 공사도급계약서 등 관련 서류를 꼼꼼하게 검토해야 어떤 채권인지, 채권 금액이 얼마인지, 목적물과 관계가 있는지, 언제 점유를 시작했는지 등을 파악할 수 있다.

그러나 대부분의 유치권 신고 서류는 경매 신청 채권자나 이해관계인이 아니면 확인할 수 없다. 경매 신청 채권자는 주로 금융기관이므로 협조가 잘 이루어진다. 왜냐하면 유치권이 존재하지 않아야 낙찰 가격이 높아져 채권 회수가 쉽기 때문이다. 대부분의 은행은 대출을 해줄 때 유치권 포기 특약을 넣기 때문에 은행 대출이 있는 물건은 유치권포기특약서를 보여줄 수도 있다. 그러나 최근에는 개인정보보호 차원에서 협조를 얻기가 점점 어려워지고 있다.

현장 답사를 통해서도 점유 현황을 파악해야 한다. 유치권 행사 플래카드나 공고문 등을 붙여놓았는지, 출입문 등에 열쇠 시정장치 여부, 유치권자가 실제로 점유하고 있는지, 점유 시작 시점은 언제인지 등을 알아보는 것이다. 유치권자가 실제로 공사를 하고 공사 대금을 받지 못했는지 등을 꼼꼼하게 확인해야 한다. 점유자나 이웃 주민, 채권자, 이해관계인 등의 협조를 받아 사실관계를 확인한다. 현장 사진을 찍고, 점유자의 진술을 녹음해둘 필요도 있다.

유치권을 소멸시키는 5가지 방법

부동산 경매에서 낙찰자는 유치권의 함정을 극복하고 완전한 권리를 취득하기 위해 유치권 성립 요건을 충족하지 못하고 있다는 점을 찾아내거나, 이미 유치권이 성립하는 경우에는 사유와 증거를 들어서 소멸시켜야 한다. 이미 성립한 유치권을 소멸시키기 위해서는 첫째, 피담보채권 변제, 소멸시효, 대물변제, 혼동으로 소멸되었다는 것을 입증하거나, 둘째, 채무자나 소유자가 소멸청구(유치권 배제 신청)를 하거나 유치권자 스스로 점유를 포기하게 하는 방법이 있다.

유치권이 성립하지 않음을 입증하는 5가지 방법은 다음과 같다.

목적 부동산이 '타인'의 소유가 아닌 유치권자 '자기'의 소유라는 증거

일반인이 이러한 증거를 찾기는 매우 힘들다. 따라서 일반적으로 가능한 범위만큼 확인하고 나머지는 낙찰 후 유치권 신고 서류를 검토하면서 찾아내야 한다. 먼저 유치권자와 채무자의 관계를 면밀히 검토한다. 특히 동업 관계가 아닌지 확인한다. 예를 들어 유치권자는 주방 인테리어 업자이고, 채무자는 주방식기 제조업을 하고 있는 경우와 같이 동업 관계에 있다면 유치권자는 자기의 부동산에 유치권을 주장하고 있는 것이다. 유치권자가 법인인 경우 채무자가 법인의 대표이사 또는 관계인인지 확인한다. 이외에도 금융기관의 이자를 유치권자가 납부하고 있지는 않은지 등 다각도로 확인해봐야 한다.

피담보채권이 존재하지 않거나 아직 변제기에 도래하지 않았다는 증거

유치권이 성립하려면 점유자가 그 채권을 가지고 있어야 하는데, 채권이 원래부터 존재하지 않거나, 허위 또는 과장된 채권이거나, 존재했으나 사후에 소멸했다면 유치권을 행사할 수 없다. 소멸 사유는 혼동(混同), 변제(辨濟), 대물변제(代物辨濟), 채무면제(債務免除, 채권자가 채무를 무상으로 소멸시키는 것), 경개(更改), 소멸시효(消滅時效) 등이 있다.

'허위 또는 과장된 채권'은 공사를 하지 않았는데 공사한 것처럼 꾸미거나, 실제 공사한 것보다 공사 대금을 부풀려 신고하는 경우이다. 실제 공사 대금을 지급했다는 은행 거래내역 등 객관적인 증빙서류를 확인하면 대부분 가짜로 밝혀진다. 그 외에 유치권자에게 건축 관련 자격증이나 면허, 사업자등록증이 있는지, 해당 공사와 관련된 부가가치세 납부 실적과 관련 공사 실적이 있는지, 채무자와 친인척 관계에 있는지 등을 확인하면 된다.

'혼동'은 채권·채무와 같이 서로 대립하는 2개의 법률상 지위가 동일인에게 속하는 것이다. 예를 들어 채무자가 채권을 양수받거나 전세권자가 가옥의 소유권을 취득한 경우이다. 자기 소유물에 전세권을 가진다는 것은 무의미하기 때문이다. 유치권자가 대상 부동산의 소유권을 취득하면 유치권은 혼동으로 소멸된다.

'변제'는 채무의 내용대로 급여(給與)를 하는 것이다. 즉 채무 이행을 말한다. 변제가 있으면 채권자는 목적을 달성하고 채권은 소멸한다.

'대물변제'는 채무자가 부담하고 있던 본래의 채무 이행에 대체하여 다른 급여를 함으로써 채권을 소멸시키는 것이다. 대물변제는 변제와 같은 효력을 가진다. 예를 들어 500만 원을 지급해야 할 금전급부를 대신하여 승용차 1대를 주는 것과 같다. 유치권의 피담보채권을 채무자가 대물로 변제하면 유치권은 소멸한다. 그러나 단순히 변제하겠다는 약속만 했거나 대물변제를 약정하고 실제로 변제가 이루어지지 않으면 유치권은 소멸되지 않는다.

'경개'는 채무 요소를 변경하여 구 채무를 소멸시키고 신 채무를 성립하는 계약이다. 구 채무를 신 채무로 변경하는 점에서 대물변제와 비슷하지만 물건을 인도해야 계약이 성립하는 요물계약(要物契約)이 아니라는 점에서 대물변제와 다르다.

'소멸시효'는 일정 기간 권리를 행사하지 않으면 권리가 소멸한다는 것이다. 유치권은 물권이기 때문에 유치물을 점유하고 있으면 시효로 소멸하지 않지만, 유치권 행사와 관계없이 피담보채권의 시효(임금, 건축비 등은 3년)는 기간이 경과하면 유치권도 함께 소멸한다. 즉 유치권 발생 원인이 되는 채권의 소멸시효가 완료되면 유치권도 소멸된다는 것이다. 건축비 등 채권 발생 일자를 통해 소멸시효 여부를 확인할 수 있다.

채권이 아직 변제기에 이르지 않았다면 유치권을 행사할 수 없다. 즉 채권자가 채무자에게 채무 이행을 청구할 권리가 발생하기 전이라면 유치권을 행사할 수 없다는 것이다. 변제를 약속한 날짜가 아직 도래하지 않았기 때문이다.

변제 기간을 정하지 않은 채권은 발생과 동시에 유치권이 성립한다. 유치권자가 고의로 채권을 수령하지 않거나 회피한 경우에는 유치권을 행사할 수 없다. 채권이 변제기에 있다고 하더라도 채무자가 동시 이행의 항변권을 주장한 때에는 유치권은 성립하지 않는다. 예를 들어 공사를 완료하고 건물을 인도하지 않으면서 공사비를 지급하라고 하는 경우이다. 이때 채무자는 건물을 인도하면 공사비를 지급하겠다는 동시 이행의 항변권이 있기 때문에 채권자는 유치권을 주장할 수 없다.

건물의 일부를 완성했으나 기성고(既成高, 일정 시점을 기준으로 한 공정도)에 대한 공사 대금을 지급받지 못한 경우 미완성 건물에 대해 유치권을 행사할 수 없다. 예를 들어 4층 건물 신축 공사 계약에서 1층 완료 시 공사 대금 1억 원 지급, 2층 완료 시 1억 원 지급 등 각 층별로 건물이 완성될 때마다 건축비를 지급하는 계약을 한 경우 2층 공사를 하다가 중단되었다고 해서 유치권을 행사할 수 없다.

피담보채권과 목적 부동산 간의 견련관계가 존재하지 않음을 입증하는 증거

공사 대금 채권과 목적물의 견련관계가 인정되려면 그 목적물에 대해 발생한 것이어야 한다. 견련성이 없는 경우는 건물 신축 공사를 위한 사전 공사, 즉 건물 부지 지상의 건축물·구축물 제거, 폐기물 처리, 건축 예정지 정지 작업, 임시주차장이나 진출입로 개설 공사 등이다.

공사 대금 채권, 하수급인(下受給人, 하도급 공사에서 도급을 받은 건설업자)의 공사 대금 채권, 공사 대금에 대한 지연손해금 채권, 지상물 매수청구권, 공사 대금 채권을 임대차보증금으로 전환한 경우, 목적물에 부과된 세금 등은 견련성이 인정된다. 견련성이 인정되면 유치권이 성립하기 때문에 입찰을 신중하게 고려해야 한다.

점유가 적법하지 않고, 계속되지도 않았다는 증거

점유는 유치권의 성립 요건이자 존속 요건이다. 따라서 점유를 상실하면 유치권은 소멸한다. 점유를 불법으로 뺏길 경우 유치권자는 점유물반환청구권을 행사하여 점유를 회수하면 유치권은 소멸되지 않는다. 채무자와 공동으로 목적물을 점유하거나 간접 점유해도 유치권은 성립한다. 점유는 타인의 지배를 배제할 수 있는 상태에서 어느 정도 계속되어야 한다. 그리고 현수막, 공고문, 잠금장치, 열쇠 소지 등 외부에서 인식할 수 있는 정도여야 한다.

통상적인 유치권 행사 방법인 점유의 형태는 건물 출입구를 잠금장치로 봉쇄하고, 외부에는 현수막이나 플래카드 또는 안내문을 붙여 유치권 행사 중임을 알리는 것이다. 그 외에 유치권자와 용역 계약을 체결한 경비업체가 대신 점유하는 방법이 있다. 이 경우 용역업체 직원이 상주하거나 무인경비 시스템, CCTV 등을 활용한다.

채무자 등이 점유를 방해하거나 방해할 우려가 있을 때, 유치권자가 방해배제청구권 또는 방해예방청구권의 보전을 위해 '점유방해금지가처분'을 할 수 있다. 조경, 전기, 미장, 방수, 창호, 냉난방, 승강기 등 각 공사 시공자들이 채권단을 구성하여 건축물을 공동 점유할 수 있다. 유치권자는 임차인을 직접 점유자로 하여 유치물을 간접 점유할 수 있지만 채무자를 직접 점유자로 하여 간접 점유하는 것은 인정되지 않는다.

유치물의 점유 시기에는 제한이 있다. 경매개시결정기입등기(등기사항전부증명서에 경매 절차 개시를 기재하는 등기) 전에 점유를 개시해야만 유치권의 효력이 발생한다. 실제로 수십억 원짜리 공사를 하고도 경매개시결정기입등기 이후에 점유를 시작하여 유치권이 성립하지 않은 경우가 많다. 집행관이 작성한 현황조사서, 감정평가서, 경매 신청 채권자의 근저당권 설정 당시의 기록이나 정황, 탐문조사 등을 통해 점유 개시 일자를 확인해야 한다. 또한 건물 전체가 아니라 일부만 점유해도 유치권이 성립할 수 있다.

점유의 계속성이 인정되는 범위는 매일 24시간 점유, 주간에는 점유하고 야간에는 잠금장치를 해두는 것을 포함한다. 그러나 잠금장치를 해두고 며칠에 한 번씩 방문하는 것은 내용에 따라 점유가 인정되지 않을 수도 있다. 잠금장치만 해두고 관리하지 않는 경우는 당연히 점유를 인정하지 않는다.

판례에 따르면 "직원들이 가끔씩 건물에 들러 지하 1층에 있는 총무과 사무실 책상을 사용했고, 건물에 상주하거나 건물 관리를 하지 않았다면 점유라 할 수 없다"(서울고등법원 2008. 6. 25. 선고 2008나42036)고 판시한다.

유치권의 성립을 배제하는 특약이 있다는 증거

당사자 간에 유치권 발생을 배제하는 특약이 있는 경우 유치권이 성립하지 않는다. 대출을 받거나 하도급 계약을 맺을 때 유치권 배제 특약을 작성하는 경우가 많다. 유치권이 인정되지 않는 경우는 대부분 유치권 배제 특약과 경매개시결정기입등기 이후의 점유이다.

04

유치권의 존재를 확인해야 성공한다

유치권은 보이지 않는 권리다

요즘과 같이 침체된 부동산 시장에서는 경매가 재테크 수단으로 각광받고 있다. 쉽고 자유롭게 시장에 참여해 다양한 부동산을 싸게 살 수 있기 때문이다. 부동산 시장이 침체되면 오히려 많은 물건들이 경매시장으로 쏟아져 나와 선택의 폭은 훨씬 넓어진다.

경매시장의 매력을 익히 알고 수만 명이 경매를 준비하며 인터넷 카페 등에서 정보를 교환한다. 하지만 경매 참여율이 높아질수록 아파트와 같이 권리관계가 단순한 부동산 투자로는 더 이상 수익을 실현하기 힘들다. 이제는 일반인이 어렵다고 생각하는 특수경매를 통해 수익을 얻을 수 있는 시대다.

권리관계가 복잡해서 일반인이 접근하기 어렵다고 여기는 유치권과 법정지상권이 있는 부동산이 인기를 누리고 있다. 공사 대금을 갚지 못한 부동산이 경매로 나오면, 유치권 신고액이 수천만 원에서 수십억 원에 이르기도 한다. 이런 물건은 낙찰자가 인수해야 하는 부담이 커서 수차례 유찰되어 가격이 속절없이 떨어진다. 따라서 권리분석만 잘하면 수천만 원에서 수십억 원의 차익을 얻을 수 있다.

물론 매력이 큰 만큼 함정도 많다. 유치권은 등기되지는 않지만 현장에 무시무시하게 걸려 있는 플래카드와 경비용역업체 직원들의 험한 말투 등을 보면 함부로 접근할 수 없을 것 같다. 이런 물건을 낙찰받으려면 엄청난 용기와 자신감이 필요하다. 그러나 이런 상황으로 인해 하염없이 떨어지는 낙찰가를 보면서 오히려 희망을 찾을 수 있다. 작은 빈틈이나 허점을 찾아낸다면 그야말로 어둠 속에서 광명을 찾은 것과 같다. 유치권을 깨뜨릴 만한 허점을 찾았고, 낙찰받을 결심까지 했다면 접근하기 어려운 상황들에 오히려 감사해야 한다. 누구도 함부로 범접할 수 없는 물건으로 만들어준 유치권자에게 감사한 마음으로 낙찰받을 준비를 하면 된다.

가짜 유치권 때문에 놓친 기회

유치권이 있는 물건을 너무 늦게 발견해서 안타깝게 놓친 사례가 있다. 서울시 서초구 반포동에 위치한 고급 빌라 한 동(총 8세대) 전체가 경매로 나왔다. 세대별 전용면적이 57~73평으로 다양하게 구성된 5층짜리 빌라였다. 감정가 평수별로 18억~23억 원이었는데, 유치권이 있다 보니 5차까지 유찰되어 최저가가 7억 원대로 떨어진 좋은 물건이었다.

사실 서울 강남에서 5차까지 유찰된 사례는 거의 찾아보기 힘들다. 그렇기에 더욱 매력적인 물건이 아닐 수 없었다. 유치권은 공사 대금 38억 원, 지연손해금 44억 원으로 총 82억 원이 신고되어 있었고, '6억 8,000만여 원은 건설회사가 유치권 존재 확인하는 판결 있음'으로 현황조사서에 기록되어 있었다. 신고된 유치권 82억 원은 경매개시결정기입등기 이후에 신고되어 대항력을 상실한 것으로 보였다(경매개시결정기입등기 날짜는 2010년 8월 24일, 유치권 신고 날짜는 2018년 11월 29일). 판결문이 있는 유치권만 확인하면 응찰을 해볼 만했다.

일부 유치권자의 유치권 포기 각서 제출, 유치권 배제 신청서 접수 등 분석해야 할 내용들이 많았다. 그러나 우리는 이 물건을 2019년 3월 8일 금요일에 발견했고, 입찰일은 그다음 주 화요일인 3월 12일이었다. 시간이 너무 촉박했다. 먼저 세부적인 권리분석을 해야 했고, 임장을 통해 유치권 현황도 분석해야 했다. 더욱 급한 것은 입찰보증금을 마련하는 것이었다. 일단 주말에 수강생들과 함께 임장을 나가보기로 했다.

현장에 가보니 인상이 험악한 남자들이 입구를 가로막고 있었다. 들어갈 수 없는 것은 물론이고, 근처에 얼씬도 하지 못하게 했다. 본능적으로 이번 기일에 이 건설회사가 모두 낙찰받겠구나 하는 생각이 들었다. 월요일인 3월 11일, 대법원에서 '유치권 존재 확인 판결문'을 다운로드해서 분석해보니 유치권이 성립하지 않았다. 판결받은 6억 8,000만 원도 유치권이 성립하지 않는 것이었다. 안타깝지만 충분한 준비 없이 낙찰받을 수는 없었다.

입찰 당일 이 물건에 아무도 응찰하지 않기를 바라면서 수강생들과 함께 법원으로 갔다. 경기가 불황인데도 경매법정은 호황이었다. 엄청난 사람들이 법정의 좌석을 모두 차지해 일부는 통로에 서 있기도 했다. 11시 10분에 입찰을 마감하고 집행관이 유찰된 물건을 호명하는데 우리가 분석한 물건은 없었다. 누군가 낙찰받은 것

2010 타경 24○○(임의)	물번3 [잔금납부]	매각기일 : 2019-03-12 10:00~ (화)			경매3계 02-530-1815
소재지	(06580) **서울특별시 서초구 반포동 ○○서래아르드빌** [도로명] 서울특별시 서초구 사평대로26길 112 (반포동)				
용도	아파트	채권자	한국자산관리공사	감정가	1,830,000,000원
대지권	86.733㎡ (26.24평)	채무자	아시아자산신탁	최저가	(41%) 749,568,000원
전용면적	200.4㎡ (60.62평)	소유자	아시아자산신탁	보증금	(10%)74,956,800원
사건접수	2010-08-23	매각대상	토지/건물일괄매각	청구금액	9,171,676,370원
입찰방법	기일입찰	배당종기일	2010-11-15	개시결정	2010-08-24

기일현황 간략보기

회차	매각기일	최저매각금액	결과
	2018-01-09	1,730,000,000원	변경
신건	2018-10-16	1,830,000,000원	유찰
2차	2018-12-11	1,464,000,000원	유찰
3차	2019-01-08	1,171,200,000원	유찰
4차	2019-02-12	936,960,000원	유찰
5차	2019-03-12	749,568,000원	매각
윤○○/입찰2명/낙찰789,570,000원(43%) 2등 입찰가 : 751,100,000원			
	2019-03-19	매각결정기일	허가
	2019-04-26	대금지급기한 납부 (2019.04.26)	납부

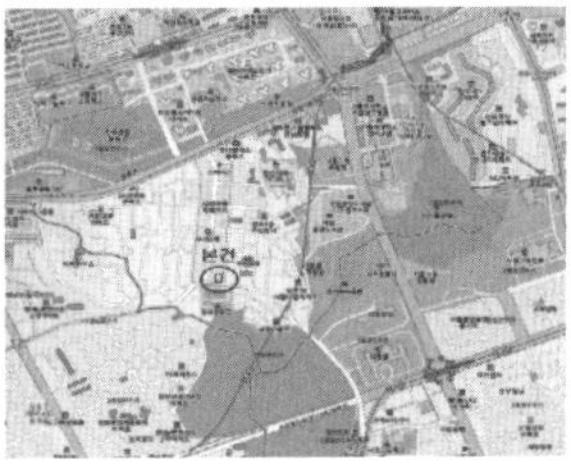

주의사항 / 법원문건접수 요약	- 본건 경매물건중 201호, 202호, 203호, 302호, 501호에 대하여 서울고등법원 2014나51086 판결에서 683,093,736원의 범위내에서 아주건설 주식회사의 유치권존재를 확인하는 판결이 있음 - 2018. 11. 29. 자 아주건설산업(주)로 부터 102호, 201호, 202호, 203호, 302호, 303호, 501호, 601호에 대해 공사대금 38억원, 지연손해금 44억원의 유치권신고서가 제출되었으나, 그 성립 여부는 불분명함 2013-06-20 유치권자 주OOO OOOOOO 유치권취하서 제출 2018-01-03 점유자 고OO 유치권 포기각서 제출 2018-01-05 유치권자 (주)OOOOOO 유치권포기각서 제출 유치권 배제신청서가 제출되었으니 별도확인요망. ※미납관리비(공용)를 인수할수 있으니 입찰전에 확인 하시기 바랍니다.

이다. 가슴이 철렁 내려앉았지만 끝까지 지켜보기로 했다. 이 물건에 여러 사람이 응찰했는데 대부분 유치권을 주장하는 건설회사와 관련 있는 다른 회사가 낙찰받았고, 몇 개는 일반 입찰자가 낙찰받았다. 8세대 모두 낙찰된 것이다. 낙찰받은 회사는 일반인이 낙찰받은 물건에도 모두 응찰했는데, 패찰한 물건에는 모두 차순위 매수 신고를 했다. 아마도 낙찰자들이 유치권 때문에 잔금 납부를 포기하기를 바라는 것 같았다. 서울의 강남에서 5차까지 유찰된 것도 모자라 낙찰가가 최저가와 별 차이 없이 모두 낙찰되었다.

유치권은 법정담보물권으로서 등기되지 않기 때문에 등기부로 확인할 수 없다. 더구나 신고할 의무도 없으므로 유치권자가 신고하지 않으면 그 존재를 알기 어렵다. 또한 유치권을 신고하면 법원은 형식적인 심사만 한 다음 유치권이 성립할 여지가 있으면 매각물건명세서에 '유치권 성립 여지 있음'으로 표기하고, 유치권 성립 여부가 불투명하면 '유치권 신고가 있으나 그 성립 여부는 불분명함'이라고 표기한다. 집행관은 사실을 있는 그대로 조사할 뿐, 유치권 성립 여부에 대한 법률적 판단까지 할 필요는 없다. 집행관의 현황조사서에도 유치권자의 점유 여부를 확인 또는 기재할 의무가 없다. 유치권 점유 여부가 기재되어 있지 않은 경우도 많은 데다 유치권 신고서 등 관련 자료는 이해관계인이 아니면 열람할 수 없다.

유치권을 분석하려면 현장 확인, 관련자에 대한 수소문, 이해관계인의 협조 등을 통해 확인할 수밖에 없다. 이런 유치권의 문제점을 악용하여 부당이득을 노리는 허위 또는 과장 유치권이 생기는 것이다. 채권자나 이해관계인, 매수인의 권리가 침해되는 등 사회경제적 폐해가 심각하다. 유치권의 불확실성을 해소할 수 있는 제도적 보완이 이루어지기 전까지는 리스크를 안고 투자해야 한다. 반대로 제도적, 법적 허점을 잘 활용해서 허위 또는 과장 유치권을 깨뜨리면 큰 수익을 창출할 수 있다.

05

유치권 경매 투자 성공 사례

사례 요약

이 물건은 내가 유치권을 해결하는 데 도움을 주어 친구가 근무하는 회사에서 낙찰받았다. 경기도 안성에 있는 공장으로 감정가는 27억 1,455만 4,000원인데 3차까지 유찰되어 최저가가 13억 3,013만 2,000원까지 떨어졌다. 토지면적이 1,916평이고 건물면적은 729.63평으로 2016년 12월에 보존등기된 신축 건물이다. 이 물건이 경매로 나오자 ㈜한ㅇㅇ식자재 회사는 식자재 제조공장으로 사용하기 위해 낙찰받기로 결심하고 경매 컨설팅 업체와 매수대리 계약을 체결했다. 3차 유찰되어 최저가가 13억 3,013만 2,000원일 때 15억 5,950만 원에 낙찰받았다고 했다. 총 7억여 원의 유치권이 신고된 물건으로 공사 대금 채권으로 추정되었다. 15억 5,950

2017 타경 48○○(임의) 2017타경4490(중복)	매각기일 : 2018-06-11 10:00~ (월)	경매2계 031-650-3109

소재지	(17526) 경기도 안성시 일죽면 ○○리○○-4 가동 외1필지 [도로명] 경기도 안성시 죽화로 431-28 (일죽면)				
용도	공장	채권자	한OO	감정가	2,714,554,000원
토지면적	6335㎡ (1916.33평)	채무자	이OOOOO	최저가	(49%) 1,330,132,000원
건물면적	2412㎡ (729.63평)	소유자	이OOOOO	보증금	(10%)133,013,200원
제시외	67.39㎡ (20.39평)	매각대상	토지/건물일괄매각	청구금액	1,709,863,013원
입찰방법	기일입찰	배당종기일	2017-09-18	개시결정	2017-06-22

기일현황 ▾간략보기

회차	매각기일	최저매각금액	결과
신건	2017-11-20	2,714,554,000원	유찰
2차	2018-01-08	1,900,188,000원	유찰
	2018-02-12	1,330,132,000원	변경
	2018-03-19	1,330,132,000원	변경
3차	2018-06-11	1,330,132,000원	매각
한○○/입찰1명/낙찰1,559,500,000원(57%)			
	2018-06-18	매각결정기일	허가
	2018-07-25	대금지급및 배당기일	

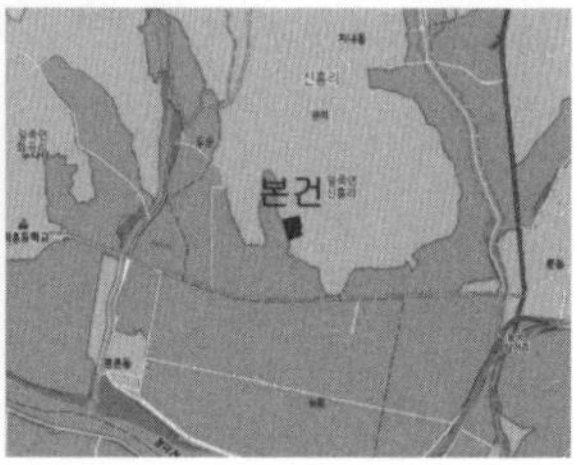

주의사항 / 법원문건접수 요약	일괄매각. [목록2의 제시외 건물(경비실 17.39㎡), 목록3의 제시외 건물(주차장 50㎡)]매각포함. 신종진으로부터 2017.8.4.자로 금619,030,390원, 현철(이천페인트건설)로부터 2017.9.13.자로 금60,000,000원, 임영선(D.S건설)로부터 2017.9.13.자로 금57,000,000원, 장종순으로부터 2017.9.14.자로 금70,000,000원의 각 유치권신고가 있으나 그 성립여부는 불분명함 2017-08-04 채권자 신종진 유치권신고서 제출 2017-09-13 유치권자 이천페인트건설 유치권신고서 제출 2017-09-13 유치권자 DS건설 임영선 유치권신고서 제출 2017-09-14 유치권자 장종순 유치권신고서 제출 2018-02-09 채권자 한상현 매각기일연기신청서 제출 2018-03-16 채권자 한상현 기일변경(연기)신청서 제출 2018-06-15 채권자 한상현 채권상계신청서 제출

만 원에 낙찰받아 유치권을 해결하려고 했으나 협조가 되지 않을 뿐만 아니라 유치권자들이 다시 경매 신청을 준비 중이었다.

이 회사는 한 달 뒤 중국에서 기계를 들여와 설치 공사를 하고 공장을 가동할 만반의 준비를 하고 있었다. 이미 주문한 기계의 선적을 미루면서 유치권을 해결하려고 노력했지만, 해결의 기미가 보이지 않자 최악의 경우 7억여 원의 유치권 피담보채권을 합의해줄 생각까지 하고 있었다. 그러면서도 변호사를 찾아다니며 해결 방법을 모색했으나, 수천만 원에 이르는 변호사 비용 때문에 고민하던 중 회사의 임원인 친구가 나를 찾아왔다.

낙찰받고 소유권 이전등기를 마친 물건에 유치권자가 경매 신청을 하다

회사는 낙찰 대금을 대출을 받아 완납했지만 4개월이 지나도록 유치권을 해결하지 못해 인도명령을 신청하지 못하고 있었다. 개략적인 권리분석을 해보니 유치권은 대항력이 없어 성립하지 않았다. 게다가 유치권자가 점유하면서 '선량한 관리자의 주의 의무'를 다하지 못한 점들이 많이 발견되었다. 권리분석 내용을 간단히 정리해보면 다음과 같다.

경매개시결정기입등기가 2017년 6월 22일인데, 유치권 신고는 2017년 8월 4일 이후에 4건이 접수되었다. 압류의 효력이 발생된 이후에 이루어진 점유로 목적물의 교환 가치를 감소시킬 수 있는 처분행위에 해당한다. 「민사집행법」 제92조 제1항, 제83조 제4항에 따른 압류의 처분금지효에 저촉되므로, 실제로 공사를 했더라도 유치권이 성립하지 않는다. 그리고 낙찰자가 낙찰받고 공장을 점유했을 때도 유치권자들은 실제로 점유하고 있지 않았다.

부동산 현황 및 점유관계 조사서에는 채무자가 점유하고 있는 것으로 기록되어 있고, 2018년 6월 14일 주식회사 에스원과 시스템 경비 계약을 체결하고 세콤을 설치하여 낙찰자가 점유하고 있는 중에, 2018년 7월 2일 유치권 주장자들이 세콤 경비 시스템을 임의로 철거하고, ADT 캡스 경비를 설치하면서 점유를 침탈했다. 이렇게 유치권이 인정되지 않는데도 이전 소유자와 짜고 여러 가지 서류를 만들어 낙찰된 물건에 경매를 신청했던 것이다.

경매가 진행되고 있는 물건에 인도명령을 받아내다

위에 열거된 내용들을 정리하고 관련 서류를 첨부하여 '인도명령'을 신청했다. 유치권자들이 경매를 신청한 경우에는 판사의 심문 절차를 거친다. 이때 유치권자들을 불러 유치권 성립에 관한 여러 가지 질문을 통해 사실 여부를 확인한다. 여기에서 거짓말이나 근거 없는 말을 하면 처벌받거나, 유치권이 무산될 수도 있기 때문에 신중해야 한다. 경매를 신청한 유치권자들은 여러 정황 증거들 앞에서 반론할 말이 없었기 때문에 인도명령을 받을 수 있었다.

유치권 경매는 증거 서류를 잘 수집하여 정리하는 것이 무엇보다 중요하다. 현장을 방문해서 유치권 성립 요건과 관련된 자료들이 있으면 즉시 사진 촬영을 하거나 녹취한다. 앞에서 누차 설명한 바와 같이 유치권 성립 요건을 순서에 따라 외우면서 자료들을 찾아내면 된다. 이렇게 수집된 자료들을 차곡차곡 정리해서 인도명령 신청서에 기록하고 첨부하여 제출한다.

부동산인도명령 신청서

신청인(매수인)　　한##(######-########)

경기도 포천시 이동면 화동로 ####번길 144

피신청인(점유자)　　신##(######-######)

안성시 남파로 ###, 2층(봉산동)

신청 취지

수원지방법원 평택지원 2017타경44## 부동산강제경매사건, 2017타경48## 부동산임의경매사건에 관하여 피신청인은 신청인에게 별지 목록 기재 부동산을 인도하라. 라는 재판을 구합니다.

신청 이유

가. 신청인의 임의경매에 의한 소유권 이전등기 경료

신청인은 수원지방법원 평택지원 2017타경44## 부동산강제경매사건, 2017타경48## 부동산임의경매사건에 관하여 별지 목록 기재 각 부동산(이하 '이 사건 부동산'이라고 합니다)에 대하여 귀원으로부터 매각 허가 결정을 받고 2018. 7. 25. 매각 대금을 완납한 후 2018. 8. 20. 수원지방법원 안성등기소 접수번호 제32824호로 임의경매로 인한 매각을 원인으로 하는 각 소유권 이전등기를 경료하였습니다(소갑 제1호증).

나. 피신청인의 점유에 관하여

1. 경매 사건 기록 관련

우선 피신청인은 이 사건 부동산에 관한 경매개시결정기입등기가 완료될 당시부터 경매가 진행되는 동안 이 사건 부동산을 점유한 사실이 전혀 없습니다.

그리고 **이 사건 부동산의 현황 및 점유관계 조사서에 의하더라도 "채무자(주식회사 ##고려)가 점유"하는 것으로 기재**되어 있는 점에서도 피신청인은 이 사건 부동산을 점유한 사실이 없는 것으로 명백히 확인된 것입니다(소갑 제2호증). 더구나 이 사건 부동산뿐만 아니라 일괄경매 대상으로서 인접 임야인 신흥리 ###-5의 경우에도 채무자가 점유한 것으로 기재되어 있습니다.

소재지	1. 경기도 안성시 일죽면 신흥리 ###-4
점유관계	채무자(소유자) 점유
기타	• 채무자가 점유 중임 • 번지 내 제시 외 건물 있음

소재지	1. 경기도 안성시 일죽면 신흥리 ###-4 가동
점유관계	채무자(소유자) 점유
기타	• 채무자가 점유 중임 • 평택 세무서 등록 사항 등의 열람 결과 등재된 임차인 없음 • 상기 건물 임대차 현황서 첨부

다만 피신청인은 채무자에 대한 집행력 있는 공정증서정본에 기한 강제경매 신청(수원지방법원 평택지원 4490 부동산 강제경매 신청)을 하였을 뿐 피신청인이 이 사건 부동산을 점유한 것은 아닙니다.

2. 신청인의 점유 관련

이 사건 부동산에 관한 경매가 진행되는 동안 신청인은 이 사건 부동산을 낙찰받을 생각을 가지고 현장을 확인해본 결과 어느 누구도 점유하지 않는 것을 확인하면서 2018. 6. 14.자로 주식회사 에스원과 사이에서 시스템 경비 계약을 체결하고 세콤 경비보안을 해두었습니다(소갑 제4호증, 제5호증).

또한 신청인이 2018. 6. 29.경 이 사건 부동산의 건물 등 일대를 확인하였지만 피신청인 등 어느 누구도 점유를 하지 않은 것을 확인하면서 사진도 모두 촬영해두었습니다. 따라서 이 사건 경매가 진행되는 동안 피신청인은 이 사건 부동산을 점유하지 않은 사실을 쉽게 알 수 있습니다(소갑 제3호증).

3. 피신청인의 점유 침탈 관련

그 후 2018. 7. 2. 피신청인 측에서 이 사건 건물에 침입을 시도하였으나 신청인이 설치한 세콤 경비가 작동되어 112에 신고가 되었고, 당시 경찰이 도착하자 피신청인은 이 사건 건물에서 철수를 하였습니다(소갑 제6호증).

2018. 7. 2. 112 신고 사건 처리내역서

〔사건 종결 내역〕

종결 내용	유치권 행사 중 세콤이 작동된 것으로 현장 출동 확인 특이사항 없어 상담 종결						
종결 보고자	경위 신#호	**종결 유형**	현장 조치	**종결 사건 코드**	경비업체 요청	**동일 사건**	

그런데 2018. 7. 15. 이 사건 건물에 또다시 누군가 침입을 하여 세콤 경비가 작동되어 112 신고가 되었는바, 당시 건물주인 채무자가 사출기를 팔기 위하여 업자를 통하여 사진을 찍는 과정에서 경비가 작동된 것이 확인되면서 종결되었습니다(소갑 제7호증).

〔사건 종결 내역〕

종결 내용	유치권 행사/지주와 건물주가 다툼/건물주가 건물 내에 있는 사출기를 팔아달라며 업자에게 주기 위해 사진 찍으러 온 것/서로 오해가 있었다며 범법행위가 있었다면 재신고하겠다는 것으로 상담 종결						
종결 보고자	경장 이#집	**종결 유형**	상담 안내	**종결 사건 코드**	경비업체 요청	**동일 사건**	

그럼에도 그 무렵 피신청인이 일방적으로 신청인의 세콤 경비를 철거하고 다른 경비업체인 ADT 캡스 경비를 설치하면서 신청인의 점유를 침탈하여 불법 점유를 하게 된 것입니다(소갑 제9호증).

최근인 2018. 10. 16.경 촬영한 위 사진에서 보는 바와 같이 신청인이 설치한 경비업체인 '에스원' 세콤의 바로 위에 피신청인이 'ADT' 캡스 경비를 설치한 것이 확인되고, 신청인이 설치한 '에스원' 세콤은 경비가 해제된 것을 알 수 있습니다.

위와 같이 피신청인은 이 사건 부동산을 점유한 사실이 없음에도 이 사건 경매 절차가 진행되는 도중에 점유를 침탈하여 불법적으로 점유를 하고 있는바, 이러한 피신청인은 신청인에게 이 사건 부동산을 인도할 의무가 있다고 할 것입니다.

이와 관련하여 대법원도 "채무자 소유의 건물 등 부동산에 강제경매개시결정의 기입등기가 경료되어 압류의 효력이 발생한 이후에 채무자가 위 부동산에 관한 공사 대금 채권자에게 그 점유를 이전함으로써 그로 하여금 유치권을 취득하게 한 경우, 그와 같은 점유의 이전은 목적물의 교환 가치를 감소시킬 우려가 있는 처분행위에 해당하여 「민사집행법」 제92조 제1항, 제83조 제4항에 따른 압류의 처분금지효에 저촉되므로 점유자로서는 위 유치권을 내세워 그 부동산에 관한 경매 절차의 매수인에게 대항할 수 없다 할 것이다."고 일관되게 판시하고 있습니다(대법원 2005. 8. 19. 선고 2005다22688 판결, 2006. 8. 25. 선고 2006다22050 판결).

다. 결론

이상과 같이 이 사건 부동산을 점유하고 있는 피신청인으로 하여금 「민사집행법」 제136조에 의거하여 이 사건 부동산의 매수인인 신청인에게 이 사건 부동산을 인도하라는 명령을 발하여 주시기 바랍니다.

입증 방법

1. 소갑 제1호증	등기사항전부증명서(토지 및 건물)
1. 소갑 제2호증	부동산의 현황 및 점유관계 조사서
1. 소갑 제3호증	사진(2018. 6. 29. 촬영)
1. 소갑 제4호증	시스템 경비 신청서 및 관계 서류(2018. 6. 14.)
1. 소갑 제5호증	사진(에스원 세콤 경비)
1. 소갑 제6호증	112 신고 사건 처리내역서(2018. 7. 2.)
1. 소갑 제7호증	112 신고 사건 처리내역서(2018. 7. 15.)
1. 소갑 제8호증	처리내역 및 조치내용 조회
1. 소갑 제9호증	사진(2018. 10. 16. 촬영)
1. 소갑 제10호증	등기사항전부증명서(###-5 임야)

수원지방법원 평택지원 귀중

부동산의 표시

1. 경기도 안성시 일죽면 신흥리 ###-4 공장용지 4,998m^2
2. 경기도 안성시 일죽면 신흥리 ###-4 가동

   일반철골구조 철근콘크리트지붕 2층 공장

   1층 1,566m^2

   2층 846m^2

   제시 외 2-1

   경비실 경량철골구조 판넬 지붕 17.39m^2

인도명령서

수원지방법원 평택지원

결 정

사　　건　　2018타인10## 부동산 인도명령

신 청 인　　한##(###### - ########)

포천시 이동면 화동로 ###번길 144(연곡리)

피신청인　　신##(###### - #######)

안성시 남파로 ###, 2층(봉산동)

송달 장소　안성시 일죽면 신흥리 ###(죽화로)

주 문

피신청인은 신청인에게 별지 목록 기재 부동산을 인도하라.

이 유

1. 기초사실

이 사건 기록 및 심문 전체의 취지를 종합하면, 다음 각 사실이 소명된다.

가. 피신청인은 약속어음 공정증서에 기하여 이 법원 2017타경44##호로 강제경

매 신청을 하였고, 2017. 6. 12.자로 별지 목록 기재 부동산(이하 '이 사건 부동산'이라 한다) 등에 관하여 경매개시결정이 이루어졌으며 같은 날 이 사건 부동산에 관하여 경매개시결정의 기입등기가 마쳐졌다.

나. 한편 신청인은 근저당권에 기하여 이 법원 2017타경 48##호로 임의경매 신청을 하였고, 2017. 6. 22.자로 이 사건 부동산 등에 관하여 경매개시결정이 이루어졌으며, 2017. 6. 23. 이 사건 부동산에 관하여 경매개시결정의 기입등기가 마쳐졌다(이하 위 가항을 포함하여 '이 사건 경매 절차'라 한다).

다. 피신청인은 2017. 8. 4.자로 유치권 행사 신고서를 제출하였고, 신청인은 이 사건 경매 절차에서 이 사건 부동산 등을 낙찰받아 2018. 7. 25. 매각 대금을 납부하였다.

2. 당사자들의 주장 및 판단

가. 당사자들의 주장

신청인은 이 사건 부동산의 소유권을 취득하였음을 전제로 점유자인 피신청인을 상대로 인도명령을 구하고 있고, 이에 대하여 피신청인은 주식회사 ##고려로부터 공장 신축 공사를 도급받아 완료한 2016년 9월경부터 이 사건 부동산을 점유하며 유치권을 행사하고 있으므로 이 사건 신청에 응할 수 없다고 다툰다.

나. 판단

부동산 인도명령 신청 사건에서는 상대방의 점유가 매수인에게 대항할 수 있는 권원에 의한 것임은 이를 주장하는 상대방이 소명하여야 하고(대법원 2017. 2. 8. 2015마2025 결정), 한편 채무자 소유의 건물 등 부동산에 경매개시결정의 기입등기가 경료되어 압류의 효력이 발생한 후에 채무자가 위 부동산에 관한 공사 대금 채권자에게 그 점유를 이전함으로써 그로 하여금 유치권을 취득하게 한 경우, 그와 같은 점유의 이전은 목적물의 교환 가치를 감소시킬 우려가 있는 처분행위에 해당하여 「민사집행법」 제92조 제1항, 제83조 제4항에 따른 압류의 처분금지효에 저촉되므로 점유자로서는 위 유치권을 내세워 그 부동산에 관한 경매 절차의 매수인에게 대항할 수 없다(대법원 2009. 1. 15. 선고 2008다707863 판결)

위 법리에 비추어 살피건대, 이 사건 기록 및 심문 전체의 취지를 종합하여 알 수 있는 다음과 같은 사정들, 즉 이 사건 경매개시결정 직후 이 법원 소속 집행관이 작성한 부동산현황조사보고서에 의하면 이 사건 부동산은 채무자(소유자)가 점유하고 있다고 기재되어 있는 점, 위 부동산현황보고서 및 감정평가서에 첨부된 사진에서도 유치권을 행사하고 있음을 확인할 만한 별다른 표시도 보이지 않는 점, 피신청인이 제출한 사진을 보더라도 2017. 8. 16. 이후인바, 이 사건 경매개시결정의 기입등기가 마쳐진 이후인 것인 점, 피신청인이 제출한 2017. 8. 4.자 유치권행사 신고서에 의하더라도 "유치권을 행사할 계획임"이라고 기재하였을 뿐인 점 등에 비추어볼 때, 피신청인이 제출한 자료만으로는 피신청인이 이 사건 경매개시결정의 기입등기가 마쳐지기 전부터 이 사건 부동산을 점유해왔다는 점을 소명하기에 부족하고, 달리 피신청인이 이 사건 부동산을 적법하게 점유할 권원이 있다고 볼 만한 자료도 없으므로, 피신청인은 이 사건 부동산의 소유자인 신청인에게 이 사건 부동산을 인도할 의무가 있다.

3. 결 론

그렇다면 이 사건 신청은 이유가 있어 인용하기로 하여 주문과 같이 결정한다.

2019. 1. 25.

판사 박 # #

PART 5

지분경매,
소액으로 단기 투자에
유리하다

01

소액으로 큰 수익을 올리는 지분경매

지분경매란?

물건을 지분에 따라 여러 사람이 공동으로 소유하게 된 것을 공유(「민법」 제262조)라고 하며, 지분은 각 공유자가 공유물에 대해 가지는 권리의 비율을 뜻한다. 따라서 어떤 부동산의 소유자가 여러 사람이라는 의미다.

과거에는 부동산 명의가 대부분 한 사람의 소유로 등기가 되었으나 지금은 지분 형태가 증가하고 있다. 법적 상속이나 부부간의 공유, 계약에 의해 설정하는 공유가 많다. 예를 들어 아파트 한 채를 부부가 공동으로 소유하고 있다면 남편과 아내를 '공유자'라고 한다. 각 공유자의 몫이 바로 지분이다. 이런 물건을 부동산 경매로 낙찰받으면 소유권을 지분만큼만 취득하게 되는데, 이것을 지분경매라고 한다.

어떤 아파트를 부부가 공동으로 2분의 1씩 소유하고 있다. 그런데 남편의 사업이 부도가 나서 남편의 지분인 2분의 1만 경매로 나왔다. 대법원경매물건에 감정가가 2억 원이라는 것은 2분의 1 지분에 대한 것이다. 따라서 이 물건을 1억 2,000만 원에 낙찰받았다면, 낙찰자는 2분의 1 지분에 대한 소유권만 취득하게 된다.

그렇다면 왜 이런 부동산을 낙찰받을까? 2분의 1의 지분을 나머지 공유자인 아내에게 비싸게 되팔거나, 아니면 아내의 2분의 1 지분을 싸게 사서 정상 가격으로 팔기 위해서다. 이런 물건을 낙찰받으면 쉽게 수익을 낼 수 있다. 통상적으로 나머지 지분권자인 아내는 경매로 낙찰된 지분을 감정가에 다시 살 능력이 없다. 남편의 지분을 살 능력이 있었다면 애초에 경매로 나오지 않았을 것이다. 그렇기 때문에 아내의 지분을 감정가 또는 그 이하로 사서 실거래가 또는 그보다 약간 싸게 팔면 단기간에 수익을 낼 수 있다.

이처럼 지분물건은 적은 금액으로 투자할 수 있다. 위의 사례에서 보듯이 큰돈을 들이지 않고도 얼마든지 투자할 수 있는 물건들이 많다. 3,000만 원 정도로는 수도권에서 투자할 만한 물건이 그리 많지 않다. 그러나 소액 투자가 가능한 지분물건은 수도권에 얼마든지 있다. 무엇보다 금액 대비 양질의 물건이 많다.

또한 지분물건은 수익금 회수에 대한 양면성이 존재한다. 투자금 회수가 아주 쉬울 수도 있고 시간이 걸릴 수도 있다는 것이다. 어떤 지분물건을 낙찰받았는데 경매법정을 나오기도 전에 협상해 오는 경우가 종종 있다. 쉽게 해결될 수 있는 지분물건이 많기 때문에 부지런히 물건을 찾아서 도전해봐야 한다.

지분물건을 낙찰받고 경매법정을 나왔을 때 누군가 앞을 가로막으며 얘기 좀 하자고 한다면 기꺼이 대화를 해봐야 한다. 통상적으로 협상 제의를 하는 것이다. 이런 경우 얼마를 받고 협상에 응해야 할까? 나는 통상 입찰보증금(경쟁 입찰 참가자에 대해 성실한 의무 이행 확보 수단으로 적립하는 계약금으로 보통 최저가의 10%)의 2배 정도를 받고 지분을 넘겨준다. 정상적으로 팔면 그보다 몇 배의 이익을 더 남길 수도 있겠지만, 그 물건을 꼭 필요로 하는 사람들과 굳이 신경전을 벌일 필요 없다. 차라리 빨리 해결하고 다른 좋은 물건을 찾는 것이 훨씬 이익이다.

자칫 협상이 순조롭게 진행되지 않고 소송으로 이어지면 짧게는 1년에서 길게는 2년 이상 걸릴 수도 있다. 하지만 소송을 하게 되더라도 걱정할 필요 없다. 지분분할 소송은 그리 어렵지도 않고, 소송 비용도 지분분할 후 얻는 수익에 비하면 아주 적은 금액이다. 전자소송을 통해 직접 할 수도 있다. 공유물분할청구 소송이 진행되면 판사의 중재로 조정 기일이 잡히는데 이때 출석해서 여러 가지 해결 방안도 강구하고, 다른 공유자들과 협상할 수도 있다. 대부분 소송 진행 중에 판사의 중재로 협상이 마무리된다.

지분경매로 수익을 내는 것은 토지가 쉽고 아파트는 더 쉽다

지분경매는 건물보다 토지가 더 쉽다. 지분으로 나온 토지를 낙찰받아 지분대로 분할하면 단독 소유의 토지로 변하기 때문이다. 건물 지분경매는 건물 자체를 나눠 가지기가 쉽지 않기 때문에 경매를 통해 환가(換價, 자산을 현금화하는 행위)하여 그 대금을 나눠야 한다. 그때까지 상당한 기간이 소요될 수도 있다.

그러나 다가구주택이 공유지분으로 나왔다면 협상 시 특정 부분을 각자 단독 소유하는 방법을 강구할 수 있다. 공유물 분할은 현물분할(現物分割, 공유물을 양적으로 분할하는 것, 즉 공유지분인 토지 등을 지분 비율대로 나누는 것)이 원칙이기 때문에 판사도 여러 가지 대안을 제시해준다. 아파트는 공유자 우선매수청구권 행사만 피하면 좋은 수익 모델이 될 수 있다. 협의만 잘 이루어지면 순식간에 차익을 실현할 수 있기 때문이다.

임차인이 거주하고 있는 건물의 지분경매는 낙찰자가 임차인의 보증금을 전액 인수할 수도 있다. 낙찰자 소유의 지분이 2분의 1이라고 해서 임차인의 보증금을 절반만 인수하는 것이 아니라 경우에 따라서는 전액 인수할 수 있다. 이런 점만 유의하여 입찰하면 된다.

지분경매에서 또 하나의 수익 모델은 지상에 다른 공유자의 명의로 건물이 건축되어 있는데 토지만 경매에 나온 경우이다. 이런 물건은 법정지상권이 성립하지 않으므로 건물 철거를 빌미로 자신의 지분을 건물주에게 시세대로 팔면 차익을 실현할 수 있다. 법정지상권 성립 여지가 있는 지분물건은 시세의 반값 정도에 낙찰받을 수 있기 때문이다.

공유자 우선매수청구권 행사만 피하면 수익이 된다

지분경매는 경매 절차에서 공유지분권자에게 우선적으로 매수 청구할 기회를 준다. 초보자들이 지분경매를 꺼리는 이유도 공유자 우선매수청구권 때문이다. 공유자들은 대부분 어떤 인과관계나 신뢰를 바탕으로 유대 관계가 형성되어 있는 경우가 많다. 경매 등으로 인하여 일면식도 없는 낯선 사람이 갑자기 공유자들 사이에 끼어들어 분쟁과 혼란을 야기하는 것을 막아보겠다는 취지의 규정이 공유자 우선매수청구권이다. 아무리 좋은 물건이라도 공유자가 우선매수청구권을 행사할 수 있기 때문에 투자자들이 선뜻 나서지 못한다. 많은 시간과 노력을 들여 현장 조사를 하고 분석하여 해당 물건을 낙찰받아도 입찰 당일 다른 공유자가 우선매수청구권을 행사해서 최고가 매수인의 권리를 빼앗을 수 있다.

법적으로 다른 공유권자에게 우선 매수할 권리가 있으니, 낙찰에 대한 불확실성이 존재하는 것은 사실이다. 그러나 정확한 물건분석과 노력을 통해 제한 사항을 피하고 낙찰받을 수 있다면 그 기쁨은 배가된다. 공유자 우선매수청구권은 사실상 낙찰가를 떨어뜨려 저가로 낙찰받기 위한 수단으로 악용되는 경우도 많다. 공유자가 우선매수 신고를 하면 법원은 물건명세서에 '공유자 우선매수 신고 있음'이라고 공지한다. 그러면 일반인들이 함부로 응찰할 수 없기 때문에 계속 유찰되도록 놔두었다가 적당한 가격에 공유자들이 낙찰받으려는 속셈이다.

그러나 실제로는 공유자가 우선매수청구권 행사를 하지 못하는 상황이 많다. 경제적 능력이 없다든가, 당일 아침에 차가 밀려 법원에 늦게 도착하여 우선매수청구권 행사를 못 하는 경우도 있다. 공유자가 반드시 우선매수청구권을 행사한다는 보장이 없기 때문에 꼼꼼히 정보를 수집해서 입찰한다면 고수익을 올릴 수 있다.

02

지분물건이 투자하기 좋은 이유

지분물건이 증가하고 있는 이유

예전에는 부동산을 취득하면 대부분 남편 소유로 등기를 했다. 어떤 부동산이든, 또 누가 돈을 더 많이 벌었든 상관없이 통상적으로 그래 왔다. 특히 집 대문에 남편 이름의 문패를 달던 시절도 있었다. 그러다 인식이 바뀌면서 부부 공동 명의로 부동산을 취득하게 되었다. 남녀평등이 자리 잡기도 했지만 세금 혜택 등 정책적 이점도 있기 때문이다. 특히 아파트나 주택 등 일반 주거용 건물은 지분등기가 많고, 경매시장에도 지분물건은 주거용 부동산이 많다. 남편이 사업을 하다 부도가 나서 남편 소유의 지분만 경매로 나온 경우가 많기 때문이다.

그 외에 공동 투자를 목적으로 공유관계를 설정하고 지분으로 등기하는 경우가 있다. 요즘 부동산 투자 트렌드인가 싶을 정도로 공동 투자가 늘어나고 있다. 공동 투자의 장점은 적은 돈으로 덩치가 큰 부동산에 투자할 수 있고, 장기화되어도 큰 부담 없이 버틸 수 있다는 것이다. 나도 부담이 적은 공동 투자를 선호하는 편이다.

예를 들어 10억 원짜리 부동산을 10명이 공동 투자를 했을 때 계약금이 1억 원이라면 공동 투자자 10명은 1,000만 원씩만 내면 된다. 잔금은 대출을 받아서 치르고 이자도 공동으로 부담하면 된다. 요즘같이 대출이 어려운 시기에도 각자 신용도와 재산 상태가 다양하기 때문에 공동으로 하면 의외로 대출을 많이 받을 수 있다. 물론 의견이 분분하여 배가 산으로 갈 수도 있겠지만, 여러 가지 상황에 맞게 투자 약정서를 꼼꼼히 준비하면 아무런 문제가 없다.

지분물건이 경매로 나온 사연도 다양하다. 남편 사업이 부도가 났거나, 남편이 바람을 피워 배우자에게 위자료 청구 소송이 들어온 경우, 공동 투자를 한 후 그중 한 사람이 부도가 난 경우도 있다. 그 이유가 무엇이든 지분경매는 소액 투자의 기회를 제공한다.

사회적 변화와 정책적 배려로 인해 공동 소유를 권장하는 문화가 자리 잡았다. 지분물건이 증가하고 있는데도 지분경매 투자를 꺼린다는 것은 안타까운 일이 아닐 수 없다. 지분물건의 단점은 공유물의 사용을 제한받거나, 공유물 우선매수청구권 행사로 공들여 분석한 물건을 뺏길 수 있다는 것이다. 그러나 경매에서 물건을 뺏기는 경우는 비단 지분물건뿐만이 아니다. 일반 물건도 '묻지 마, 고가 입찰자'에게 뺏기는 경우가 비일비재하다. 공유자 우선매수청구권 행사로 자신의 노력이 물거품이 되는 것을 우려하여 지분매각 물건을 피할 이유는 없다. 공유자 우선매수청구권 행사도 그리 쉬운 것은 아니기 때문이다.

지분물건은 협상이 답이다

지분물건은 대부분 우량 물건이다. 왜냐하면 부부가 열심히 노력해서 번 돈으로 아파트를 사서 공동 지분으로 등기한 것들이 많기 때문이다. 부부가 아파트를 사면서 얼마나 심사숙고를 했겠는가. 전 재산을 쏟아부어 장만한 소중한 아파트인 만큼 당연히 좋은 물건이다. 공동 투자한 물건도 마찬가지다. 투자를 하는 이유는 제각각이더라도 가치 있는 물건이라는 데는 의견을 같이했을 것이다.

지분물건이 투자하기 좋은 이유는 첫째, 거듭 강조했듯이 소액으로 단기 투자할 수 있기 때문이다. 2,000만 원을 가지고 수도권에서 투자할 물건을 찾기가 쉽지 않다. 금액에 맞는 물건이 있다 하더라도 활용 가치가 낮다. 그러나 지분물건은 소액 투자가 가능할 뿐 아니라 금액 대비 우량 물건이 많다.

부부 공동 소유이거나 연세가 많은 소유자가 살고 있는 주택은 단기간에 투자금 회수가 가능하다. 나머지 지분을 가지고 있는 배우자 또는 소유자의 자녀가 경제력이 있다면 의외로 빨리 해결할 수 있다. 그러나 임차인이 점유하고 있는 물건이나 토지는 투자금 회수에 시간이 걸릴 수 있다.

나는 수익을 적게 남기더라도 협상으로 해결하려고 노력한다. 공유물분할청구소송을 제기하여 소송이 길어지면 투자금 회수가 늦어진다. 더구나 사람이 살고 있는 집이라면 수익이 적더라도 기존 공유자에게 매도하는 것이 낫다.

둘째, 지분물건은 상대방이 있다. 낙찰받고 어떻게 해야 할지 막막할 때가 종종 있다. 가격이 얼마인지, 거래는 잘되고 있는지, 시세는 얼마인지, 분위기는 어떤지 궁금한데 물어볼 곳도, 아는 사람도 없는 경우가 있다. 특히 토지를 낙찰받으면 불안감은 더욱 커진다. 그러나 지분물건은 공유자가 있다. 내 지분을 살 것인지, 그쪽 지분을 팔 것인지, 개발계획은 있는지, 아니면 분할할 것인지 등을 협상할 상대가 있는 것이다. 얼마든지 이야기를 들어보고 기회를 만들 수 있기 때문에 지분물건이 오히려 투자하기 편하다.

지분물건을 낙찰받으면 대부분 협상으로 끝난다. 설령 소송으로 이어진다 해도 마지막에는 협상을 할 수밖에 없다. 소송을 하고 협상이 결렬되어 물건이 경매로 넘어가더라도 지분물건을 낙찰받았던 사람은 손해를 볼 것이 없고, 다른 공유자는 손해를 볼 수밖에 없는 구조이다. 양쪽 모두 큰 손해를 입지 않는 수준으로 협상을 마무리하면 된다.

지금은 부동산 경기 불황으로 경매시장에 우량 물건이 많이 쏟아져 나온다. 투자하기 좋은 기회를 놓치지 않아야 한다.

03

초보 경매 투자자가 지분경매를 꺼리는 이유

지분물건의 단점은 사는 것은 내 맘이지만 파는 것은 내 맘대로 안 된다는 것이다. 지분경매 물건은 보존 및 처분 등에 관해 「민법」상 공유관계에 대한 규정을 적용받기 때문이다. 말하자면 사용 및 처분에 제한을 받는다. 낙찰자는 내가 원할 때 원하는 가격에 빨리 팔고 싶지만 다른 공유자가 응해주지 않으면 단독으로 팔기 어렵다. 결정적으로 지분경매 물건은 대출도 잘 안 된다. 그러나 이런 환금성의 제약만 해결된다면 고수익이 따라온다.

그리고 지분물건은 본인이 원하는 대로 개발할 수 없다. 공유자들이 합의하지 못하면 개발이 불가능하다. 지분물건을 꺼리는 이유 중 하나도 재산권 행사에 제약을 받기 때문이다. 매수인의 지분이 과반을 넘지 않으면 단독으로 임차인을 바꿀 수도 없다. 임차인은 대부분 건물 전체를 임차했기 때문에 임대차 기간이 끝날 때까지 기다려야 한다. 다만 임차인이 대항력(對抗力, 유효하게 성립한 권리관계를 제3자에게 주장할 수 있는 효력)이 없으면 임대차 보증금을 인수해야 하는 부담이 없고, 임료(賃料, 임차 물건의 사용 대가)도 받을 수 있다.

지분물건을 꺼리는 가장 큰 이유는 뭐니 뭐니 해도 공유자 우선매수청구권이다. 공유자가 우선매수청구권을 행사하면 낙찰받았다 하더라도 모든 지위를 공유자에게 뺏긴다. 그러나 그 막강한 우선매수청구권은 1회밖에 사용할 수 없고, 행사할 수 없는 물건도 많다. 이런 물건을 잘 찾는 것이 바로 권리분석이고 물건분석이다. 권리분석이나 물건분석은 대단한 이론 체계와 복잡한 논리로 해석하는 것이 아니다.

공유자 우선매수청구권

일부 공유자의 지분이 경매로 나왔을 때 채무자가 아닌 다른 공유자가 입찰 당일에 최고가 매수신고액(낙찰 금액)과 동일한 가격으로 매수할 것을 신고하고 보증금을 납부하면 입찰 당일의 낙찰자보다 우선하여 채무자의 지분을 매수할 수 있다.

지분이 경매로 나온 경우 유찰이 계속되는 이유는 공유자 우선매수청구권 때문이다. 경매 입찰자가 많은 시간과 비용을 들여 매각 기일(입찰 당일)에 최고가 매수신고인이 되었다 하더라도 공유자가 우선매수청구권을 행사하면 헛수고가 되어버린다.

공유자 우선매수청구권을 행사할 수 있는 시한

공유자는 매각 기일까지 「민사집행법」 제113조에 따라 보증금을 제공하고 최고가 매수신고액과 동일한 가격으로 채무자의 지분을 우선 매수하겠다고 신고할 수 있다. 공유자의 우선매수 신고는 집행관이 매각 기일을 종결한다는 고지를 하기 전까지 하면 된다.

입찰 당일 경매법정에서 해당 지분물건의 응찰자들을 모두 불러 모아 최고가를 써낸 입찰자의 이름과 가격을 고지한다. 그리고 "공유자 우선매수청구권을 행사하실 분 있습니까?"라고 물어볼 때 "예, 있습니다"라고 말하고 법정으로 나가서 보증금을 내면 우선매수청구권을 행사하는 것이다. 공유자가 매각 기일(입찰일) 전에 미리 매각을 실시할 집행관 또는 집행법원에 입찰 최저가의 10%에 해당하는 보증금을 제공하고 우선매수청구권을 행사하겠다는 신고를 하는 방법도 있다.

입찰 기일 전에 공유자가 우선매수청구권 행사를 미리 법원에 통지하고 매각물건명세서에 '공유자 우선매수 신고 있음'이라고 공지한 경우에는 기본적으로 한두 번은 유찰되게 마련이다. 공유자들이 이것을 노리고 공유자 우선매수청구권을 미리 해놓는 경우가 많다.

공유자 우선매수청구권을 행사할 수 없는 경우

첫째, 공유물을 분할하기 위한 경매 절차에서는 공유자가 우선매수청구권을 행사할 수 없다.

둘째, 토지와 건물이 일괄매각으로 진행되는 경매에서 토지나 건물의 일부 지분에 대한 공유자는 우선매수청구권을 행사할 수 없다. 토지의 일부와 건물 전체가 일괄매각으로 진행되는 경매에서 토지의 지분을 가진 다른 공유자가 부동산 전체에 대하여 공유자 우선매수 신청을 할 수 없다는 것이 판례이다. 마찬가지로 어떤 건물의 일부에 대한 지분을 가지고 있는 사람이 토지와 건물이 동시에 매각되는 경매에서 공유자 우선매수청구권을 행사할 수 없다. 다만 건물만 경매에 나왔다면 공유자 우선매수청구권을 행사할 수 있다.

셋째, 구분 소유적 공유관계에 있는 공유자에게는 우선매수신청권이 인정되지 않는다. 구분 소유적 공유관계란 등기사항전부증명서로는 공유의 형태를 띠고 있지만 실제로는 특정 부분을 각자 단독으로 소유하고 있는 경우를 말한다. 1필지의 토지 중 위치와 평수가 특정된 부분을 매입하고도 필지를 분할하여 소유권 이전등기를 하지 않고 그 필지의 전체 평수에서 매입한 부분의 면적 비율에 따라 공유지분을 등기한 경우이다. 이런 토지는 감정평가서나 물건명세서를 잘 살펴보고 입찰하면 고수익을 낼 수 있다.

넷째, 아파트 등 집합건물에서 구분 소유자(한 동의 건물을 둘 이상의 건물로 구분하여 각각 독립된 소유권의 객체로 하는 관계)의 대지권으로 그 부지에 공유지분으로 등기된 경우에는 우선매수청구권이 인정되지 않는다. 즉 아파트는 대지권 비율에 따라 수많은 대지 지분이 등기되어 있는데 이런 공유자에게는 우선매수청구권이 인정되지 않는다는 뜻이다.

얼마 전 서울 송파 지역에 근사하게 지어진 다세대주택 한 동 전체가 경매물건으로 나왔다. 토지와 건물의 권리자가 다르고 대지권 등기도 하지 못한 상태에서 토지와 건물이 함께 경매로 나온 것이다. 입지도 좋고 외부 마감재 등이 고급스럽고 근사하게 지어진 건물이었다. 그런데도 세 번이나 유찰되어 감정가 대비 최저가가 50%대로 떨어졌다. 감정가도 시세 대비 저평가되어 최저가는 실거래가의 40% 수준이었다.

이 물건의 경우 토지 전부는 입찰 대상이지만 건물은 일부만 입찰 대상이었다.

입찰 대상에 포함되지 않은 건물 부분이 작아서 낙찰받으면 상당한 수익이 예상되었다. 건물에 대한 지분이기는 하지만 토지는 전체를 낙찰받는 것이기 때문에 지료에 대한 협의를 하면서 건물 지분권자를 압박하면 법적인 하자는 쉽게 해결할 수 있었었다.

그렇다면 이렇게 좋은 물건이 왜 계속 유찰되는 것일까? 공유자가 2차 기일부터 물건명세서에 공유자 우선매수 신고를 해놓았기 때문이다. 2차 기일에 누군가 입찰하면 입찰자가 제시한 가액대로 이 물건을 우선 매입하겠다는 뜻이었다. 공유자의 의도대로 이 물건은 3차까지 유찰되어 4차 기일에 건물의 공유자가 상당히 낮은 가격으로 낙찰받았다. 감정가의 80%대만 받아도 상당한 수익이 예상되는 좋은 물건인데, 50% 이하로 낙찰받아 엄청난 수익을 챙긴 것이다.

공유자 우선매수청구권 행사를 할 수 없는 물건이라는 것을 알고 있었는지는 모르지만, 어쨌든 다른 투자자들이 잘 속아주어 무난하게 낙찰받은 것이다. 이렇듯 조금만 세심하게 살펴보면 의외의 성과를 낼 수 있는 물건들이 많다. 매력적이고 짜릿한 틈새가 많은 지분경매에 과감하게 도전해보자.

04

지분경매는 소액 투자자를 위한 틈새시장이다

많은 사람들이 기피하는 물건은 당연히 낙찰가의 하락으로 이어져 반값 이하로 취득할 수 있다. 하나의 부동산 전체가 아니라 일부가 경매로 진행되는 지분경매가 그중 하나다. 물론 전체 지분이 아니라 일부 지분만을 매수하면 사용·수익·처분 과정에 많은 제약이 따르지만 잘 해결하면 의외의 수익을 올릴 수 있다.

'지분'이라고 하면 우선 자유롭지 못하다는 인식이 강한데, 자세히 살펴보면 일반물건과 크게 다르지 않다. 금융기관의 대출에 제한이 따르고 공유물을 내 마음대로 관리하기 힘든 것은 사실이다. 그러나 일부 지분만을 매수하기 때문에 소액 투자가 가능하고, 반값 이하로 투자하기 때문에 높은 수익을 실현할 수 있다. 이러한 점에서 지분경매는 '아는 사람만 아는 알짜 투자'이다. 경쟁력이 있다 보니 지분물건만 찾아다니는 사람들도 있다. 수익성이 좋고 더 안전하다고 판단하는 것이다.

지분경매만 전문으로 하는 공인중개사가 있는데 낙찰받는 건수와 수익이 많다. 이것을 보면 아직도 지분물건에 사람들이 관심을 갖지 않는다는 것을 알 수 있다. 일반 사람들은 관심을 갖고 있지 않은 지분물건에 과감하게 도전해보자.

스토리가 있는 집을 낙찰받다

경기도 용인에 위치한 아파트로 두 개의 법인이 공동으로 소유하고 있는 아파트가 경매로 나왔다. 법인이 아파트 하나를 공동으로 소유하고 있는 것도 특이하지만 아직 경매로 나오지 않는 회사의 지분도 파산 정리 중인 것으로 보인다. 선순위 임차인이 있지만 가장 임차인이라는 느낌이 많이 들었다. 당시 이 아파트 매매가는 1억 8,000만 원, 전세금은 약 8,000만 원 정도였는데, 그 2배를 주고 전세를 산다는 것이 납득이 되지 않았다. 그렇다고 무작정 밀어 붙일 수도 없는 일이기에 여기저기 탐문했으나 별 소득은 없었다.

그런데 등기부 등본을 다시 한 번 유심히 살펴보니 임차인과 같은 성을 가진 전○○가 경매 진행 중에 가압류를 했다. 그것도 지분권자인 두 회사 모두를 대상으로 가압류를 한 것이다. 뭔가 실마리를 잡을 수 있을 것 같았다. 우여곡절 끝에 회사 관계자와 만날 수 있었다. 임차인은 회사에 받을 돈이 있어 아파트를 담보로 잡기위해 전입신고를 했을 것이라는 말을 언뜻 비쳤다.

순간 정신이 번쩍 들었다. '그래 바로 그거야!' 이런 경우 실제 낙찰받고 전세자금 증빙서류를 제출하라고 하면 제출하지 못한 경우가 많이 있기 때문에 도전해도 되겠다는 생각이 들었다. 설령 이것이 진성 임차권이라 해도 빠져나올 빌미가 많이 보였기 때문에 자신감이 생겼다. 그래서 수강생들에게 이 물건을 공개했다. 지분물

2017 타경 ○○ (강제)	물번5 [배당종결]	매각기일 : 2018-08-23 10:30~ (목)			경매3계 031-210-1263
소재지	(17100) 경기도 용인시 기흥구 ○○동 ○○○ 1필지 ○○○ 아파트 제101동 제15층 제1504호 [도로명] 경기도 용인시 기흥구 ○○○ 제101동 제15층 제1504호 ○○○ 1필지				
용도	아파트	채권자	주○○○○○○○	감정가	90,000,000원
지분대지권	18.51315㎡ (5.6평)	채무자	신○○○○○	최저가	(49%) 44,100,000원
지분전용	35.165㎡ (10.64평)	소유자	신○○○○○○○	보증금	(10%)4,410,000원
사건접수	2017-11-27	매각대상	토지/건물지분매각	청구금액	681,637,685원
입찰방법	기일입찰	배당종기일	2018-02-19	개시결정	2017-12-01

기일현황 ∨간략보기

회차	매각기일	최저매각금액	결과
신건	2018-05-31	90,000,000원	유찰
2차	2018-07-05	63,000,000원	유찰
3차	2018-08-23	44,100,000원	매각
정○○ '입찰1명/낙찰55,199,900원(61%)			
	2018-08-30	매각결정기일	허가
	2018-10-11	대금지급기한 납부 (2018.09.14)	납부
	2019-02-19	배당기일	완료

주의사항 / 법원문건접수 요약	지분매각임. 공유자 우선매수신고 제한 있음(공유자 우선매수신청을 한 공유자는 당해 매각기일 종결전까지 보증금을 제공하여야 하며, 매수신청권리를 행사하지 않는 경우에는 차회 기일부터는 우선권이 없음). ※미납관리비(공용)를 인수할수 있으니 입찰전에 확인 하시기 바랍니다.

건에 관심이 많았던 수강생이 도전하겠다고 했다.

허울뿐인 선순위 임차인

낙찰받고 서류를 열람했다. 가장 관심 있는 선순위 임차인과 관련된 서류를 보니 너무 허술했다. 통장거래 내역도 없고 영수증도 당연히 없었다. 허술한 임대차 계약서가 전부였다. 서류를 확인하고 임차인에게 내용증명을 보냈다. 정확한 임대차 관계에 의한 배당표를 제출하지 않으면 배당을 받지 못할 수도 있다는 내용과 낙찰자에게 인수되는 비용이 있다면 소송을 하겠다고 엄포를 놓았다. 이후 다른 지분권자와 무슨 말이 오갔는지는 모르지만 아파트 소유권을 이전하는 데 별다른 문제는 없었다. 결국 감정가 9,000만 원짜리 지분을 61%인 55,199,900원에 살 수 있었다. 요즘은 지분 물건은 특수경매 축에도 들어오지 않는다. 이 물건도 선순위 임차인이 있어서 60%대에 받을 수 있었다. 선순위 임차인이 없었다면 80% 이상 수준에서 낙찰될 물건이다.

05

지분경매 물건 낙찰 후 공유지분 처리법

지분물건이 생기는 이유는 다양하다. 상속에 의한 경우 아버지가 돌아가시면서 어머니와 자녀들이 공동으로 소유하게 된다. 이런 물건이 경매로 나오면 대부분 경제력 있는 자녀가 우선매수청구권 행사를 한다. 그러나 형제들 간에 서로 미루거나 감정의 응어리 때문에 우선매수를 신청하지 않는 경우가 종종 있다. 부부간에 공동명의로 등기한 물건은 한쪽이 사업에 실패하거나 이혼으로 재산분할청구 소송을 하면서 지분경매로 나온다. 친인척이나 친구, 회사 동료, 지인, 경매 교육기관 등에서 공동 투자를 할 때도 지분등기를 한다. 공유지분이 경매로 나와 낙찰받았을 때 처분하는 방법을 자세히 살펴보자.

공유지분 처리하는 방법

공유지분을 낙찰받기 위해 권리분석을 할 때는 우선 다른 공유지분권자의 채무 상태를 확인한다. 등기사항전부증명서를 열람하면 공유자들의 채무 상태를 파악할 수 있다. 경매로 나온 지분권자의 채무 상태와 다른 공유지분권자들의 채무 상태까지 꼼꼼하게 분석한다. 다른 공유지분권자들의 채무 상태가 양호하다면 낙찰받은 지분을 공유자에게 넘길 수 있다. 다른 공유자들도 채무가 많으면 낙찰 후에 공유물분할청구 소송을 할 수 있는데, 시간이 걸릴 수 있음을 감안해야 한다.

협의하는 방법

공유지분을 낙찰받아 처리할 수 있는 최선의 방법은 다른 공유자가 적정 가격에 인수하는 것이다. 지분경매를 하는 사람들은 대부분 이 방법을 선호한다. 물론 다른 공유자들에게도 좋은 일이다. 공유관계는 어느 정도의 인과관계로 형성되었기 때문에 그 질서를 깨뜨리지 않아야 처음의 목표를 순조롭게 이룰 수 있다. 일면식도 없는 사람이 공유관계에 끼어들면 껄끄러울 수 있으니 말이다. 협상할 때 지분 낙찰자는 가능한 다른 공유자들의 매수 제안을 따라주는 게 좋다. 조금 손해를 본다는 생각으로 협상에 응해야 한다. 지나치게 욕심을 부리면 서로에게 상처를 줄 수 있다.

차선책으로 낙찰자가 다른 공유자들의 지분을 인수하는 방법이 있다. 공유자들이 자금 여유가 없다면 낙찰자가 나머지 지분을 인수하면 된다. 낙찰자 입장에서는 지분 전부를 인수하는 것도 나쁘지 않다. 특히 미래 가치가 좋은 물건이라면 기대 이상의 수익을 올릴 수 있다. 공유지분권자와 합의해서 제3자에게 넘기고 매각대금을 지분 비율대로 나누는 방법도 있다. 지분 전체를 시세대로 매각해서 대금을 나누는 방식이다. 하지만 잘 팔리지 않을 경우 시간이 오래 걸릴 수 있다. 또 다른 방법은 지분 전체를 임대하여 임료를 받아 지분 비율대로 나누는 것이다. 상황에 따라 다양한 방법으로 해결할 수 있으니 공유자들과 잘 협의하여 진행하면 된다.

협의가 잘되지 않을 때

낙찰자가 공유물 분할을 청구할 수 있다. 형성권(形成權, 계약 해제 등과 같이 권리자의 일방적 의사 표시로 법률관계를 발생, 변경, 소멸시키는 권리)으로 분할 청구 의사 표시에 따라 공유자는 분할에 관해 협의할 의무가 있다. 다른 공유자들은 원하지 않더라도 분할에 응해야 한다. 이때 공유자 중 한 사람이 이 공유지분을 점유하고 있는 경우 부당이득반환청구 소송을 제기한 후 판결문을 가지고 다른 지분 소유자를 상대로 강제경매를 신청한다. 낙찰자는 경매를 통해 지분에 해당하는 투자금을 회수할 수 있다. 우량 물건이라면 공유자 우선매수청구권을 행사해 나머지 지분을 취득해도 된다. 아니면 공유물분할청구 소송을 해서 경매를 통해 투자금을 회수하거나 경매에 직접 참여하여 낙찰받아도 된다.

공유자가 점유하고 있지 않는 경우에도 다른 공유자들을 상대로 공유물분할청구 소송을 하고 경매를 통해 투자금을 회수하거나 물건이 좋으면 직접 낙찰받아도 된다. 공유물분할청구 소송 판결에 의한 공유물 분할 경매의 특징을 살펴보면 다음과 같다.

첫째, 공유자 우선매수청구권이 인정되지 않는다. 공유자 우선매수청구권은 공유물 일부를 취득했을 때 적용되는 규정이고, 공유물 분할 경매는 공유물 전체에 대한 경매이기 때문이다.

둘째, 공유물 분할 경매는 형식적 경매 절차를 밟기 때문에 등기사항증명서의 근저당권이나 가압류 등 제한 사항이 말소되지 않고 인수될 수 있다. 따라서 매각물건명세서에 특별매각조건이 있는지를 확인하고 입찰해야 한다. 실제 경매에서는 공유물 분할 경매도 말소주의를 원칙으로 하기 때문에 특별매각조건에 인수할 권리가 없으면 안심하고 입찰해도 된다.

셋째, 임의경매와 달리 형식적 경매의 피신청인(채무자, 공유자)은 입찰에 참가하여 낙찰받아도 된다.

지분물건 소송하는 방법

공유물 분할은 협의 분할이 원칙이고 협의되지 않을 경우 재판상 분할을 한다. 공유물이 분할되면 종전 공유물에 존재하던 제한물권(制限物權), 가압류 등은 분할된 토지에 그대로 옮겨진다. 경매를 통해 공유물을 분할할 경우 매수인이 인수한다는 조건이 없으면 소멸하는 것이 원칙이다.

조정

공유지분을 낙찰받으면 최대한 협의하도록 노력해야 한다. 서로 자기 이익을 강하게 주장하거나 공유자가 무관심과 무대응으로 일관하면 법원에 공유물분할청구 소송을 제기한다. 소장을 받고 나면 반응이 달라진다. 어떤 경우에도 낙찰자보다는 자신이 손해라는 것을 알게 되기 때문이다. 이때 협상을 제의하는 경우도 많다. 실제 소송이 진행되어도 판사가 조정을 유도하고, 지분물건의 60%가 이 과정에서 해결된다.

소송

조정에 실패하면 공유물분할청구 소송을 진행한다. 공유물은 현물분할이 원칙이다. 현물분할이 곤란하거나 현물분할을 했을 때 부동산 가치가 현저히 떨어질 경우 경매를 해서 낙찰 대금을 지분 비율대로 나눈다. 지분물건의 20%가 이 절차에서 해결된다. 대부분 협의나 조정으로 해결된다는 뜻이니 큰 부담 없이 도전해보자.

06

지분경매 투자 성공 사례

사례요약

서울시 성북구에 위치한 임야이다. 지분권자는 총 4명이고 권리관계는 너무 복잡해서 일일이 나열하기도 어렵다. 이 토지는 서울시에서 공원의 도로 부지로 지정된 토지이다. 공원으로 지정되어 있기 때문에 가급적 싸게 낙찰받아야 한다. 나중에 서울시에 수용될 때 지금의 감정가 보다는 높게 책정되겠지만 싸게 받으면 그만큼의 차익을 볼 수 있기 때문이다. 감정가 159,140,000원에서 6차까지 떨어져 최저 입찰가는 33%인 52,147,000원으로 떨어졌다. 110평 정도 되는 길쭉한 도로용 토지이다. 이 물건을 잘 설명하기 위해서는 토지수용 보상과 보상경매, 도로경매에 대해서 언급을 해야 하나 너무 방대한 내용이고 어려운 문제이기 때문에 모두 언급

서울북부지방법원 대법원바로가기 법원안내 | 가로보기 | 세로보기 | 세로보기(2)

2015 타경 69○○(강제)	매각기일 : 2016-06-13 10:00~ (월)	경매3계 02-910-3673

소재지	서울특별시 성북구 돈암동 산○○				
용도	임야	채권자	케○○○○○○○○○○○○○	감정가	159,140,000원
지분토지	365m² (110.41평)	채무자	조○○	최저가	(33%) 52,147,000원
건물면적		소유자	조○○○○	보증금	(10%)5,214,700원
제시외		매각대상	토지지분매각	청구금액	100,000,000원
입찰방법	기일입찰	배당종기일	2015-06-22	개시결정	2015-04-10

기일현황 간략보기

회차	매각기일	최저매각금액	결과
신건	2015-12-14	159,140,000원	유찰
2차	2016-01-25	127,312,000원	유찰
3차	2016-03-14	101,850,000원	유찰
4차	2016-04-11	81,480,000원	유찰
5차	2016-05-09	65,184,000원	유찰
6차	2016-06-13	52,147,000원	매각
주식회사/입찰2명/낙찰61,110,000원(38%) 2등 입찰가 : 61,100,000원			
	2016-06-20	매각결정기일	허가
	2016-07-26	대금지급기한 납부 (2016.07.06)	납부
	2016-08-04	배당기일	완료

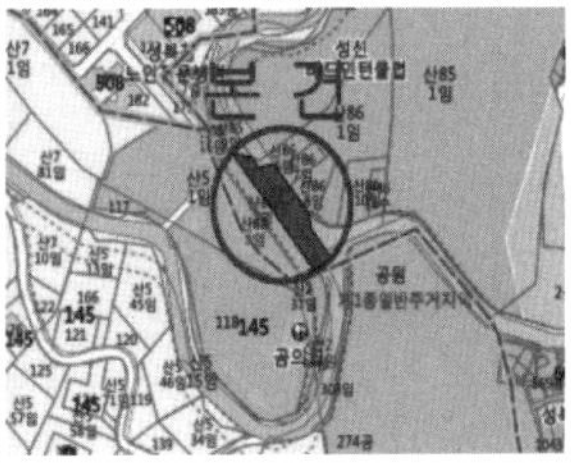

주의사항 / 법원문건접수 요약	.공부상 지목은 임야이나 현황 일부가 도로임. 본건 대상토지 중 도로부분의 위치와 면적, 본건 토지와 인접필지간의 지적경계 등 지적개황이 불명확하고 도로부분의 정확한 위치 및 면적 등 정확한 지적개황의 확인을 위해서 정밀측량이 필요할 수 있음에 유의하시기 바랍니다.(감정평가서 참조) 2015-05-12 감정인 다원감정평가사사무소 감정평가서 제출기한 연기 요청 제출

하기 어렵다. 토지 보상과 보상 경매 전문 행정사 업무를 하고 있기 때문에 강의시간을 이용해 보상경매에 대한 짭짤한 꿀팁을 제공하고자 한다.

저가 낙찰을 위한 입찰 전략

이렇게 6회 차 이상 많이 떨어진 경매 물건에 입찰할 때는 입찰가를 결정 작전을 잘 세워야 한다. 통상 경매 입찰자들은 이렇게 많이 유찰된 물건은 직전 최저가, 즉 5차 유찰가를 넘기지 않고 입찰가를 결정하려고 한다. 왜냐하면 기왕에 많이 떨어진 물건인데 싸게 사야 한다는 생각을 하기 때문이다. 그래서 고민이 많이 되었다. 5차와 6차 유찰가의 중간에서 낙찰가를 결정해야 한다. 5차와 6차 사이의 가격 차이는 약 1,300만 원 정도다. 이 1,300만 원의 중간가격 선에서 입찰가를 쓰기로 결정하고 법원으로 향했다.

법원은 여전히 북적인다. 경기가 좋다는 말은 한 번도 들어 본적이 없지만 경매 법정에만 오면 경기가 괜찮은 모양이구나 하는 생각을 한다. 법인 명의로 받기 위해 다시 한 번 법인 준비 서류와 인감을 확인하고 입찰가를 썼다. 설마 누가 이런 쓸모도 없고, 나중에 수용되면 어떻게 될지도 모르는 땅을 낙찰받으려고 할까 하는 생각도 들었다. 그래서 생각했던 것보다 조금 낮은 금액인 61,110,000원으로 썼다. 초조한 마음으로 법원을 둘러보니 학원에서 많이 온 것 같다. 삼삼오오 모여서 대화하는 것이 강사가 수강생들을 교육하는 모습이다. 드디어 우리 차례가 왔다. 총 2명이 입찰했다. 경쟁률은 2대 1이다. 승산이 있다는 생각이 들었다. 결국 우리가 최고가 매수인이 되었다. 그런데 뒤에서 술렁거리는 소리가 났다. 나는 무슨 영문인지도 모르고 기분만 들떠 있었다.

나중에 알고 보니 2등과 불과 10,000원밖에 차이가 안 났다. 그래서 사람들이 술렁거렸던 것이다. 정말 아슬아슬한 순간이었다. 지금도 항상 강조하지만 경매 입찰가를 쓸 때는 반드시 꼬리달기를 해야 한다. 즉 만 원 단위까지 반드시 써야 한다. 이 꼬리달기를 하지 않아 떨어지는 경우가 너무 많다.

서울시에 내 땅을 팔다

이 땅은 앞에서 언급했듯이 장기미집행도시계획 시설(도시를 건전하게 발전시키고 공공복리를 증진하기 위해 도시계획에 따라 고시한 시설을 도시계획시설이라 한다. 건설교통부가 고시하는 이 시설에는 도로·공원·녹지·학교·광장·유원지 등 52개 종류가 들어간다)이다. 일명 미불용지(종전에 시행된 공공사업의 부지로서, 보상금이 지급되지 않은 토지를 말한다. 원칙적으로 공공사업에 편입된 토지는 사업시행 이전에 보상을 하여야 한다. 그러나 사업주체의 예산부족 사정으로 보상이 지연되고 있는 토지를 말한다. 예로 공원으로 지정되었으나 장기간 토지보상이 안 되거나 도로로 사용 중이면서 보상이 안 된 토지가 해당된다)이다. 따라서 우리는 낙찰을 받고 서울시에 매수계획을 물어봤다. 서울시에서도 지금 당장 어떻게 하겠다는 계획은 없어 보였다. 그래서 보상금을 조금이라도 더 빨리 받기 위해 매수청구권(일방적 의사표시에 의하여 특정한 물건에 대한 매매계약이 성립한 것과 같은 법률효과를 발생시키는 권리)을 행사하기로 하고 행정소송을 제기하자 서울시에서 토지를 매수하겠다는 연락이 왔다. 단 현재는 예산이 부족하니 확보되는 대로 최대한 빨리 매수하겠다고 약속했다.

감정가로 매수하기 때문에 시간이 조금 지연된다고 해서 우리에게 손해는 없기 때문에 기다리면 되는 것이다. 왜냐하면 땅값은 시간이 갈수록 올라가기 때문이다. 부동산 감정평가는 시점 수정이라는 것이 있어서 시간이 지날수록 평가가격이 올라가게 되어 있다.

PART 6

기타 특수물건 투자

01

선순위 임차권 무상거주, 가장 임차인 찾아내는 비밀의 열쇠

선순위 임차권 투자 전략

1,000만 원 이하로 투자할 만한 물건을 검색하다 아주 특이한 물건을 하나 발견했다. 충북 제천 시내에 있는 4층짜리 빌라 중 한 채가 경매로 나온 것이었다. 감정가는 4,000만 원이었는데, 10여 차례 유찰되어 최저가가 200여만 원에 불과했다. 서울에서 먼 데다 잘 모르는 지역이어서 응찰할 계획은 없었지만 어떤 물건인지 한 번 살펴보고 싶었다.

이미 몇 차례 낙찰되었으나 매번 잔금을 내지 않아 다시 경매에 나온 물건이었다. 임차인 내역을 확인해보니 보증금 2,500만 원에 전입신고 일자가 빨라 대항력도 있고 확정일자도 받아 우선변제권이 있는 상태였다. 이 임차인은 배당요구를 하면 보증금을 배당받을 수 있는 상태였다. 물론 배당요구도 했다. 임차인은 낙찰 금액에 따라 보증금 전액 또는 일부를 배당받는 것이기 때문에 임차보증금 2,500만 원 이상으로 입찰하면 인수할 것 없는 깔끔한 물건이었다. 그런데도 계속 유찰된 것을 보면 다른 이유가 있는 것이 분명했다.

법원 문건접수 내역을 유심히 살펴보니 임차인이 배당요구 종기일 이후에 배당요구를 한 것이다. 배당요구가 되지 않아 낙찰자가 보증금 전액을 떠안아야 하는 상황이었다. 앞서 낙찰받은 4명은 임차인이 배당요구를 통해 어느 정도 받아가기 때문에 일부만 인수할 것으로 생각하고 입찰했던 것 같다. 임차보증금을 낙찰자가 전액 떠안아야 한다면 큰 실익이 없다. 임차인 현황을 다시 한 번 유심히 살펴보니 법인이었다. 회사가 직원들의 숙소로 빌라를 임대하고 계약서를 작성했지만 전입신고는 실제 거주하는 개인으로 되어 있었다. 법인 명의로는 「주민등록법」상 당연히 전입신고를 할 수 없기 때문이다. 법인은 대항력을 인정해주지도 않을 뿐만 아니라 「주택임대차보호법」의 대상(중소기업기본법 제 2조에 해당되는 법인 제외)도 아니다. 이런 단순한 원칙을 몰랐던 낙찰자들은 지레 겁을 먹고 잔금 납부를 포기한 것이다.

이 물건은 현재의 최저가로 낙찰받아도 보증금을 한 푼도 인수하지 않는다. 200만 원으로 4,000만 원짜리 빌라를 살 수 있는 것이다. 낙찰받고 다시 2,500만 원에 전세를 놓으면 세금 한 푼 없이 2,000만 원 이상의 수익을 올릴 수 있다.

제천이 고향이고 직장은 서울인 친구에게 이 물건을 권했다. 그의 아내는 제천에서 고등학교 선생님으로 근무하고 있는 주말 부부였다. 내가 입찰표를 써주고 친구의 아내가 법원에 가서 입찰했다. 250만 원에 단독 입찰하여 낙찰받았고, 보증금 300만 원에 월 40만 원의 월세를 받고 있다. 그런데 월세 보증금으로 300만 원을 받았다. 오히려 50만 원이 남았고, 월세는 꼬박꼬박 들어오고 있다. 금액은 얼마 안

되지만 수익률로 따지면 얼마인가? 나중에 제 가격에 팔아도 엄청난 수익을 올리는 셈이다.

선순위 임차권이란?

전세권을 설정하지 않은 단순 임차권은 채권에 불과하다. 채권은 해당 채무자에게만 권리를 주장할 수 있다. 채권은 선순위라고 해도 후순위인 저당권(물권)보다 우선하여 배당받지 못한다. 그런데 임차권이라도 확정일자를 받으면 「주택임대차보호법」에 따라 물권화되어 저당권과 동일하게 배당받는다. 임차인은 전입과 더불어 반드시 확정일자를 받아 대항력(對抗力, 유효한 권리를 제3자가 인정하지 않을 때 이를 물리칠 수 있는 권리와 능력)을 갖춰야 한다.

법원경매에 입찰 시 주의해야 할 것 중 하나가 '선순위 임차권'이다. 선순위 임차권이 있는 물건은 장점과 단점을 모두 갖고 있다. 장점은 유찰이 계속되어 최저입찰가격이 낮아진다는 것이다. 선순위 임차인이 배당요구를 신청해 낙찰가에서 전액 배당을 받으면 낙찰자는 인수할 금액이 보증금만큼 줄어들기 때문에 수익이 그만큼 커진다. 부동산을 인도받기도 쉬울 수 있다.

단점은 선순위 임차인이 배당요구를 신청하지 않을 경우 임차보증금 전액을 낙찰자가 부담해야 한다는 것이다. 대항력 있는 선순위 임차인이 있을 경우에는 배당요구를 했는지 살펴봐야 한다. 또 임차인이 배당요구를 한 경우에도 보증금 전액을 배당받는지 일부만 받는지를 분석해야 한다. 임차인이 배당요구를 하고 전액 배당받으면 부담 없이 입찰해도 된다. 그러나 일부만 배당받으면 배당받지 못한 보증금을 낙찰자가 부담해야 하므로 그 금액을 감안하고 입찰해야 한다. 선순위 임차인이 배당요구를 하지 않고 그 보증금을 낙찰자가 부담해야 한다면 보증금을 내주고도 이익이 발생할 때까지 유찰되도록 기다려야 한다.

대항 요건을 갖춘 선순위 임차인

선순위 저당권이 없는 주택을 임차하여 입주하고 전입신고를 마치면(대항 요건 = 주택 인도 + 전입신고) 그다음 날 0시부터 대항력이 발생한다. 대항력이란 임차 주택의 소유권이 변동되더라도 존속 기간을 보장받고 임차보증금도 보호받는 권리를 말한다. 집주인이 바뀌거나 살던 집이 경매로 넘어가도 임대차 기간 동안 새로운 소유자의 간섭 없이 거주할 수 있고, 임대차 기간이 종료되면 보증금을 돌려받을 수 있다.

대항 요건을 갖추고 임대차계약서에 확정일자를 받은 임차인은 주택이 경매·공매될 경우 배당요구를 신청함으로써 낙찰 대금에서 후순위 권리자나 그 밖의 일반 채권자보다 우선하여 보증금을 변제받을 권리가 있다.

임대보증금이 소액인 경우(「주택임대차보호법」 시행령에서 정한 금액) 임차 주택이 경매되더라도 낙찰가액의 2분의 1 범위 내에서 일정 금액을 다른 모든 담보물권자보다 최우선하여 변제받을 권리가 있다. 다만 이러한 보호를 받기 위해서는 임차 주택에 대한 경매개시결정기입등기가 이루어지기 전까지 대항 요건(주택 인도 + 전입신고)을 갖추고 배당요구 종기일까지 배당요구를 해야 한다.

가장 임차인 찾아내기

겉으로는 대항력이 있는 것으로 보이지만 실제로는 대항 요건이 결여된 임차인을 '가장 임차인'이라고 한다. 주로 가족이나 친인척 사이에 고액의 임차보증금으로 선순위인 대항 요건을 악용하는 경우와 소액 임차인으로 최우선변제권을 행사하기 위해 경매개시결정기입등기 전에 고의로 대항 요건을 갖춘 경우이다. 친인척 간에 대항력이 성립하는 경우는 형제간, 성년의 부자간, 친인척 간(안 되는 경우도 있음), 자녀가 부모나 배우자 부모의 집에 전세를 사는 것이다. 그러나 부부 사이, 부모와 미성년 자녀 간, 부모가 자식의 집에 전세를 사는 경우는 대항력이 성립하지 않는다.

가장 임차인 여부 조사 방법

첫째, 주민등록 전입세대 열람을 통해 소유자 외 다른 사람이 전입됐는지 확인한다. 담당 공무원에게 점유자와 소유자의 관계를 확인한다.

둘째, 근저당권을 설정해준 은행을 찾아가서 무상거주 확인서나 불거주 확인서, 임대차 사실 확인서 등을 받아놓은 것이 있는지 확인한다. 가장 또는 허위 임차인은 대부분 여기서 밝혀진다.

셋째, 관리사무소 등을 찾아가 밀린 관리비와 공과금 등이 있는지, 누구에게 부과되는지 확인한다.

넷째, 세입자를 만나 실제 임차인 유무와 임차보증금을 확인한다. 정확한 정보를 얻을 수 있으나 세입자를 만나기가 쉽지 않다.

다섯째, 경비원이나 이웃 주민을 통해 누가 살고 있는지 확인한다.

어제는 소유자, 오늘은 임차인인 경우의 대항력

어제까지는 소유자였는데 오늘은 임차인인 경우 대항력이 없다. 반대로 어제는 임차인이고 오늘은 소유자인 경우는 어떨까? 예를 들어 '갑'이 10년 전부터 자신이 살고 있는 집을 2019년 3월 1일 '을'에게 매도한 다음 '갑'이 1억 원의 임대료를 '을'에게 주고 그 집에 계속 살기로 했다면 '갑'은 10년 전부터 대항력이 있는 것인가? 결론적으로 '갑'은 '을'에게 소유권을 이전해준 2019년 3월 2일 0시부터 대항력을 가진다. 이런 경우는 안심하고 입찰해도 된다. 실전에서 전입일자는 빠르지만 대항력이 없는 대표적인 사례 중 하나가 어제는 소유자 오늘은 임차인인 경우와 부부간 또는 친인척 간의 임대차이다.

무상거주 확인서

가장 임차인을 찾아내는 방법 중의 하나가 무상거주 확인서이다. 예를 들어 집주인이 갑자기 돈이 필요해서 집을 담보로 대출을 받고 싶은데, 대항력 있는 임차인이 있으면 은행에서 대출을 해주지 않거나 임차보증금만큼 빼고 대출을 해준다. 집주인이 임차인을 설득해서 "임대차 계약을 체결하지 않고 무상으로 거주한다"는 확인서를 작성해 은행에 제출하고 대출을 받았다면 어떻게 될까? 여러 가지 논란은 있지만 통상적으로 임대차가 없는 것으로 본다.

다가구주택과 다세대주택의 대항력

다가구주택과 다세대주택은 대항력 구비 요건이 다르다. 다가구주택은 「건축법」에 따라 단독주택에 해당되어 전입신고는 지번까지만 기재하면 된다. 호수 구분은 거주자의 편의상 구분해놓은 것이기 때문이다. 그러나 다세대주택은 공동주택에 해당하므로 명칭이나 동·호수까지 기재해야 대항력이 성립한다. 최초 전입 당시에는 다가구주택이어서 지번까지만 전입신고를 했는데, 다세대주택으로 용도가 변경된 경우 임차인은 전입 당시 취득한 대항력을 유지할 수 있을까? 원칙적으로 대항력을 인정받기 위해서는 특수 주소 변경을 해야 한다. 그러나 대법원 판례는 특수 주소 변경을 하지 않아도 대항력을 인정해주었다.

02

선순위 전세권, 2가지 조건만 찾으면 수익은 2배

선순위 전세권 투자 전략

선순위 전세권은 누구도 깰 수 없는 견고한 성이라는 선입견을 갖고 있다. 견고한 성일수록 틈새를 파고들어야 성을 무너뜨리고 승리의 깃발을 꽂을 수 있다. 부동산 경매를 할 때는 어려운 권리라고 외면하면 안 된다. 어떤 권리든 항상 허점이 있게 마련이다. 선순위 전세권이라는 막강한 권리가 버티고 있다고 해서 미리 겁먹고 피한다면 달콤한 승리를 맛볼 수 없다.

선순위 전세권이 버티고 있는 물건은 하염없이 유찰되어 선순위 전세권 보증금을 인수하고도 이익이 남을 만큼 떨어졌을 때 낙찰받아야 한다. 가격이 떨어지기만 하는 물건이 허세만 등등하고 실제로는 아무런 능력이 없다면 어떨까? 간단한 논리로 부실함을 밝힐 수 있다. 아무리 기세등등한 선순위 전세권이라도 무너질 여지가 많다. 선순위 전세권은 전세권자가 경매를 신청하거나 배당요구를 하면 말소기준권리(부동산이 경매로 낙찰되면 말소되는 권리의 기준이 되는 권리로 근저당권, 가압류, 담보가등기, 경매개시결정기입등기, 전세권 등이 있다)가 되어 소멸한다. 이 간단한 논리를 몰라서 좋은 물건을 놓치는 것이다.

선순위 전세권이 설정된 것 중에 말소기준권리 조건에 들어온 물건은 과감하게 낙찰받아 수익을 챙겨야 한다. 전세권을 검토하다 보면 가끔 전세권 자체가 경매로 나온 경우가 있다. 예를 들어 어떤 사람이 아파트에 전세권을 설정하고 살고 있는데, 사업이 잘못되어 아파트 전세권까지 경매로 나왔다. 이때의 전세권은 어떤 의미일까? 그냥 현금이다. 현금(전세금)이 경매로 나온 것이다. 더 재미있는 것은 이 현금 감정평가 금액이 원금보다 약 20% 낮게 나온다는 것이다. 예를 들어 1억 원짜리 전세권의 감정가가 8,000만 원으로 나온다. 더 재미있는 것은 아무도 낙찰받지 않아 유찰이 거듭된다는 점이다. 이런 물건은 얼마에 낙찰받았든지 간에 전세 기간이 끝나면 집주인에게 전세금을 돌려받으면 된다. 어려운 물건으로 보인다고 그냥 넘어가지 말고 꼼꼼히 살펴보면 좋은 기회를 만들 수 있다.

전세권이란?

전세금을 지급하고 타인의 부동산을 점유하여 용도에 따라 사용·수익하며, 그 부동산 전부에 대하여 후순위 권리 채권자보다 전세금을 우선변제받을 수 있는 권리를 전세권이라고 한다.

부동산 경매에서 말소기준권리보다 앞선 선순위 전세권은 저당권자 등이 경매 신청을 하더라도 말소되지 않고 낙찰자에게 인수되지만, 전세권자가 배당요구를 하면 매각(낙찰)으로 소멸된다. 최선순위 전세권은 실제 존속 기간이 지났는지 상관없이 오직 전세권자의 배당요구에 의해서만 매각(낙찰)으로 소멸된다. 첫 경매개시결정기입등기 전에 등기되어 있더라도 자동 배당되지 않기 때문에 반드시 배당요구를 해야 한다.

임차인이 전세권과 임차권 중에 하나만 선택해야 한다면 당연히 물권인 전세권을 선택할 것이다. 그러나 경매를 생각한다면 오히려 임차권이 더 유리하다. 「주택임대차보호법」에서는 임차권이 일정한 요건만 갖추면 물권화하여 대항력을 갖추기 때문이다. 임차인 입장에서 집주인이 꺼리는 전세권보다 전입과 동시에 확정일자를 받는 것이 보증금을 지키는 가장 좋은 방법이다. 상가건물은 보증금 한도가 있기 때문에, 이 한도를 넘어서면 전세권이 더 유리하다.

| 전세권과 주택임차권의 비교 |

구분	전세권	주택임차권
설 정	건물 등기사항전부증명서	확정일자 날인
비용	등록세(전세금의 0.2%) 교육세(등록세의 20%)	600~1,000원
임대인 동의	임대인 동의 필요	임대인 동의 불필요
효력	건물에만 효력 승계 임대인 동의 없이 전전세 가능	임대인 동의 없이 토지, 건물 전부 제3자 효력 승계 불가
거주/전입신고	거주/전입신고 불필요	거주/전입신고 필요
관공서	등기소	등기소, 공증사무소, 동사무소, 구청
경매 신청	소송 없이 경매 신청 가능	지급명령 결정문 또는 소송 판결문이 있어야 가능
존속 기간	최단 1년, 최장 10년	최단 2년, 최장 기간 제한 없음
대항력 기산일	전세권 설정일	주택 인도 + 전입신고 다음 날 0시
우선변제 기산일	전세권 설정일	대항력 + 확정일자 중 늦은 날
최우선변제	불가	가능

출처 : 「민법」 제303조와 「주택임대차보호법」

선순위 전세권이 말소기준등기(권리)가 되는 경우

전세권은 제한적으로 말소기준등기(권리)가 될 수 있다. 전세권자는 전세금을 반환받기 위해 전세 목적물에 대한 임의경매를 신청할 수 있는데, 선순위 전세권자가 경매를 신청한 경우에는 말소기준권리가 되어 저당권, 근저당권, 가압류, 압류, 가처분, 가등기 등을 말소시킨다.

선순위 전세권자의 설정 범위가 건물의 전부이면서 배당요구를 했거나 경매 신청을 한 경우에는 말소기준권리가 되어 매각(낙찰) 시 소멸된다. 하지만 설정 범위가 건물의 일부인 경우에는 말소기준권리가 되지 못하고, 이때 배당을 신청했다면 매각 시 소멸만 될 뿐이다. 매각(낙찰) 시 선순위 전세권이 소멸되는 것으로 잘못 알고 선순위 전세권자를 대상으로 부동산 인도명령을 신청하는 경우도 있다. 이때 법원에서는 선순위 전세권자에게 심문서를 발송하고 답변을 받은 후 인도명령 신청을 기각한다. 결국 낙찰자는 선순위 전세권의 채권 금액을 변제해야 한다.

선순위 전세권은 경매로 낙찰되어도 법원이 직권말소를 하지 않기 때문에 낙찰자가 그대로 인수해야 한다. 낙찰자는 전세금을 변제할 의무가 있는 것이다. 선순위 전세권 권리분석의 핵심은 인수하는 것이 원칙이고 예외적으로 소멸하는 것이다. 선순위 전세권이 소멸하는 경우는 2가지뿐이다. 선순위 전세권자가 배당요구를 하거나 경매를 신청하면 존속 기간의 유무와 관계없이 매각(낙찰)으로 소멸한다.

대항력 있는 임차인이 전세권까지 설정한 경우

주택임차인이 우선변제를 받을 수 있는 권리와 전세권자가 우선변제를 받을 수 있는 권리는 근거 규정과 성립 요건이 다르다. 「주택임대차보호법」에 따라 대항력을 갖춘 임차인이 임차 주택에 대하여 전세권 설정등기를 하면 주택임차인은 전세권자로서의 보호와 「주택임대차보호법」의 보호를 모두 받을 수 있다.

선순위 전세권자와 임차인이 동일하고 선순위 전세권자가 경매를 신청한 경우 낙찰 금액이 선순위 전세보증금보다 적어 채권 금액을 전부 배당받지 못하고 남아 있다면 임차인의 보증금은 어떻게 될까?

전세권 설정일이 전입일보다 빠르고 전세권이 말소기준권리가 되면 임차인은 낙찰자에게 회수하지 못한 보증금을 변제하라고 요구할 수 없다. 반면 전입일이 전세권 설정일보다 빠르면 낙찰자에게 임차권을 가지고 대항할 수 있으므로 회수하지 못한 보증금을 낙찰자에게 변제하라고 요구할 수 있다.

「주택임대차보호법」에 따라 대항력 있는 임차인이 임차 주택에 대하여 전세권 설정등기를 한 경우, 임차인은 전세권자로서의 지위와 대항력 있는 임차인으로서의 지위 중 유리한 쪽을 선택할 수 있다. 예를 들어 '갑'이 임차한 주택에 2019년 3월 4일 1억 원의 전세권 설정등기를 하고 살던 중 집주인이 2019년 4월 1일에 대출을 받으면서 근저당권을 설정하자, '갑'은 전세권 설정만으로는 안심이 되지 않아 2019년 5월 3일 전입신고 후 확정일자까지 받았다.

'갑'은 전세권 설정일(2019년 3월 4일 9시)이 말소기준등기(근저당권 2019년 4월 1일)보다 빨라 전세보증금 전액이 보호된다. 이때 입찰자가 주의해야 할 점이 있다. '갑'은 임차권자이자 전세권자의 지위로 배당요구를 할 수 있다는 것이다. '갑'이 전세권자의 지위로 배당요구를 하면 전세권은 매각(낙찰)으로 소멸된다. 반면 임차권자 지위로 배당요구를 하면 전세권은 소멸하지 않는다. '갑'이 전액 배당(1억 원)을 받으면 문제없지만 부족분이 발생하면 그 금액만큼 낙찰자가 인수해야 한다. 매각물건명세서의 점유자 현황을 꼼꼼히 살펴봐야 하는 이유다.

선순위 전세권이 배당요구 후 배당요구를 철회한 경우

선순위 전세권자가 배당요구를 하지 않으면 낙찰자는 전세보증금을 인수해야 한다. 배당요구를 했다면 우선순위로 배당을 받고, 배당금으로 부족한 경우 전세권자는 무담보 채권으로 다른 재산에 대해 가압류 후 강제집행을 거쳐 회수해야 한다. 그러나 현실적으로 집이 경매로 넘어간 집주인이 다른 재산을 가지고 있기는 어렵다. 사실상 회수하기 어렵다고 할 수 있다. 이런 점이 대항력 있는 임차권과 선순위 전세권의 가장 큰 차이점이다.

선순위 전세권자가 배당요구 종기일 이전에 배당요구 신청을 했다가 배당요구 종기일 이전에 배당요구 신청 철회서를 제출했다면 배당요구를 하지 않은 것으로 본다. 가끔 선순위 전세권자가 배당 신청 후 배당요구 종기일 이후에 철회한 경우도 있는데, 배당 신청을 하지 않은 것으로 오해하지 않도록 주의한다. 배당 철회는 배당요구 종기일 이전에 해야만 효과가 있다.

03

경매 고수들도 두려워하는 선순위 가처분 해결 방법

선순위 가처분 투자 전략

거듭 강조했듯이 아무리 어려운 권리도 틈새가 있게 마련이다. 선순위 가처분은 웬만해서는 도전하지 못하던 시절이 있었다. 그러나 지금은 무시무시한 권리를 가진 선순위 가처분에도 틈새를 찾을 수 있다. 경매시장에 나와 있는 선순위 가처분은 이미 목적을 달성하여 효력이 없는 것들이 많기 때문에 증거만 찾으면 문제는 간단히 해결되고 달콤한 수익이 부상으로 따라온다. 대법원 홈페이지에 회원가입을 하고 관련 판례를 다운로드해서 볼 수 있고, 진행 중인 사건은 방문해서 열람할 수 있다. 시중의 유료 사이트에서도 일부 가처분 사건에 대한 판결 결과를 확인할 수 있다.

가처분 등기를 하고 3년 이상 아무런 조치를 하지 않은 경우 그 이유를 찾아낸다면 큰 수익을 얻을 수 있다. 「민사집행법」이 제정되기 전에는 가처분이 등기사항 전부증명서에 등재된 후 10년이 지나면 채무자나 이해관계인의 신청으로 취소할 수 있었다. 그러나 2002년 1월 26일 「민사집행법」이 시행되면서 그 기간이 5년으로 단축되었고, 다시 법이 개정되어 2005년 1월 27일부터는 3년이 지나면 선순위 가처분을 취소할 수 있다. 선순위 가처분이 걸려 있는 경매물건 중에서 장기간 가처분 상태가 방치되어 취소 기간이 지난 것들을 찾아서 입찰하면 된다. 이미 목적을 달성했거나 본안소송 제기 기간이 지난 가처분은 쉽게 말소할 수 있다.

가처분이란?

특정 재산에 대하여 어떤 권리를 주장하는 자가 그 재산을 현 상태로 묶어놓기 위한 등기를 가처분이라고 한다. 채권자가 채무자의 재산에 가처분등기를 하면 채무자는 그 재산을 제3자에게 마음대로 양도할 수 없다.

가처분에는 '점유이전금지가처분', '소유권이전등기청구권가처분', 사해행위 취소 등 원인 무효에 의한 '소유권이전등기말소가처분', 전세를 비롯해 기타 매매 행위 등을 하지 말라는 '매매이전금지가처분' 등이 있다. 법률상 예비적인 압류 조치 행위를 '보전처분'이라고 하는데, 이것은 자격을 가진 사람이 언제든지 집행권원(법원이 인정해주는 권리문서)에 의해 자의적으로 신청하거나 취소할 수 있다.

가처분을 신청한 뒤 자의로 취소하고 나서도 얼마든지 다시 가처분을 신청할 수 있다. 하지만 법원 판결에 의해 가처분을 강제로 취소하라는 판결이 내려지고 확정되면 일사부재리 원칙에 의해 다시 가처분을 하기 힘들다. 따라서 가처분이 등재되어 있으면 차후에 다시 가처분 행위를 할 수 있는지를 먼저 파악해야 한다. 특히 원인 무효에 의한 '소유권이전등기가처분'은 후순위라 하더라도 조심해야 한다.

선순위 가처분의 이해

선순위 가처분은 매수자(낙찰자)가 인수해야 하는 권리다. 일반 사람들은 이런 물건을 기피하기 때문에 반값 또는 그 이하로 떨어지는 경우가 많다. 하지만 가처분 등기의 목적을 잘 살피고 분석한다면 의외로 쉽게 큰 수익을 올릴 수 있다.

법률상 보전처분에는 가압류와 가처분이 있다. 보전처분이란 소송 진행 중 채무자가 재산을 빼돌리는 것을 막기 위해 확정 판결을 받기 전에 미리 채무자의 재산을 동결해두는 것을 말한다. 가압류는 금전에 대한 보전처분이고, 가처분은 부동산의 권리와 같은 금전 이외의 것에 대한 보전처분이다. 가압류는 금전적인 것이기 때문에 등기사항전부증명서에 금액이 표시되고, 가처분은 금전 이외의 것이므로 피보전 권리의 내용이 표시된다.

가압류와 가처분 모두 채권자의 일방적인 신청이기 때문에 권리가 확정되기 위해서는 본안소송을 거쳐 판결을 받아야 한다. 따라서 가압류와 가처분 채권자는 판결문이 있어야 경매 절차에서 배당받을 수 있다.

선순위 가처분은 말소기준권리보다 접수 일자가 빠른 가처분으로 낙찰자가 인수하는 것이 원칙이다. 하지만 선순위 가처분이라도 목적을 달성했다면 낙찰자가 '가처분 취소의 소'를 통해 말소할 수 있다. 따라서 선순위 가처분이 있는 물건은 피보전 권리가 무엇인지 파악하는 것이 중요하다.

선순위 가처분의 해법

선순위 가처분 등기가 되어 있는 물건은 우선 피하는 것이 바람직할 수 있으나, 이런 물건에도 의외의 수익을 올릴 수 있는 틈새가 있다. 틈새를 파고들 간단한 해법은 다음과 같다.

첫째, 선순위 가처분권자가 현재 소유자인 경우이다. 가처분을 해놓고 소송을 진행한 후 승소했거나, 전 소유자가 자발적으로 소유권을 넘겨준 것으로 추정된다. 승소했다면 등기사항전부증명서의 등기 원인란에 '확정 판결'로 기재되어 있을 것이다. 전 소유자가 자발적으로 소유권을 넘겨준 경우에는 '매매' 또는 '양도 계약'으로 기재된다.

이런 경우는 가처분을 말소하는 데 어려움이 없다. 이미 목적을 달성하여 효력이 사라진 가처분이기 때문이다. 낙찰받은 후 등기관에게 말소촉탁 형식으로 말소하면 된다. 아니면 잔금 납부 후 가처분 취소 신청을 하면 간단히 말소된다.

둘째, 일반적인 소유권이전청구권을 보전하기 위해서가 아니라, 근저당권 설정을 위한 가처분이다. 건물주가 채권자에게 돈을 빌리면서 근저당권을 설정해주기로 했는데, 건물주가 약속을 지키지 않자 추후에 근저당권설정청구 소송을 하기 위해 가처분을 해둔 경우이다. 예를 들어 토지를 담보로 공사 대금을 대출해주면서, 은행과 건축주가 건물이 완성되면 추가 근저당권을 설정하기로 한 경우가 많다. 이때 건물주가 약속을 지키지 않을 경우에 대비해 근저당권설정청구권을 피보전 채권으로 한 선순위 가처분을 해둔다. 또한 시공사가 건축 공사를 완료했는데도 공사 대금을 받지 못한 경우, 공사 대금 채권을 확보할 목적으로 가처분을 해두기도 한다. 이런 경우 등기사항전부증명서의 '을구'란에 가처분권자 명의의 근저당이 설정되어 있다면 이 가처분도 목적을 달성했기 때문에 무시해도 좋다.

등기사항전부증명서에 가처분권자 명의의 저당권이 설정되어 있지 않다면 이 가처분은 낙찰자가 인수해야 할까? 이럴 경우 법원의 문건접수 내역을 검토해봐야 한다. 가처분권자가 권리 신고와 배당요구를 했다면 경매에서 배당받겠다는 의지가 강한 것이다. 경매를 통해 배당을 받으면 가처분 목적이 달성되므로 취소될 수 있다. 그러나 가처분권자가 경매 절차에서 아무런 권리 신고를 하지 않았다면 낙찰자가 인수해야 할 수도 있다. 선순위 가처분권자가 근저당권설정청구 소송만 제기하면 선순위로 피담보채권 전액을 배당받을 수 있는데도 아무런 조치를 하지 않았다는 것은 의심해볼 여지가 많다. 선순위 가처분이 실효되었을 수 있으니 면밀히 조사해봐야 한다.

가처분을 설정하고 3년 이상 지났다면 효력이 상실되었는지 살펴봐야 한다. 가처분권자가 소송에서 패소했거나 합의해서 목적을 달성했을 수도 있다. 예를 들어 주택 매매 계약을 체결한 후 건물주가 이전등기를 해주지 않자 매수인이 처분금지 가처분을 걸어두었다. 그 후 건물주와 합의하여 계약을 해제했다면 이 가처분은 효력이 사라진다. 그런데 건물주가 바빠서 가처분을 말소하지 못했는데 갑자기 집이 경매로 넘어간 경우가 있다.

말소되지 않는 후순위 가처분을 조심해야 한다

말소기준권리 이후에 등기된 후순위 가처분은 낙찰로 말소되는 것이 원칙이지만 다음 2가지 경우에는 말소되지 않으므로 주의해야 한다.

첫째, 토지 소유자가 지상 건물 소유자에 대한 건물철거 또는 토지인도청구권 보전을 위하여 건물에 가처분등기를 한 경우이다. 건물에 대한 담보설정등기 또는 경매개시결정기입등기 이후에 이루어졌어도 낙찰로 말소되지 않는다. 집행법원은 물건명세서에 이를 기재하고 피보전 권리를 명확히 하기 위해 등기소에서 가처분 신청등본을 직권으로 교부받아 물건명세서에 첨부한다.

예를 들어 법정지상권이 성립하지 않는 토지의 낙찰자는 건물 소유자에 대해 건물철거 및 토지인도 소송을 해야 한다. 이때 토지 소유자는 그 지상 건물 소유자에 대한 토지인도청구권 보전을 위해 건물에 대한 처분금지가처분을 신청한다. 이런 경우 가처분이 후순위이거나 심지어 경매개시결정기입등기 이후에 설정되었어도 건물의 낙찰자는 후순위 가처분을 인수해야 한다. 즉 건물을 철거해야 한다. 이런 물건은 절대 낙찰받아서는 안 된다.

둘째, 소유권 다툼이 있는 가처분이다. 예를 들어 '갑' 명의로 등기가 되어 있는 부동산에 '을'이 저당권자로, '병'이 가처분권자로 등기되어 있는 경우이다. '병'이 그 부동산의 진정한 소유자이고, '갑'은 단순히 등기 명의자에 불과할 때는 후순위 가처분 등기의 말소 여부와 상관없이 경매로 낙찰자가 매각 대금을 완납하더라도 소유권을 취득할 수 없다. 우리나라는 등기의 공신력을 인정하지 않기 때문이다.

04

변신의 귀재 선순위 가등기의 비밀을 캐라

선순위 가등기 투자 전략

서울시 강동구 천호동 소재의 아파트를 서울보증보험이 강제경매 신청한 사건으로 등기부에 2013년 5월 12일 김ㅇㅇ의 가등기가 선순위로 올라 있다. 이런 경우에는 소유권이전청구권 보전을 위한 가등기인지, 담보가등기인지에 따라 투자 여부를 결정해야 한다. 소유권이전청구권 보전을 위한 가등기라면 말소되지 않기 때문에 낙찰자가 인수해야 한다. 김ㅇㅇ가 가등기에 기해 본등기를 하면 낙찰자의 소유권 등기는 직권으로 말소된다. 다행히 경매 절차에서 배당이 실시되기 전에 가등기권자가 본등기를 하면 낙찰자는 경매에 의한 매매 계약을 해제하고 납부한 낙찰대금을 반환받을 수 있다. 그러나 배당 절차까지 완료된 후에 본등기가 이루어지면

소재지	서울특별시 강동구 천호동 ##-##				
용도	아파트	채권자	서울보증보험	감정가	657,900,000원
대지면적	52.21m²(15.8평)	채무자	최○○	최저가	(51%)336,844,800원
건물면적	106.25m²(32평)	소유자	최○○	보증금	(10%)33,684,480원
제시 외		매각 대상	토지/건물 일괄매각	청구 금액	168,805,000원

임차인 현황		등기부상의 권리관계		
임차인 김해*	전입 : 2015. 4. 20. 확정 : 2015. 4. 20. 배당 : 2016. 9. 15. 보증금 : 150,000,000원	소유권	최○○	2012. 3. 24.
		가등기	김○○	2013. 5. 12. 소유권이전청구가등기
		가압류	신용보증기금	2013. 5. 26. 1,284,000,000원
윤○○ / 입찰 2명 / 낙찰 388,161,000원(59%) 2등 입찰가 : 351,100,000원		가압류	서울보증보험	2013. 6. 11. 110,000,000원
		강제경매	서울보증보험	2016. 6. 6.

별도의 소송을 통해 채무자 또는 이미 배당받은 채권자들을 상대로 담보책임을 물어야 한다.

선순위 가등기가 담보가등기라면 「가등기담보법」에 의해 경매 절차에서 저당권으로 취급되어 말소기준권리가 된다. 낙찰되면 담보가등기를 포함하여 후순위의 모든 권리가 말소되어 문제없다. 문제는 등기사항전부증명서만으로는 어떤 종류의 가등기인지 판단하기 어렵다는 것이다. 이런 경우 경매 집행법원은 가등기권자에게 가등기의 내용을 신고하라는 최고를 한다. 가등기권자가 소유권이전청구권 가등기권자라고 신고하면 매수인이 인수해야 하고, 채권의 원인 및 액수 등을 기재한 채권계산서를 제출하고 담보가등기라고 신고하면 낙찰 대금에서 배당되고 가등기는 말소된다. 관련 서류를 꼼꼼히 살펴보고 입찰을 결정해야 한다.

법원 문건접수 내역을 확인한 결과 가등기권자 김○○의 권리신고 및 배당요구 신청서가 제출되었다. 담보가등기가 되어 말소기준권리가 되므로 이후의 가압류, 강제경매개시결정기입등기 등은 모두 낙찰과 동시에 말소된다. 선순위 가등기가 있다는 이유만으로 누구도 거들떠보지 않는 동안 유찰을 거듭해 50%대까지 떨어졌다. 이런 물건을 찾아 선순위 가등기를 해결하고 낙찰받으면 수익을 챙길 수 있다.

선순위 가등기란?

등기사항전부증명서에 최선순위로 가등기가 있는 물건이 경매로 나오는 경우가 있다. 이러한 '선순위 가등기'는 말소기준권리보다 앞서므로 매각 이후 본등기가 이행되어 소유권을 빼앗길 수 있으니 특별히 주의해야 한다. 경매법정도 선순위 가등기가 유효한 것인지, 순위보전을 위한 것인지, 아니면 담보가등기인지 명확히 하여 매수인의 부담을 줄이려고 노력한다. 하지만 선순위 가등기의 권리 상태가 명확하게 밝혀지지 못한 채 경매가 진행되는 경우도 적지 않다. 낙찰 후 선순위 가등기에 의해 손실이 발생하더라도 본인이 책임을 떠안을 수밖에 없다.

이런 물건을 낙찰받으려면 가등기에 관한 본재판이 있었는지 여부와 결과를 철저히 조사해야 한다. 이미 본안판결(本案判決, 청구나 주장이 실질적인 이유가 있는지 여부를 판단하는 판결)로 권리관계가 확정되었는데도 등기사항전부증명서에는 이런 결과가 반영되지 못한 경우가 많다. 가등기권자 등 이해관계인을 직접 탐문하는 것은 기본이고, 관련 하급심 판결을 검색하는 것도 좋은 방법이다.

선순위 가등기의 경매 절차

최선순위의 소유권이전등기청구권 보전을 위한 가등기가 완료된 부동산은 가등기의 성격상 순위보전의 효력밖에 없기 때문에 압류 등기를 하고 경매를 진행해도 이론상으로 문제가 없다. 가등기는 본등기의 순위보전 효력만 있고, 본등기가 완료되면 본등기의 순위가 가등기한 때로 소급된다. 이때 가등기를 하고 본등기를 하기 전, 즉 그 중간에 이루어진 등기는 본등기보다 후순위가 되어 실효될 뿐이라는 것이다. 본등기에 의한 물권변동(物權變動, 물권의 발생·변경·소멸, 즉 소유권의 취득, 이전 등)의 효력이 가등기한 때로 소급하여 발생하는 것은 아니다. 대법원 판례에서도 선순위 가등기가 있다고 해서 반드시 경매 절차를 중지해야 하는 것은 아니라고 판단했다.

경매 절차 진행 중에 본등기가 진행되어 소유권이 넘어간 경우

예를 들어 '갑' 소유의 부동산에 대해 '을'이 선순위 가등기를 설정한 상태에서 '갑'의 채권자 '병'이 그 부동산을 경매로 넘겼다. 경매가 진행되는 중에 '을'이 가등기에 기한 본등기를 완료하면, 순위보전 효력에 따라 '을' 소유 부동산에 압류(경매 개시 결정) 절차가 진행되는 결과가 되어버린다. 결국 '을'의 채권자가 아닌 사람이 '을'의 재산에 대해 경매를 진행하는 셈이다. 이런 경우 법원은 「민사집행법」 제96조 제1항에 의해 경매 절차를 취소해야 한다.

가끔씩 가등기권자가 해당 부동산에 대한 이전등기를 마쳤는데도 가등기가 말소되지 않은 경우가 있다. 법리적으로는 가등기권자가 본인 앞으로 이전등기를 했다고 해서 당연히 가등기에 기한 본등기청구권이 '혼동'으로 소멸된다고 할 수 없다. 이런 선순위 가등기를 인수되지 않는 것으로 확신해서는 안 된다. 법원에서는 이런 점을 감안해서 매각물건명세서에 '말소되지 않는 선순위 가등기 있음(가등기권자가 현재의 소유자)'이라고 기재한 다음 경매를 진행하는 경우가 많다. 매각 허가 결정 과정에도 집행법원이 매수인에게 "가등기는 가등기권자 앞으로 본등기가 이루어졌기 때문에 효력이 없을 가능성이 크지만, 경우에 따라 취득한 소유권을 상실할 위험성이 있다"는 취지의 설명을 하면서 "이런 내용을 충분히 숙지했다"는 취지의 확인서를 낙찰자에게 요구하기도 한다.

대금 납부 후 배당 전에 본등기가 완료된 경우

대금을 납부하고 매각 절차가 이미 종결되었다면 「민사집행법」 제96조 제1항에서 정하는 매각 절차 취소 사유가 될 수 없다. 그러나 배당 이전이라면 「민사집행법」 제96조 제1항을 유추 적용하는 방법으로 집행법원에 대해 이미 납부한 낙찰 대금의 반환 청구를 인정한다. 가등기에 기한 본등기가 완료되면서 낙찰받은 소유권을 상실할 경우 해결 방법은 낙찰 대금을 반환받는 것이다. 「민법」 제578조 제1항에 따라 우선적인 반환 책임이 있는 채무자는 대부분 돈이 없는 경우가 많다. 따라서 2차적인 책임이 있는 배당 채권자의 능력이나 지위를 고려해서 입찰할 필요가 있다.

배당받을 채권자가 금융기관인 경우 담보책임을 부담할 능력이 충분하다. 따라서 최악의 경우 낙찰받은 부동산을 상실하게 되더라도 낙찰 대금 상당의 손해를 회복할 가능성이 높으니 선순위 가등기가 있더라도 과감하게 도전할 필요가 있다. 하지만 배당받을 채권자가 재력이 부족한 개인인 경우 입찰을 신중하게 판단해야 한다.

담보가등기일 경우

선순위 가등기의 성격이 담보가등기(擔保假登記, 채권담보를 목적으로 하는 가등기)인 경우 경매 진행에 아무런 제한이 없다. 낙찰 이후 촉탁등기(囑託登記, 등기는 당사자의 신청으로 하는 것이 원칙이나 예외로 법원이나 관공서가 등기소에 촉탁하여 등기하는 경우)를 통해 직권말소를 할 수 있다. 그러나 말소되지 않고 등기사항전부증명서에 그대로 인수되면 낙찰자가 처리해야 한다. 경매 절차에서 어떠한 권리신고도 없어 담보가등기인지 여부를 알 수 없는 경우 일단 순위보전을 위한 가등기로 보고 법원은 직권말소를 하지 않는다. 결국 낙찰자가 가등기말소청구 소송을 제기하는 등의 절차를 거쳐 확정할 수밖에 없다.

선순위 가등기의 해법

앞에서 설명했듯이 선순위 가등기는 2가지 종류가 있다. 채권의 담보를 목적으로 한 가등기와 소유권이전청구권을 보전하기 위한 가등기다. 담보가등기는 경매 절차에서 저당권과 동일하게 취급하기 때문에 배당과 함께 소멸된다. 문제는 소유권이전청구권을 보전하기 위해 설정한 가등기다.

소유권이전청구권 보전을 위한 가등기는 다시 2가지로 나뉜다. 하나는 매매 계약을 체결하기로 예약하는 증거로 장래의 소유권이전청구권을 보전하기 위한 가등기다. 또 하나는 매매 계약을 체결하고 잔금 일자가 남아 있어 소유권 이전등기를 할 수 없을 때 이를 보전하기 위한 가등기다. 등기사항전부증명서에 전자는 가등기 원인이 '매매 예약'으로 기재되고, 후자는 '매매 계약'으로 기재된다. 2가지는 입찰자들이 경계해야 할 가등기다.

선순위 가등기가 담보가등기인지 소유권보전가등기인지 구분하는 방법은 먼저 법원 문건접수 내역에서 가등기권자가 배당요구서나 채권계산서를 제출했는지를 확인하는 것이다. 법원은 가등기권자에게 담보가등기인지 소유권보전가등기인지 밝히라고 최고서를 발송한다. 담보가등기이면 채권계산서 제출과 함께 권리신고를 해야 한다. 이때 법원에 권리신고를 하면서 배당요구를 하거나 채권계산서를 제출할 수도 있다. 채권계산서나 배당요구서가 제출되었으면 담보가등기로 간주하고 입찰해도 된다.

그러나 단순히 권리신고서만 접수한 경우에는 소유권보전가등기로 판단할 수 있다. 법원 문건접수 내역에 '가등기권자 ○○○권리신고서 제출'이라는 문건이 접수되어 있으면 신중하게 검토해야 한다. 그러나 권리신고서에 소유권보전가등기라는 내용이 기재되어 있다면 집행법원은 물건명세서에 '선순위 가등기 인수될 수 있음'이라는 경고 문구를 기재한다. 권리신고서만 접수되고 이런 공지가 없다면 담보가등기로 봐도 문제없다. 그러나 법원이 실수할 수도 있으니 사실관계를 명확히 확인하는 것이 좋다.

집행법원이 가등기권자에게 최고서를 발송해도 가등기권자가 법원에 아무런 서류를 접수하지 않는 경우도 있다. 이때 법원은 소유권보전가등기로 추정하고 물건명세서에 주의를 요하는 문구를 기재하거나 경매 절차를 정지하기도 한다. 소유권보전가등기라는 것을 공지하지 않고 경매 절차를 진행해도 위법은 아니다. 이런 공지 없이도 경매 절차가 진행되는 경우가 있으니 신중해야 한다. 이런 상황을 잘만 활용하면 뜻밖의 보물을 찾아낼 수 있다.

가등기권자가 아무런 서류를 접수하지 않아 소유권보전가등기로 추정되는 상황이라면 입찰하지 말아야 한다. 그러나 법원의 최고서에 가등기권자가 답을 하지 않았다는 이유로 소유권보전가등기로 인정하는 것은 아니다. 담보가등기권자라면 법원에 반드시 배당요구를 했을 것이므로 소유권보전가등기라고 추정할 뿐이지 정확한 사실관계는 알 수 없다. 가등기권자는 근저당권자처럼 채권최고액이나 기타 채무액을 등기사항전부증명서에 기재하지 않기 때문에 배당요구를 하지 않으면 경매 절차에서 한 푼도 배당받지 못한다. 따라서 담보가등기권자는 반드시 법원의 최고서에 답하게 마련이다.

선순위 가등기권자가 법원에 권리신고를 하지 못한 이유는 여러 가지다. 어쩌다 가등기권자에게 송달되지 못하고 경매가 진행될 수도 있다. 추후에 가등기권자가 진정한 권리자로 판단되면 법원은 송달 절차의 하자를 이유로 낙찰을 무효화할 수도 있기 때문에 큰 문제가 되지 않는다. 선순위 가등기에 관한 다양한 상황들이 있으니 열심히 발품을 팔아 경매로 나온 물건이 담보가등기임을 밝혀낸다면 엄청난 수익을 창출할 수 있다.

소멸되지 않는 담보가등기의 비밀

담보가등기는 경매 절차에서 큰 문제가 없지만, 「가등기담보등에관한법률」(이하 「가담법」)을 분석해보면 몇 가지 예외가 있다.

첫째, 「가담법」의 제정 목적이 가등기권자가 부당한 이득을 취하는 것을 막기 위한 것이기 때문에 매매 예약 당시, 즉 가등기 설정 당시 부동산의 가액이 가등기 피담보채권의 원리금 합계를 초과하는 경우에만 적용된다.

「가담법」의 주요 골자는 부동산의 가액이 차용액의 원리금보다 클 때는 반드시 청산하여 채무자에게 지급해야만 가등기권자가 본등기를 통해 소유권을 취득할 수 있다. 가등기 설정 당시 채권액이 부동산의 가치보다 크다면 채권자가 손해를 감수하고 가등기를 설정한 것이기 때문에 굳이 이런 청산 절차를 거칠 필요가 없다.

예를 들어 '갑'이 '을'에게 2억 원을 빌리면서 시가 4억 원이 넘는 부동산에 가등기를 설정해주었다고 하자. 추후 '갑'이 돈을 갚지 못했을 때 '을'이 본등기를 해버리면 '을'은 2억 원을 빌려주고 4억 원의 부동산을 취득한 셈이다. 이렇게 되면 '갑'이 너무 억울하다. 이런 경우 국가 차원에서 규제하지 않으면 급전을 융통해준다는 미끼로 사채업자들이 부당한 폭리를 취할 수 있다. 「가담법」에서 매매 예약 당시 채권의 원리금보다 부동산의 가치가 큰 경우 추후 그 차액을 채무자에게 돌려주는 절차를 반드시 거치도록 하는 것이 '청산 절차'이다.

매매 예약 당시 채권액이 부동산 시세보다 높다면 채무자를 보호할 필요가 없기 때문에 「가담법」이 적용되지 않는다. 실제로 담보가등기라고 해도 당해 경매 절차에서 배당을 요구할 수 없고, 가등기가 낙찰로 소멸되지도 않는다.

담보가등기권자가 채권계산서를 제출한 경우에도 후순위 권리자들이 「가담법」의 적용 대상이 아니라고 배당이의를 제기하면 담보가등기권자는 당해 경매 절차에서 한 푼도 배당받지 못한다. 따라서 낙찰자는 가등기권자의 피담보채권액을 전액 인수해야 할 수도 있다. 그러나 실제로는 이런 배당 사례가 거의 없다. 채권자들도 대부분 채권계산서만 제출하면 무조건 배당받고 말소된다는 정도만 알고 있기 때문에 이의를 제기하지 않는다. 채권계산서나 배당요구서가 제출되면 99% 이상 말소되는 가등기로 봐도 된다는 것이다. 그러나 예외적으로 말소되지 않는 담보가등기가 있다는 것을 알고 입찰에 응하는 것과 그렇지 않는 것은 큰 차이가 있다. 항상 수익보다 안전을 먼저 생각해야 한다.

둘째, 담보가등기라도 해당 부동산의 다른 채권자가 경매 신청을 하기 전에 청산 절차를 거친 경우이다. 채무자에게 청산금을 지급했거나 청산금이 없고, 그 뜻을 통지한 후 2개월이 경과했다면 담보가등기에 기해 언제든지 소유권 이전등기를 할 수 있다. 담보가등기가 소유권 이전가등기로 전환되므로 주의해야 한다. 청산 절차를 거쳤다는 것을 입증할 책임은 가등기권자에게 있다. 실제로는 청산 절차를 거치지 않고도 담보가등기권자와 전 소유자가 합심하여 거짓으로 주장하면 이를 뒤집기가 쉽지 않다. 사전에 명백한 증거를 수집하고 입찰해야 한다.

05

선순위 가압류를 해결하면 뜻밖의 보물이 된다

선순위 가압류란?

가압류란 금전 또는 금전으로 환산할 수 있는 청구권을 그대로 두면 장래 강제집행이 불가능할 경우 미리 일반 담보가 되는 채무자의 재산을 압류하여 현상을 보전하고 그 변경을 금지하여 장래의 강제집행을 보전하는 절차이다. 「민사집행법」에서는 가압류가 집행된 뒤 3년간 본안에 대해 소를 제기하지 않은 때는 가압류를 취소할 수 있다고 규정하고 있다.

가압류는 말소기준권리이기 때문에 선순위든 후순위든 낙찰과 동시에 말소되는 것이 원칙이다. 그러나 예외가 있다. 바로 전 소유자의 가압류, 즉 선순위 가압류이다. 선순위 가압류는 배당(우선배당)받을 수도 있지만, 매수자(낙찰자)의 인수 조건으로 경매 절차를 진행했다면 낙찰자가 인수해야 한다. 전 소유자에게 설정된 가압류는 무조건 낙찰자가 떠안는다는 것은 법원경매시장에 떠도는 잘못된 상식이다. 전 소유자의 가압류권자가 경매 신청자일 때는 낙찰과 함께 효력이 사라진다.

선순위 가압류의 해법

경매법정에서 가압류를 낙찰자에게 인수시키려는 의도로 경매를 진행했는지를 어떻게 판단하느냐가 문제다. 법원에서 선순위 가압류를 특별 매각 조건으로 하여 물건명세서에 낙찰자가 인수한다는 조건을 공지했다면 신중하게 접근해야 한다.

선순위 가압류 해결 방법은 의외로 간단하다. 법원 문건접수 내역에 선순위 가압류권자 명의의 권리신고서나 채권계산서가 접수되었는지 확인하는 것이다. 접수되어 있다면 당연히 말소될 권리다. 그러나 접수되어 있지 않다고 해서 인수되는 권리로 판단할 필요는 없다. 법원에서 채권계산서를 제출하라고 최고서를 발송했는데, 선순위 가압류권자가 어떤 사정으로 인해 권리신고를 안 했을 수도 있기 때문이다. 법원에서는 말소를 전제로 경매를 진행했는데 선순위 가압류권자가 적극적으로 권리 행사를 하지 못했을 수도 있다. 진정한 선순위 가압류가 아닐 수도 있고, 이미 변제하여 실효되었을 수도 있다. 아니면 모르거나 귀찮아서 하지 않는 경우도 있다. 선순위 가압류가 말소되는지를 꼼꼼하게 검토한다면 큰 경쟁 없이 알찬 수익을 낼 수 있다.

전 소유자의 선순위 가압류 사례 1

전 소유자의 선순위 가압류 채권자가 경매를 신청한 경우 우선배당 권리를 인정하느냐의 문제이다. 결론부터 말하면 전 소유자의 선순위 가압류 채권자의 우선배당 권리를 인정하고 있다. 가압류는 채권인데도 현 소유자의 근저당권(물권)보다 우선하여 배당받을 수 있다. 다음 사례에서 말소기준권리는 선순위 가압류권자(A)가 된다.

날짜	순위	등기사항전부증명서상의 권리	비고
2015. 3. 15.	1	가압류(A)	전 소유자의 가압류권자가 경매를 신청한 경우 우선하여 배당받을 권리를 인정함
2015. 6. 20.	2	소유권 이전(B)	
2017. 7. 17.	3	근저당권(C)	
2018. 9. 27.	4	강제경매 신청(A)	

이 사안과 관련된 판례를 살펴보면 아래와 같다.

대법원 1998. 11. 10. 선고 98다43441 판결

가압류의 처분금지적 효력에 따라 가압류 집행 후 가압류 채무자의 가압류 목적물에 대한 처분행위는 가압류 채권자와의 관계에서는 그 효력이 없으므로 가압류 집행 후 가압류 목적물의 소유권이 제3자에게 이전된 경우 가압류 채권자는 채무 명의를 얻어 제3취득자가 아닌 가압류 채무자를 집행 채무자로 하여 그 가압류를 본압류로 전이하는 강제집행을 실행할 수 있고, 이 경우 그 강제집행은 가압류의 처분금지적 효력이 미치는 객관적 범위인 가압류 결정 당시 청구 금액의 한도 안에서는 집행 채무자인 가압류 채무자의 책임재산에 대한 강제집행 절차이므로 제3취득자에 대한 채권자는 당해 가압류 목적물의 매각 대금 중 가압류의 처분금지적 효력이 미치는 범위의 금액에 대하여는 배당에 참가할 수 없다.

전 소유자의 선순위 가압류 사례 2

현재 소유자의 채권자(근저당권)가 경매를 신청한 경우 선순위 가압류권자의 지위는 어떻게 될까?

날짜	순위	등기사항전부증명서상의 권리	비고
2015. 4. 16.	1	가압류(A)	현재 소유자의 채권자인 근저당권자(C)가 경매 신청
2015. 5. 21.	2	소유권 이전(B)	
2017. 6. 18.	3	근저당권(C)	
2018. 9. 28.	4	임의경매신청(C)	

이런 경우는 2가지로 해석할 수 있다. 첫째, 전 소유자에 대한 선순위 가압류(A)는 낙찰 대금에서 가압류 금액만큼 배당받고 소멸한다. 배당된 금액은 법원에 공탁된다. 전 소유자의 선순위 가압류권자가 먼저 배당받고 남은 금액이 있다면 현재 소유자의 근저당권자에게 배당되는 것이다.

둘째, 전 소유자를 채무자로 하는 선순위 가압류 등기의 부담을 낙찰자가 인수하는 것을 전제로 하여 선순위 가압류권자를 배당 절차에서 배제하고 경매 절차를 진행할 수도 있다. 이 경우 선순위 가압류의 효력은 소멸되지 않고 낙찰자가 인수한다. 이러한 내용은 매각물건명세서에 기재되어 있으니 잘 확인하고 입찰해야 한다. 이 사례에서 말소기준권리는 근저당권자(C)가 된다.

전 소유자의 선순위 가압류 사례 3

소액 임차인이 있는 경우 이 임차인의 최우선변제권을 인정하는가 하는 문제이

날짜	순위	등기사항전부증명서상의 권리	비고
2010. 2. 19.	1	가압류(A) 4,000만 원	낙찰 금액 1억 원
2010. 5. 24.	2	소유권 이전(B)	
2010. 6. 10.	3	근저당권(C)	
2010. 9. 20.	4	임차인(D) 4,000만 원	
2012. 5. 10.	5	A 또는 C 경매 신청	

다. 이 사안에서는 누가 경매를 신청했느냐는 문제가 되지 않는다. 전 소유자의 선순위 가압류권자는 청구 금액 범위 내에서 우선변제를 받을 권리가 있고 임차인은 소액임차인으로서 최우선변제권이 인정된다.

A는 가압류권자인데도 청구채권액 범위 내에서 우선변제권이 있어 낙찰 대금(1억 원) 중에서 4,000만 원을 우선적으로 배당받는다. 임차인 D는 C 근저당권에 대한 최우선변제권이 있기 때문에 2,000만 원을 배당받고, C 근저당권은 잔여금 4,000만 원을 배당받는다.

가압류된 주택을 매수한 사람과 임대차 계약을 한 경우 낙찰자에게 대항할 수 없다. 또한 전입신고와 주택을 인도하고 확정일자를 모두 갖춘 소액 임차인이라도 전 소유자의 선순위 가압류권자보다 먼저 배당받을 수 없다.

06

아파트가 되어 돌아온 자투리 도로 투자

도로 투자 전략

서울시 은평구 불광동 주택가에 있는 도로 323.5m²(97.86평)이 경매로 나왔다. 감정가 4억 7,183만 5,000원에서 유찰을 거듭해 10차에 6,332만 8,256원까지 떨어진 것을 친구가 6,351만 원에 낙찰받았다. 왜 아무런 가치도 없어 보이는 땅을 낙찰받았을까? 일반인들은 의아해할 것이다. 그러나 이 물건을 깊이 들여다보면 이야기가 달라진다. 이 땅의 일부는 '연신내 제1종 지구단위계획구역'으로 지정되어 개발될 예정이다. 나머지 땅은 아직 개발 예정이 되어 있지 않지만 개발 가능성이 있다.

일단 1종 지구단위계획구역으로 개발되면 입주권을 받거나 현금청산으로 투자금보다 많은 금액을 우선 회수할 수 있다. 나머지 토지는 기다렸다가 개발되면 좋고 아니면 자녀에게 상속하거나 세금 납부 용도로 사용해도 된다. 여러모로 쓰임새가 많은 물건이다. 도로는 등기사항전부증명서상 개인 소유이나 「공법」상의 제한으로 사용 가치가 낮아 헐값에 낙찰받을 수 있다. 반면 함정도 많기 때문에 조심해서 투자해야 한다. 도로는 인근 대지 가격의 3분의 1에서 5분의 1 가격으로 평가된다. 도로가 땅의 가치를 평가하는 기준이 되기도 하지만 정작 도로의 가격은 높게 평가해주지 않는다. 이런 이유로 도로는 싸게 살 수 있을 뿐 아니라 개발되면 일반 대지와 똑같이 아파트 분양권을 받을 수 있다. 도로를 경매로 낙찰받으면 국가에 임대료를 청구하거나 내 땅을 사라고 매수청구를 할 수도 있다.

도로가 경매로 나오면 주변의 개발계획과 현재의 이용 상황 등을 자세히 살펴봐야 한다. 또한 관련 지방자치단체를 찾아가 도로 사용에 대한 보상을 해주었는지 등을 분석해야 한다. 지방자치단체가 도로로 사용하면서 보상해준 기록이 없다면 투자를 생각해볼 필요가 있다. 경매나 공매로 나온 도로는 의외로 낙찰이 잘된다. 어떤 때는 치열한 경쟁 속에 높은 가격에 낙찰되기도 한다. 왜 그럴까? 경매에서 도로 투자의 매력 포인트는 다음과 같다.

첫째, 재개발 예정 지역의 도로는 분양권을 받거나 현금청산을 받을 수 있다. 아파트 분양권을 받으면 더없이 좋은 투자가 된다. 현금청산도 그만큼 싸게 낙찰받았기 때문에 충분한 수익을 창출할 수 있다.

둘째, 임대료를 청구할 수 있다. 도로를 사용하고 있는 지방자치단체에 임대료에 상응하는 부당이득금을 청구할 수 있다는 것이다. 경매로 나온 도로는 10~20% 대까지 떨어지기 때문에 수익률이 높다.

셋째, 국가나 지방자치단체로부터 보상을 받았거나 지목이 '대지'인 토지는 매수청구를 하여 토지를 팔 수 있다.

넷째, 자녀에게 증여나 상속을 할 수 있다. 소액으로 10년 이상을 보고 장기 투자를 한다. 장기미집행도시계획시설이 되면 국가에 임대료와 매수 청구를 할 수 있다. 2000년 7월 1일 이전에 도시계획시설로 지정되었다가 국가나 지방자치단체의 예산 부족 등으로 개발되지 않으면 2020년 7월 1일부로 실효된다. 그렇게 되면 재산권 행사를 제한했던 규제들이 모두 풀려 개발이 가능해진다. 그 이후에 지정된 것은 지정일로부터 20년이 지난 다음 날 실효된다. 이런 토지는 자녀 명의로 사두었다가 잊어버리고 있어도 된다. 20년 후에 개발되면 좋고 안 되더라도 다른 투자 방안을 찾을 수 있다. 그동안 땅값은 계속 올라가기 때문이다.

이외에도 세금 납부 용도로 활용해도 된다. 세금은 현금뿐만 아니라 물납도 가능하다. 도로는 대부분 공시지가 이하로 낙찰받기 때문에 정상적으로 감정평가한 금액으로 세금을 납부하면 이중 차익을 누릴 수 있다.

도로란?

법에서 규정하기 이전부터 사람들은 통로 또는 도로를 이용해왔으나 도로가 만들어지고 이를 둘러싼 이해관계가 생기면서 관련 법이 만들어지기 시작했다.

도로를 규정하고 있는 법은 크게 6가지로 구분된다. 「도로법」에 의한 도로, 「지적법」에 의한 도로, 「사도법」에 의한 사도, 현황도로, 「건축법」에 의한 도로, 주위토지통행권 등이다. 다양한 법에서 규정하고 있는 만큼 사회적으로 중요한 것이 도로다.

경매나 일반 매매로 토지를 구매할 때 건축이 가능한지 여부에 따라 땅의 가치가 달라진다. 주택이나 상가를 짓겠다고 큰돈을 들여 땅을 샀는데, 도로 규정에 맞지 않아 건축 허가가 나지 않는다면 땅의 가치는 하염없이 떨어진다. 도로가 땅의 가치를 결정하는 것이다.

「도로법」에 의한 도로 또는 「국토의계획및이용에관한법률」에 따른 도시계획에 의해 고시되어 있는 것이 도로다. 토지의 주인이 국가나 지방자치단체이며 불특정 다수의 통행을 위해 만든 공로이다. 즉 현황상 도로로 사용하는 토지를 말한다. 이런 도로의 종류는 고속국도, 일반국도, 특별시도, 광역시도, 지방도, 시도, 군도, 구도 등이 있다.

도로가 된 내 땅을 지자체에 팔 수 있다

「국토의계획및이용에관한법률」에 따라 지목이 '대지'로 되어 있고, 10년 동안 도로로 묶여 있으면 매수청구를 할 수 있다. 지방자치단체나 행정청에 내 땅을 파는 것이다. 그러나 지방자치단체는 매수청구가 있다고 해서 반드시 매수해야 하는 것은 아니다. 따라서 토지 소유자는 행정심판이나 행정소송을 통해서 권리를 인정받아야 한다. 토지매수청구에 대한 행정소송을 제기하면 사유재산권 보장 차원에서 매수청구를 받아주는 추세다. 그리고 토지거래허가구역의 토지를 매매하고자 토지거래허가를 신청했는데, 불허가처분을 받은 경우에도 매수청구를 할 수 있다. 단, 예산 범위 안에서 공시지가를 기준으로 매수한다는 제한이 있다. 매수청구를 할 수 있는 근거 법률은 「국토의계획및이용에관한법률」 제47조에서 규정하고 있다.

장기적으로 집행되지 않는 도시계획시설에 대해서도 매수청구를 할 수 있다. 도시·군 계획시설에 대한 도시·군 관리계획의 결정고시일부터 10년 이내에 그 사업이 시행되지 않으면 사업 부지로 지정된 토지 중에서 지목이 '대지'인 토지의 소유자는 관련 지방자치단체에 매수청구를 할 수 있다.

내 도로 사용에 대해 임대료를 청구할 수 있다

도로에 대해 보상이 이루어지지 않으면 부당이득(임대료) 반환을 청구할 수 있다. 지방자치단체에 임대료를 청구할 수 있다는 것이다. 임대료 청구가 가능한 도로는 먼저 지방자치단체가 도로 부지를 점유하고 있어야 하고, 토지 소유자가 도로 부지에 대한 독립적이고 배타적인 사용 수익권을 포기하지 않아야 한다. 소유자가 도로 부지의 사용 수익권을 포기했다면 부당이득(임대료) 반환을 청구할 수 없다. 왜냐하면 지방자치단체가 도로를 점유한다고 해서 소유자에게 손해가 발생하지 않는다고 보기 때문이다. 지방자치단체에 부당이득을 청구하기 전에 관련 토지에 대하여 면밀히 분석해야 한다. 오히려 손해를 볼 수도 있다.

예를 들어 지방자치단체가 과거에 이 토지에 대한 보상을 이미 실시했으나, 소유권 이전등기를 하지 못하고 있는 경우이다. 지방자치단체가 보상했던 증거와 정황을 법원에 제출하여 받아들여지면 낙찰자는 소유권을 잃을 수도 있다. 또 토지 소유자가 부당이득반환청구 소송을 하여 승소하면 그 전에 감면받았던 재산세나 종합부동산세를 부과받을 수도 있다. 따라서 도로에 투자한다면 그 실익을 꼼꼼히 잘 따져봐야 한다.

국가 또는 지방자치단체가 도로로 점유·사용하고 있는 토지에 대한 임료 상당의 부당이득액을 산정하기 위한 토지의 기초 가격은 도로 현황대로 평가해야 한다.

도로 대신 아파트를 받을 수 있다

재개발 예정지에 속하는 도로가 경매로 나왔다면 눈여겨볼 필요가 있다. 싸게 낙찰받아 아파트 분양권을 받을 수 있기 때문이다. 그러나 재개발 추진 정도와 가능성을 판단해보고 투자를 결심해야 한다. 재개발이 지지부진하고 취소되거나 지연되면 투자금이 장기간 묶일 수 있다.

분양 자격 조건은 사업별로 조금씩 다르게 적용된다. 단독주택 재건축은 토지와 건물을 소유해야 분양 자격이 주어진다. 그러나 재개발은 나대지만 소유해도 아파트 분양 자격이 주어지므로 도로 투자를 하려면 재개발 지역을 골라야 한다.

재개발 지역의 아파트를 분양받을 수 있는 나대지 면적 기준은 다음과 같다.

① 도로 면적이 30m² 미만인 소유자는 현금청산 대상(아파트 분양 불가)이 되어 감정평가 가격으로 현금을 지급한다.

② 도로 면적이 30m² 이상~90m² 미만인 소유자가 아파트 분양권을 받을 수 있는 조건은 3가지다. 첫째, 세대원 전원이 사업 시행 인가 이후 공사 완료일까지 무주택자여야 한다. 둘째, 지목과 이용 현황이 모두 도로가 아니어야 한다. 지목과 현황이 달라야 한다는 것이다. 지목은 '도로'인데 이용 현황은 '대지'인 경우, 지목은 '대지'인데 이용 현황은 '도로'인 경우, 지목은 '도로'인데 이용 현황은 '전 또는 답'인 경우, 지목이 '전 또는 답'인데 이용 현황은 '도로'인 경우가 해당된다. 지목과 이용 현황 모두 '도로'라면 분양 자격이 주어지지 않는다. 셋째, 단일 필지여야 한다. 3가지 조건을 모두 충족하면 아파트 분양 자격이 주어진다.

③ 도로 면적이 90m² 이상인 소유자는 주택의 소유 유무나 지목이 무엇이든 상관없이 분양 자격이 주어진다. 따라서 재개발 지역의 도로를 90m² 이상 소유한다면 아파트 한 채를 분양받을 수 있다.

경매물건 중에서 도로는 누구도 관심을 두지 않는 물건이었다. 그러나 이제는 시각을 달리할 필요가 있다. 발품을 팔아 재개발 지역의 도로를 낙찰받는다면 상상 이상의 수익을 챙길 수 있다. 도로는 일반 토지보다 낮게 감정평가를 하는 데다 유찰도 많이 되어 싸게 낙찰받는다면 수억 원짜리 아파트를 얻을 수도 있다.

도로 투자 시 주의할 점 5가지

첫째, 도로 투자는 가능한 소액으로 해야 한다. 도로는 대출이 잘되지 않고, 개발 사업이 늦어지면 투자금이 장기간 묶일 수도 있기 때문이다.

둘째, 도로가 지분으로 되어 있다면 지분등기가 된 시점도 확인한다. 지분등기 시기가 「도시및주거환경정비법」 시행일인 2003년 12월 30일 이전이어야 아파트 분양 자격이 주어진다.

셋째, 단독주택 재건축 사업 지역이 아닌지 따져본다. 단독주택 재건축 지역의 도로 소유자는 현금청산 대상이다. 현금청산 금액이 낙찰가보다 적으면 손해를 볼 수도 있으므로 도로는 무조건 싸게 낙찰받아야 한다.

넷째, 도로를 합칠 수 있는지 확인한다. 사업지구 내에 있는 자투리 도로를 합쳐서 90m²가 넘으면 분양 자격이 주어진다. 90m² 이하의 토지는 관리처분계획(管理處分計劃, 재개발 및 재건축 등의 정비사업 시행 후 분양되는 대지 또는 건축시설 등에 대하여 합리적이고 균형 있는 권리의 배분에 관한 사항을 정하는 계획) 전까지 합쳐야 한다. 인접 필지가 아니라 동일한 재개발 구역 내의 토지는 위치에 관계없이 가능하다.

다섯째, 존치지역인지 확인해야 한다. 존치지역은 재정비촉진지구에서 노후도와 호수밀도(戶數密度, 주택지에서 어느 구역 내의 주택 호수를 그 구역 내의 토지면적으로 나눈 수치) 등이 양호해서 굳이 재정비촉진사업을 할 필요성이 적어 재정비촉진계획에 존치하는 지역을 말한다. 한마디로 사업 진행을 하지 않고 유지하는 지역이므로 오랫동안 도로로 묶일 수 있다.

07

최고의 수익률을 보장하는 분묘기지권 투자

분묘기지권이란?

우리나라는 유교 문화의 영향이 아직 남아 있는 데다 풍수지리 사상도 깊숙이 뿌리내려 조상을 좋은 곳에 모시고 싶어 한다. 그래서 묘지가 있는 땅은 주로 명당이다. 묘지를 쓸 땅을 대충 고르는 사람은 없다. 평생 동안 묘지의 위치를 고민하는 사람도 많다. 풍수학에서는 햇볕이 잘 들고, 바람을 가두고, 물이 내려다보이는 곳을 묘지로 쓰기에 명당이라고 한다. 이런 땅을 주거지로 쓰면 어떨까? 최고의 입지가 될 것이다. 이렇게 좋은 땅을 돌아가신 분들이 쓰고 있는 셈이다.

어떤 정치인이나 유명인이 큰일을 앞두고 조상의 묘를 명당으로 이전했다는 이야기도 있다. 돌아가신 조상들이 살아 있는 후손을 도와준다는 믿음을 갖고 있기 때문이다. 묘지는 조상의 신체뿐만 아니라 영혼도 안주하는 경건한 곳으로 생각하고, 자손들이 잘 관리해야 하는 것은 물론 타인들도 존중해야 한다는 인식이 널리 퍼져 있다. 이처럼 묘지를 함부로 철거하거나 손상할 수 없도록 '분묘기지권'을 인정하고 있다.

판례에 따르면 '분묘기지권'은 '타인의 토지에 분묘라는 특수한 공작물을 설치한 자가 그 분묘를 소유하기 위해 분묘의 기지(基地) 부분인 토지를 사용할 수 있는 지상권의 성질을 갖는 일종의 물권'이라고 정의하고 있다.

분묘기지권, 투자할 가치가 충분히 있다

한번 분묘가 설치되면 이장하기도 어렵고, 그 토지를 활용하기는 더욱 어렵다. 이런 이유로 분묘기지권이 있는 토지가 경매로 나오면 하염없이 유찰되어 낙찰가가 바닥으로 추락한다. 이런 심리와 「장사등에관한법률」을 잘 활용하여 분묘기지권을 소멸시키고 이장(移葬, 묘를 옮겨 새로 장사 지내는 것)이나 개장(改葬, 다른 분묘 또는 봉안시설에 옮기거나 화장 또는 자연장을 하는 것)을 한다면 수익률은 상상 이상이 될 수 있다.

수익률이 크다는 것은 그만큼 어렵다는 뜻이 아닐까? 그렇지 않다. 2001년 1월 12일, 「장사등에관한법률」이 제정되면서 성립 요건이나 설치 요건들이 까다로워졌다. 판례에서도 「장사등에관한법률」이 제정되기 전에 설치된 분묘에 대해 분묘기지권을 인정하지 않는 경우가 많다. 그래서 적은 돈으로 투자해 큰 수익을 볼 수 있는 기회가 많은 셈이다.

요즘은 분묘기지권만 전문으로 낙찰받는 사람도 있다. 한 친구는 용인에 공장을 낙찰받으면서 어설픈 컨설팅 업체에 의뢰했다가 적잖이 고생을 했다. 공장을 낙찰받은 뒤 낙찰 대금을 납부하고 공장에 가보고는 깜짝 놀랐다. 공장 바로 뒤에 묘지가 셀 수 없이 많았던 것이다. 묘지가 몇 개 있다는 이야기는 이미 들었지만 필요하면 개장할 수 있다고 하여 응찰했는데, 낙찰받고 나서 컨설팅 업체는 나 몰라라 발뺌을 했다. 심지어 묘지도 공장 부지에 들어가지만 가려두고 사용하면 된다는 이야기를 했다.

야근이 잦은데, 어떤 직원이 밤늦게까지 공동묘지 옆에서 일하겠는가. 공장을 싸게 샀다고 좋아했는데 값이 떨어진 이유가 있었던 것이다. 직접 가서 보니 무연고 묘지처럼 관리되지 않는 묘지가 19기나 있었다. 공장 뒤쪽이어서 잘 보이지는 않았지만 찜찜한 기분은 어쩔 수 없었다. 숲이 우거져 낮인데도 조금 무섭다는 생각이 들 정도였다. 묘지가 차지하고 있는 땅이 비교적 넓어서 이장 또는 개장하면 땅의 가치는 엄청날 듯했다. 그래서 몇몇 전문가들과 상의해 묘지를 개장하고 땅을 활용할 계획을 세웠다.

우여곡절 끝에 1년 만에 16기의 묘를 개장했다. 나머지 3기는 협의가 잘되지 않아 시간이 좀 더 지연되었지만, 모두 이전하는 데 2년이 걸렸다. 묘지를 모두 파내고 평탄 작업을 한 다음 창고를 지었는데, 지금은 창고 임대료만 월 1,500만 원이 들어온다. 처음에 부담과 절망을 안겨주었던 토지가 효자 노릇을 하고 있다. 감정가 24억 원짜리 땅이 묘지 때문에 3억 원대까지 떨어졌던 것이다.

묘지 1기를 개장하는 데 보통 300만~500만 원 정도 들었다. 뒤늦게 옮긴 3기는 각각 1,000만 원 안팎에서 협상이 이루어졌다. 19기를 개장하는 데 총 비용이 1억 원 정도 소요된 것이다. 낙찰가 3억 5,000만 원과 분묘 개장비 1억 원, 부대비용이 5,000만 원 정도 들어갔다. 총 5억 원을 투자해서 24억 원짜리 부동산을 소유하고, 창고 임대료 월 1,500만 원을 벌어들이고 있다. 덕분에 사업도 확장하고 있다. 이 정도면 분묘기지권 물건에 투자해볼 만할 것이다.

분묘기지권의 4가지 성립 요건

분묘기지권은 관습법상의 물권으로서 판례가 인정하고 있는 권리이므로 성립 요건도 판례를 통해 판단할 수 있다. 그러나 2001년 1월 12일 「장사등에관한법률」이 제정되면서 이후에는 성립 요건이 더 단순해지고 까다로워졌다.

첫째, 소유자의 승낙을 얻어 분묘를 설치한 경우 지상권과 비슷한 물권을 취득한다. 분묘를 설치한 시점에서 분묘기지권이 성립한다는 것이다. 토지 소유자가 승낙했다면 당사자 사이에 분묘 설치에 대한 합의나 계약을 체결했다는 뜻이다.

둘째, 타인의 토지에 소유자의 승낙 없이 분묘를 설치한 후 20년간 평온·공연하게 점유하여 분묘기지권을 시효로 취득한다. 평온(平溫)한 점유는 점유자가 점유할 당시 평화롭고 안전한 점유이고, 공연(公然)한 점유는 공공연하게 내놓고 행하는 점유이다. 즉 소유권 다툼이 없는 것을 말한다. 그런데 2001년 1월 13일 이전에 설치된 분묘는 취득시효(取得時效, 타인의 물건을 일정 기간 계속 점유하는 자에게 소유권이나 권리를 취득하게 하는 제도)를 인정하지만 이후에 설치된 분묘는 「장사등에관한법률」에 따라 취득시효를 인정하지 않는다. 취득시효형 분묘기지권은 토지소유자의 승낙 없이 분묘를 설치한 경우에 해당되어 「장사등에관한법률」의 취지에 반하기 때문이다.

셋째, 자기 소유의 토지에 분묘를 설치한 후 분묘 이장 등의 특약 없이 토지만 타인에게 매매한 경우이다. 이것은 관습법상 법정지상권의 법리를 유추 적용한 것이다. '분묘가 소재한 토지가 매매 등으로 처분된 시점'에 분묘기지권이 성립한다.

넷째, 분묘는 내부에 사람의 유골, 유해, 유발 등 시신을 매장해 사자를 안장한 장소를 말한다. 따라서 장래의 묘소, 즉 예비분묘나 가묘는 그 내부에 시신이 안장되어 있지 않아 분묘라고 할 수 없다. 분묘기지권이 성립하기 위해서는 봉분 등 외부에서 분묘의 존재를 인식할 수 있는 형태를 갖추고 있어야 한다. 평장(平葬)되어 있거나 암장(暗葬)되어 있는 것, 즉 외형을 갖추지 않고 객관적으로 인식할 수 없는 경우에는 분묘기지권이 인정되지 않는다. 납골묘의 경우 봉분이 조성되어 있으면 분묘기지권이 성립되지만, 봉분 없이 평장으로 되어 있다면 분묘기지권은 성립하지 않는다.

유골이 타인에 의해 임의로 발굴되었어도 토괴화(土塊化, 땅에 묻은 지 오래되어 흙덩이가 된 상태)된 상태라면 분묘기지권은 소멸되지 않는다. 판례에 따르면 "유골 중 육안으로 확인할 수 있는 부분을 타인이 발굴해서 반출했다 하더라도, 발굴 당시에 매장한 지 40년 이상 지나 상당 부분 토괴화되었다면, 토괴화된 유골 부분은 그대로 존재할 것으로 보여지므로 분묘가 복구되어 존재한다면 분묘기지권은 인정된다고 되어 있다." 또한 "타인의 발굴로 분묘에 안장된 시신이나 유골이 전혀 존재하지 않는다 하더라도, 분묘기지권은 분묘에 시신이 안장되어 일단 물권으로서 인정된 이상, 분묘가 후손의 관리 중단으로 자연히 소멸해서 외부에서 인식할 수 없는 상태로 되기 전까지는 계속 존속하는 지상권 유사의 물권으로 봐야 한다."

분묘기지권 취득에는 등기가 필요 없다. 우리나라의 분묘는 흙을 쌓아 올려 둥근 모양으로 만드는 것이 일반적이어서 누가 보더라도 분묘라는 것을 인식할 수 있다. 이처럼 봉분 자체가 공시 방법이기 때문에 등기 없이도 분묘로서 모양을 유지하는 한 분묘기지권은 성립한다.

분묘기지권의 존속 기간

분묘기지권은 「민법」의 지상권에 관한 규정을 따르지 않고, 「장사등에관한법률」 시행 전후와 약정에 따라 존속 기간이 다르다. 분묘기지권의 성립 여부를 확인하려면 시청, 구청, 읍·면·동사무소에서 묘적부, 묘지설치허가대장 등 묘지 관련 공적 장부 등을 열람해야 한다. 또한 인근 주민을 대상으로 탐문하여 연고와 설치 시기 등을 파악한다.

2001년 1월 12일 이전에 설치된 분묘의 존속 기간

존속기간을 약정했거나, 시효취득한 경우 분묘를 수호 봉사하는 한 분묘기지권은 영원히 존속한다. 대부분의 분묘가 여기에 해당한다.

2001년 1월 13일 이후에 설치된 분묘의 존속 기간

시효취득이 불가능하다. 분묘 설치기간도 최소 15년에서 최장 60년으로 제한된다. 토지소유자의 승낙없이 설치한 분묘는 토지사용권이나 분묘의 보존을 주장할 수 없다(장사등에 관한 법률 제27조 제3항)

2016년 8월 30일 이후에 설치된 분묘의 존속 기간

「장사등에관한법률」 제19조에 따라 종전의 존속 기간이 최소 15년에서 30년으로 확대되었다. 설치 기간 연장도 1회에 한해 30년까지 할 수 있다. 가족이나 종중·문중이 100m^2 미만의 수목장림 조성을 사전에 신고하면 산지의 일시 사용, 나무 벌채 신고를 별도로 하지 않아도 되어 누구나 수목장림을 만들 수 있다.

연고자가 있는 불법 묘지 개장 방법

토지 소유자가 연고자 있는 불법 묘지를 개장하고 싶을 때는 관할 시장 또는 군수에게 불법 묘지 개장 허가를 신청하면 된다. 이때 토지 소유자가 불법 묘지의 연고자를 알고 있는 경우에도 개장 허가 신청을 할 수 있다.

불법 묘지의 연고자가 묘지의 이전·개수 명령을 받고도 이행하지 않으면 500만 원 이하의 이행강제금을 1년에 2회의 범위 안에서 반복하여 부과할 수 있다. 불법 묘지 연고자가 분묘 개장을 약속했다가 지키지 않을 경우 분묘굴이(墳墓掘移, 무덤을 파서 옮김) 소송을 하거나 분묘철거단행가처분(현상의 변경을 수반하는 분묘의 철거 등을 명하는 만족적 가처분) 신청 등 법적 조치를 취하여 개장할 수 있다.

무연고 묘지의 개장 방법

토지 소유자의 승낙 없이 설치한 분묘는 분묘기지권이 성립하지 않아 분묘를 관할하는 시장·군수·구청장의 허가를 받아 개장할 수 있다. 토지 소유자가 연고자를 알고 있는 경우 미리 3개월 이상의 기간을 정하여 분묘의 설치자 또는 연고자에게 개장을 통보해야 한다.

연고자를 모르는 경우 해당 읍·면사무소에 개장 허가 신청서를 접수한다. 이때 지적도 1부, 등기부등본 1부, 토지대장 1부, 묘지 사진 1부, 개장 후 처리 방법 설명서 등을 첨부한다. 무연고 묘지를 답사할 때 해당 공무원이 참석할 수 있도록 미리 협조를 구해둔다. 개장허가증이 나오면 중앙 일간지를 포함한 2개 이상의 일간지에 1차 공고를 한다. 개장 예정일로부터 3개월 전에 분묘의 위치 및 장소, 개장 사유, 개장 후 안치 장소 및 기간, 공설묘지 또는 사설묘지 설치자의 성명, 주소 및 연락 방법을 게재한다. 1차 신문 공고일로부터 1개월 후에 재차 공고한다. 이 절차를 완료한 후 개장허가신고필증 교부를 신청한다. 이때 무연고 분묘 사진 1부, 1~2차 신문 공고문을 첨부한다. 개장허가신고필증을 교부받고 개장을 실시하면 된다. 개장할 때는 분묘 개장 전과 후의 사진을 찍어둔다. 화장하여 납골당에 안치하면 모든 절차가 끝난다.

분묘기지권의 소멸

존속 기간을 약정한 경우에는 약정 기간이 도달하면 소멸된다. 이장이나 폐묘하면 더 이상 분묘기지권을 존속할 이유가 없기 때문에 소멸된다. 분묘에 대한 지료 지급을 약정한 경우 분묘기지권자가 2년 이상 지료를 지급하지 않으면 토지 소유자는 분묘기지권의 소멸을 청구할 수 있다. 또한 분묘기지권자가 토지 소유자에게 권리를 포기하는 의사 표시를 하면 곧바로 소멸된다.

08

대지권 미등기, 토지별도등기, 제시 외 건물과 친해지면 알찬 수익이 따라온다

대지권 미등기 투자 전략

소유자가 최초 분양 당시 토지 대금을 납부하지 않아 대지권을 제외하고 등기된 물건이다. 등기사항전부증명서에 토지 대금 미납으로 등기에서 제외한다고 기록되어 있다.

고양시 일산동구에 위치한 상가(점포)로 감정가가 19억 2,000만 원인데 4차 유찰되어 최저가가 6억 5,856만 원까지 떨어진 경매물건이 있었다. 1층 아파트 상가인데도 유찰을 거듭한 것은 대지권이 등기되어 있지 않았기 때문이다. 분양 당시 토지 대금이 5억 5,392만 원이었고, 그동안 이자가 붙어 청구 금액은 10억 7,800만 원으로 늘었다. 전용면적이 238.5m²(72.15평)으로 꽤 넓은 알짜 상가였다. 일반 투자자들이 꺼

2018 타경 61○○ (임의)		매각기일 : 2019-01-16 10:00~ (수)		경매13계 031-920-6325	
소재지	(10307) **경기도 고양시 일산동구 ○○ 1292-1 서광 ○○○○ 제1층 제112호** [도로명] 경기도 고양시 일산동구 숲속마을1로 29-37, 제1층 제112호 [풍동 1292-1 서광 미르프라자]				
용도	상가(점포)	채권자	예금보험공사	감정가	1,920,000,000원
대지권	대지권미등기	채무자	홍성열	최저가	(34%) 658,560,000원
전용면적	238.5㎡ (72.15평)	소유자	홍성열	보증금	(10%)65,856,000원
사건접수	2018-02-09	매각대상	토지/건물일괄매각	청구금액	1,078,000,000원
입찰방법	기일입찰	배당종기일	2018-05-10	개시결정	2018-02-12

기일현황

회차	매각기일	최저매각금액	결과
신건	2018-09-28	1,920,000,000원	유찰
2차	2018-10-31	1,344,000,000원	유찰
3차	2018-12-05	940,800,000원	유찰
	2019-01-16	658,560,000원	변경
최종기일 결과 이후 변경된 사건입니다.			

가격시점	2018-02-26
감정가	1,920,000,000원
토지	(25%) 480,000,000원
건물	(75%) 1,440,000,000원

주의사항 / 법원문건접수 요약	1.미등기 대지권이나 최저매각가격에 대지권가격이 포함되었으며, 분양토지대금 553,920,000원(원금, 2008. 4. 30.자 계약서 기준)을 미지급하여 대지권 미등기 상태이며 매수인이 부담할 가능성이 있음. 2. 집합건축물대장상 위반건축물로 등재되어 있음. 3.3개 호실로 분리영업하다가 영업중단된 상태임. 2019-01-09 채권자 기일연기 신청서 제출 ※미납관리비(공용)를 인수할수 있으니 입찰전에 확인 하시기 바랍니다. 건축물대장에 위반건축물 등재되어 있음.

리는 이유는 대지권이 미등기되어 있고 대지권 금액까지 공개되어 있었기 때문이다.

이 물건은 감정가에 대지권 가격이 포함되어 있고, 대지권 소유자인 예금보험공사가 경매를 신청했기 때문에 대지권 금액을 인수하지 않을 가능성이 컸다. 낙찰받아도 부담 없는 상가인데도 사람들이 관심을 두지 않았다. 나는 이 물건을 발견하고 즉시 입찰 준비를 했다. 엄청난 저당권과 가압류, 압류 등 권리관계가 복잡하지만 1번 근저당 경기저축은행 10억 7,800만 원을 기준으로 모두 소멸되기 때문에 문제될 것이 없었다.

그런데 입찰 기일을 이틀 앞두고 최종 점검을 하기 위해 물건 검색을 해보니 우려하던 상황이 펼쳐졌다. 채권자인 예금보험공사가 기일 변경을 신청한 것이다. 예금보험공사는 이 물건이 현재의 금액으로 낙찰되면 토지 대금을 회수할 수 없기 때문에 경매를 중단한 것이다. 애써 물건분석과 권리분석을 하고 입찰을 준비했는데 헛수고를 했다. 이렇게 '대지권 미등기'나 '토지별도등기'인 물건은 의외로 우량 물건이 많아 잘 분석하면 큰 수익을 기대할 수 있다.

대지 사용권이란?

「집합건물의소유및관리에관한법률」 제2조 제6호에서 "집합건물의 구분 소유자가 건물의 전유 부분을 소유하기 위해 대지에 대하여 가지는 권리"를 대지 사용권으로 규정하고 있다. 대법원 판례에 따르면 "대지의 소유권과 같은 물권에만 있는 것이 아니고, 지상권, 전세권, 임차권, 무상사용권(시영아파트), 등기되지 않는 채권적 토지 사용권, 신탁 계약에 의한 토지 사용권도 대지 사용권이 될 수 있다"고 되어 있다. 실제로 대지 사용권은 대부분 소유권이 될 수밖에 없다. 왜냐하면 토지 사용권만 있는 토지에 건물을 건축하기가 쉽지 않기 때문이다.

「집합건물의소유및관리에관한법률」 제20조에서는 집합건물과 대지 사이의 일체불가분성(전유 부분과 대지 사용권의 분리 처분을 금지하고 이를 위반한 처분행위를 무효로 함)을 인정하고 있다. 집합건물의 대지 지분은 집합건물의 전유 부분과 일체되어 분리가 금지되어 있다. 대지 사용권은 전유 부분의 종된 권리로서 대지 사용권만 처분하는 것은 무효다. 그러나 전유 부분만 처분하면 유효하다.

대지권이란?

「부동산등기법」 제40조 제3항에서 "대지 사용권 중 규약이나 공정증서로써 특별히 분리 처분할 수 있음을 정하지 않았다면 불가분성이 있다"고 규정하고 있다.

대지 사용권을 전유 부분과 분리 처분할 수 있다는 규정이 없으면 대지 사용권은 성립과 동시에 대지권이 된다.

구분 건물에 대한 소유권과 대지 사용권이 한 번만 동일인에게 존재했다면 그 시점에서 대지권은 성립한다. 이후에는 대지권이 구분 건물에 대한 종된 권리이므로 '종물은 주물의 처분에 따라야' 하기 때문에 구분 건물의 처분에 따라 함께 이전된다. 즉 대지 사용권 성립 시점이 바로 대지권 성립 시점이다.

대지 사용권은 구분 소유자가 전유 부분을 소유하기 위해 건물의 대지에 대하여 가지는 권리를 말하고(「집합건물의소유및관리에관한법률」 제20조 제6호), 대지 사용권 중 대지권 등기를 건물과 분리하여 처분할 수 없는 것을 대지권이라고 한다(「부동산등기법」 제40조 제3항).

대지권 미등기란?

실제 대지권이 있으나 지적 정리 등의 지연으로 전유 부분에 대한 소유권 이전 등기만 완료되고 대지 지분에 대한 소유권 이전등기가 상당 기간 지체된 상태를 말한다.

대지권이 등기되지 못한 사유를 살펴보면, 첫째, 아파트 등 대규모 집합건물은 대지의 분·합필 및 환지 절차가 지연될 경우에 발생하고, 둘째, 타 전유 부분 소유자의 분양 대금 납부가 지연되는 경우, 셋째, 채권자가 근저당 설정이나 경매 신청을 위해 대위보존등기를 하는 경우, 넷째, 각 세대당 지분 비율의 결정이 지연되는 경우, 다섯째, 건설업체의 내부 사정으로 지연되는 경우, 여섯째, 대지에 대한 소유권 이전등기청구권이 가압류된 경우 등이다.

감정평가서에 대지권 가격이 포함되었다면 대지권이 등기되지 않아 건물 부분만 낙찰받은 경우 매수인은 대지 지분 소유자를 상대로 소유권 이전등기를 요구할 수 있다. 원칙적으로 전유 부분 매수인은 대지 사용권을 취득하므로 추가 부담 없이 대지 지분을 취득하기 때문이다.

대지권 없음

'대지권 없음'은 대지 지분이 아예 없는 경우이다. 감정평가서에 대지권에 대한 가격이 포함되지 않은 물건은 그 내막을 잘 알지 못하면 신중하게 검토해야 한다. 대지권 없이 건물만 경매로 나올 때는 '대지권 없음'이라고 표시된다. 토지 위에 집합건물이 건축되었다고 해서 대지 사용권이 당연히 인정되는 것은 아니다. 대지 사용권이 존재하려면 법률 규정 또는 당사자 간의 의사에 따라 건물이 존재하는 토지에 대지 사용권을 설정하는 행위가 있어야 한다. '대지권 없음'은 대지 지분이 없어 대지를 사용할 권리가 없음을 뜻한다. 같은 아파트 단지 내 물건이라도 시세의 절반 가격으로 경매에 나온 물건은 대지권 없이 전유 부분만 경매로 나온 경우이다.

대지권이 없는 경우는 첫째, 분양자가 타인의 땅 위에 건물을 건축한 경우, 둘째, 토지에 근저당권이나 가압류 등이 설정된 상태에서 집합건물인 아파트나 다세대주택을 지은 경우, 셋째, 분양자가 대지 계약금만 주고 집합건물을 건축했으나 잔금을 지급하지 못해 매매 계약이 해제된 경우이다. 대지권을 등기하기 전에 토지 근저당권자가 경매를 신청하여 제3자가 토지를 낙찰받으면 집합건물 전체의 대지권이 말소된다.

대지권이 없는 물건을 처리하는 방법은 첫째, 토지 소유자는 건물 철거를 요구할 수 있고, 둘째, 구분 건물 소유자가 대지 지분을 매입할 수 있으며, 셋째, 현재 시세로 건물 소유자에게 매도청구를 할 수 있다.

구분 건물 소유자 입장에서는 대지 지분을 매입하는 것이 가장 좋지만 토지 소유자의 동의가 있어야 한다. 대지권 없는 물건은 구분 건물 소유자에게는 선택권이 없고 토지 소유자의 결정에 따를 수밖에 없다.

'대지권 없음'을 확인하는 방법은 집합건물의 토지 등기사항전부증명서를 열람하는 것이다. 토지 소유자와 구분 건물의 소유자가 다르면 대지권이 없는 경우이다.

'대지권 없음'의 건물 부분 소유자는 대지에 대한 점유 사용료를 납부해야 한다. 대지권이 없어 대지 소유자가 건물 부분 매도를 요구하면 이에 응해야 한다. 반대로 대지 부분 소유자는 대지에 대한 점유 사용료를 부과할 수 있고 시가로 매도청구를 할 수 있다.

결과적으로 '대지권 없음'의 핵심은 대지권 등기 여부가 아니라 대지 사용권이 있느냐 없느냐가 관건이다. 대지권 등기가 되지 않아도 실제로는 대지 사용권이 존재하는 경우가 많다.

대지권 없음과 대지권 미등기 구분 방법

등기사항전부증명서로는 대지권 미등기와 대지권 없음의 차이를 구분하기 힘들다. 대지권 등기가 없는 경우가 많기 때문이다. 등기사항전부증명서의 '대지권 표시' 부분이 어떤 기록도 없이 공란으로 되어 있으면 '대지권 미등기'인지 '대지권 없음'인지 알 수 없다. 그러나 감정평가서를 보면 '대지권 미등기'의 경우 대지분의 감정평가 금액이 포함되어 있고, '대지권 없음'은 감정평가 금액이 건물분만 나와 있다. 감정평가서가 절대적인 기준은 아니지만 실전에서 유용하게 활용할 수 있다.

토지별도등기

토지에 건물과 다른 등기가 있다는 뜻이다. 집합건물은 토지와 건물이 일체로 거래되도록 등기사항전부증명서에 대지권이라는 표시만 있고 모든 권리관계는 별도의 토지등기부에 기재되어 있다. 건물을 짓기 전에 토지에 저당권이 설정된 경우 건물이 준공되어 보존등기를 할 때 토지의 저당권을 말소하고 집합건물의 등기사항전부증명서에 기재해야 한다. 그러나 토지의 저당권을 정리하지 못하고 그대로 남아 있어 토지와 건물의 권리관계가 일치하지 않은 경우가 있다. 대지권으로 등기되기 전의 토지에 저당권이나 지상권, 가압류 등이 설정된 상태에서 대지권 등기가 이루어진 것이다. 이때 집합건물 등기사항전부증명서에 '토지별도등기 있음'이라고 등기한다.

토지별도등기 채권자는 대지권으로 공유 등기되기 전에 등기된 채권이므로 대지권자에게 공동저당권과 유사한 지위를 갖는다. 이런 건물이 경매될 경우 법원은 토지 저당권자에게 채권 신고를 하게 하여 낙찰 시 구분 건물의 대지권 비율만큼 토지 저당권을 말소한다. 토지 저당권자는 대지의 매각 대금에서만 우선변제를 받고 건물 매각 대금에서는 우선변제를 받지 못한다.

제시 외 건물

'경매 대상이 아닌 건물' 또는 '미등기 건물'을 의미한다. 미등기 건물은 대부분 경매 대상에 포함되는 부합물이나 종물인 경우이다.

「민법」 제358조는 "저당권의 효력은 부합된 물건과 종물에 미친다"고 규정하고 있으므로 부합물 또는 종물인 제시 외 건물은 주된 건물의 매각으로 경매 매각 대상이 되는 것이다. 저당권 설정 당시 부합물 또는 종물인 경우는 물론 설정 후 매각대금이 완납되는 사이에 새로 부합하거나 종물이 된 경우도 마찬가지다.

건물의 부합

타인 소유의 건물을 증축 또는 개축한 부분은 부합의 법리에 따라 기존 건물의 소유자에게 귀속되는 것이 원칙이다. 그러나 건물의 임차인이 건물 소유자의 동의를 얻어 증개축한 경우는 처음부터 증개축이 '권원'에 의한 것이라 할 수 있다. 따라서 증개축 부분의 소유권은 임차인에게 귀속된다. 다만 권원에 의하여 증개축한 경우라 하더라도 증개축한 자의 소유가 되기 위해서는 그 부분이 독립성을 갖추어야 한다. 증개축 부분의 독립성 유무는 구조상의 독립성과 기능상의 독립성을 기준으로 판단한다.

PART 7

왕초보도 경매 도사처럼 특수물건 경매하는 기술

01

특수물건 권리분석 실전 따라 하기

법정지상권 권리분석 따라 하기

법정지상권의 성립 요건을 다시 한 번 살펴보자. 저당권 설정 당시 토지와 건물의 소유자가 동일인일 것, 저당권 설정 당시 건물이 존재하고 있을 것, 경매로 토지와 건물의 소유자가 달라졌다면 법정지상권이 성립한다. 이 조건을 기준으로 권리분석을 하는 방법을 살펴보자.

저당권 설정 당시 토지와 건물의 소유자가 동일인일 것

이 토지의 저당권 설정일은 2016년 6월 13일이다. 2014년 10월 20일 현 소유자가 경매로 낙찰받아 소유하고 있다가 주택을 건축하기 위해 2016년 6월 13일 저

2018 타경 8○○(임의) 2018타경○○ (병합)	매각기일 : 2019-07-30 10:00~ (화)	경매3계 031-920-6313

소재지	경기도 파주시 파주읍 ○○리 ○○○ 외4필지				
용도	대지	채권자	안OOOOO	감정가	821,179,000원
토지면적	2540㎡ (768.35평)	채무자	박OO	최저가	(49%) 402,378,000원
건물면적		소유자	박OO	보증금	(10%)40,237,800원
제시외		매각대상	토지일괄매각	청구금액	503,468,023원
입찰방법	기일입찰	배당종기일	2018-04-13	개시결정	2018-01-19

기일현황

회차	매각기일	최저매각금액	결과
신건	2019-05-21	821,179,000원	유찰
2차	2019-06-25	574,825,000원	유찰
3차	2019-07-30	402,378,000원	매각
○○○/입찰1명/낙찰403,100,000원(49%)			
	2019-08-06	매각결정기일	불허가

▶18-11-23 채권자 기각결정정본 발송

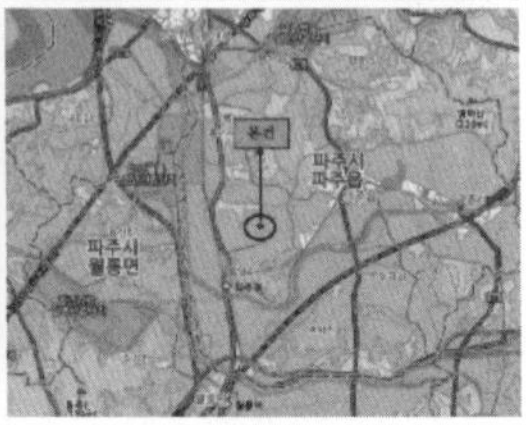

주의사항 / 법원문건접수 요약	1. 일괄매각 2. 목록3,4 : 공부상 임야이나 현황은 임야를 절토하여 옹벽 및 축대를 설치. 소나무 수십 그루 식재. 신축신고를 득함 3. 목록6,8 : 공부상 지목이 각 대지와 임야이나 현황은 도로. 전봇대 소재함 4. 목록7 : 지상에 소유자 미상의 신축중인 건물 존재하나 매각제외(법정지상권 성립 여부 불명), 건물 소재로 인하여 이용 제한시 감정가는 256,132,800원 4. 목록8 : 지분매각 2018-11-23 채권자 주OOO OOOOOO 기각결정정본 발송 ※본 사건의 등기부현황(건물/토지)은 대표번지에 대한 등기부현황으로 입찰에 참여하실경우 나머지 필지에 대한 등기부등본을 발급하셔서 소멸기준 권리를 확인하시기 바랍니다.

축은행에서 대출을 받았다. 이후 2017년 3월에 건축 허가를 받아 건축하는 도중에 소유자가 대출이자를 갚지 못해 경매로 나온 물건이다. 일단 첫 번째 단계에서 법정지상권이 성립하지 않음을 알 수 있다. 토지 소유자 박○○은 건물 등기가 없어 아직 소유권을 공시하지 못해 토지와 건물의 소유자가 동일인인지 알 수 없기 때문이다.

저당권 설정 당시 건물이 존재하고 있을 것

대출을 받고 나서 공사를 시작했기 때문에 저당권 설정 당시는 건물이 없었음을 알 수 있다. 건축물 사용 승인을 아직 받지 못했기 때문에 건축물대장이 없지만, 파주 시청에 가서 건축 허가 신고일을 확인하면 된다. 두 번째 단계에서도 법정지상권은 성립하지 않는다.

경매로 토지와 건물의 소유자가 달라졌을 것

임의경매(채권자가 설정한 담보권을 실행하여 자신의 채권을 회수하는 절차)로 나왔기 때문에 법정지상권 성립 여지는 있다. 그러나 앞의 2가지 조건에 해당하지 않기 때문에 법정지상권은 성립하지 않는다.

이것이 대표적인 법정지상권 권리분석 내용이다. 나머지 유사한 사례들은 이 기준을 적용하여 융통성 있게 분석하면 된다.

법정지상권에 대한 권리분석을 하려면 서류 검토를 정밀하게 해야 한다. 공적장부나 서류를 통해 법정지상권의 성립 여부를 판단할 수 있다. 사무실에서 대부분의 서류를 대조하고 비교해보면 답을 얻을 수 있다. 그래서 법정지상권 검토는 사무실에서 90%를 검토하고, 10%는 현장에서 확인해야 한다고 강조하는 것이다.

유치권 권리분석 따라 하기

유치권의 성립 요건은 타인의 소유일 것, 점유하고 있을 것, 그 물건에 관해 발생한 채권일 것, 변제기가 도래했을 것, 유치권 배제 특약이 없을 것이다. 주요 키워드 첫 글자를 따서 '타·점·관·변·특'으로 정보 수집을 하면 빠뜨리지 않고 권리분석을 할 수 있다.

유치권의 권리분석에서 가장 중요한 것은 점유와 관련된 내용을 찾아보는 것이다. 실제 점유를 하고 있는지, 적법한 점유인지 등을 살펴본다. 유치권자가 실제로

2018 타경 42○○(임의)		매각기일 : 2019-06-17 10:00~ (월)		경매1계 031-737-1321	
소재지	경기도 하남시 ○○동 4-25외 2필지 ○○○○○ 제1동 제지하1층 제101호				
용도	다세대(빌라)	채권자	파주연천축산업협동조합	감정가	500,000,000원
대지권	대지권미등기	채무자	이방규	최저가	(70%) 350,000,000원
전용면적	168.57㎡ (50.99평)	소유자	이방규	보증금	(10%)35,000,000원
사건접수	2018-04-24	매각대상	토지/건물일괄매각	청구금액	311,256,662원
입찰방법	기일입찰	배당종기일	2018-07-03	개시결정	2018-04-25

기일현황

회차	매각기일	최저매각금액	결과
신건	2019-05-13	500,000,000원	유찰
2차	2019-06-17	350,000,000원	매각
이○○/입찰1명/낙찰350,000,000원(70%)			
	2019-06-24	매각결정기일	허가
	2019-07-29	기한후납부	

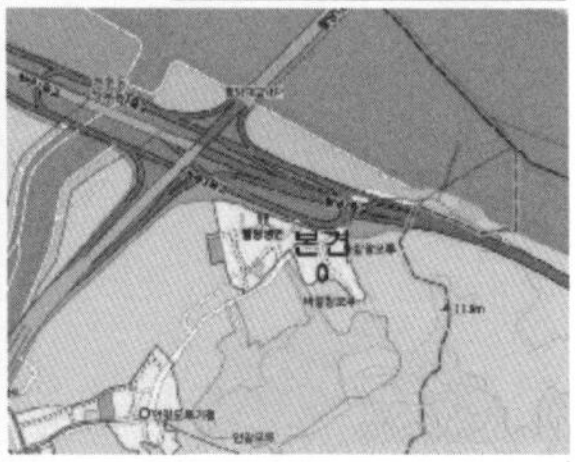

주의사항 / 법원문건접수 요약	일괄매각.건축법상 사용승인을 받지 못한 건물로 건축물 대장상 미등재상태이고 대지권사용권이 미등기된 집합건물임,2019.3.22. 주식회사케이앤피종합건설이 1,809,482,000원 유치권신고서 제출 성립여부는 불분명함.목록 2내지9번 토지도 대지권의 목적에 포함되는지 여부의 판단은 매수인의 부담임.특별매각조건 매수신청보증금 최저매각가격의 20% 2019-03-22 유치권자 채권계산서 제출 2019-05-29 채권자 유치권배제신청서 제출 2019-06-03 유치권자 유치권신고서 제출 2019-06-26 유치권자 합의서(유치권포기) 제출 ※본 사건의 등기부현황(건물/토지)은 대표번지에 대한 등기부현황으로 입찰에 참여하실경우 나머지 필지에 대한 등기부등본을 발급하셔서 소멸기준 권리를 확인하시기 바랍니다.

공사를 했는지 여부는 중요하지 않다. 적법하게 공사를 했어도 점유를 하고 있지 않으면 유치권은 성립하지 않는다.

타인의 소유일 것

소유자는 이ㅇㅇ인데, 유치권 주장자는 ##건설이다. 일단 타인 소유에 유치권을 주장하고 있는 것으로 보인다.

점유하고 있을 것

반드시 경매개시결정기입등기 이전에 점유해야 한다. 이후에 점유하는 것은

「민사집행법」 제92조 제1항, 제83조 제4항에 따른 압류의 처분금지효에 저촉되어 물건의 교환 가치를 감소시킬 우려가 있기 때문에 불법 점유가 된다. 이 물건의 점유 시기를 보면 2019년 3월 22일 유치권 신고를 했고, 경매개시결정기입등기는 2018년 4월 25일에 했다. 무려 1년이 지나서 유치권 신고를 했으므로 당연히 유치권은 성립하지 않는다.

그 물건에 관해 발생한 채권일 것

입찰자 입장에서는 확인하기 매우 어렵다. 개인정보보호 때문에 이해관계인이 아니면 법원에서 경매 관련 서류를 공개하지 않는다. 낙찰 후에 확인할 수 있는 내용이지만, 경매 신청자를 찾아가면 쉽게 알 수 있다. 경매 신청자는 대부분 대출을 해준 금융권이다. 이 물건의 경매 신청자는 ##협동조합이다. ##협동조합은 이 물건이 저가로 낙찰될 경우 자신들의 채권을 모두 회수하지 못할 수도 있다. ##협동조합은 이해관계인이기 때문에 유치권 신고 관련 서류를 열람할 수도 있고, 대출 당시에 유치권 포기 특약서를 작성했을 수도 있다. 이런 서류를 볼 수 있다면 권리분석은 간단하다.

변제기가 도래했을 것

이것 역시 입찰자가 알아내기 어렵다. 경매 신청자에게 정보를 얻어야 한다.

유치권 배제 특약이 없을 것

경매 신청자를 찾아가서 물어보면 쉽게 알 수 있다. 대부분의 경매 신청자는 금융기관인데, 안전하게 대출금을 회수하기 위해 유치권 포기 특약을 맺는다. 이 특약서를 작성하지 않으면 대출을 해주지 않거나 적게 해준다. 많은 유치권이 성립하지 않는 이유가 바로 이것 때문이다. 그 외에도 사업 시행자가 하청을 주면서 유치권 포기 특약을 맺는 경우도 있으니 관련 회사를 찾아가면 정보를 쉽게 얻을 수 있다.

유치권이 신고된 물건 중에 경매 개시 결정 이전에 신고된 물건은 거의 찾아볼 수 없다. 당연한 것인지도 모른다. 대부분의 사람들이 유치권 신고를 경매 개시 결정 전에 해야 한다는 사실을 모르고 있다. 또한 점유를 하면서 선량한 관리자의 주의 의무로 관리해야 하는데 물건을 훼손하거나 임대를 하면 유치권은 소멸한다. 현장에 직접 가서 사진을 찍고 녹취한 내용을 인도명령서에 첨부하면 인도명령을 받을 가능성이 높다.

허위 유치권 찾아내는 법

경매시장에 나와 있는 유치권 중 90%는 가짜이고, 나머지 10% 중에서도 7%는 부풀려져 있고, 3% 정도만 '진성 유치권'이다. 자신감을 가지고 도전할 필요가 있다. 유치권자가 아무리 무장하고 있어도 두려워할 필요 없다. 이들은 결국 돈을 받기 위해 하는 일이기 때문에 차분하게 접근하면 오히려 알짜 정보를 얻을 수 있다. 모든 성립 요건을 갖춘 유치권이라면 입찰을 피해야 하지만, 그래도 꼭 해야 한다면 협상의 빌미를 잘 만들어야 한다. 협상의 조건도 유치권 성립 요건에 맞춰 준비하면 약점을 찾을 수 있다. 약점을 잘 파고들어 협상을 유리하게 이끄는 것이다.

그 외 허위 유치권을 찾아내는 방법으로 물건에 거액의 근저당이 설정되어 있는지 확인해본다. 거액의 근저당이 설정된 이후에 유치권을 신고했다면 정상적인 거래가 아닐 가능성이 크다. 공사 대금을 현금으로 지급했다면 일단 의심해볼 필요가 있다. 공사 대금은 대부분 약속어음으로 지급한다. 대물변제 후에 유치권을 주장하고 있는지 확인해야 한다. 예를 들어 다세대주택은 공사를 완료하면 101호를 대물로 받기로 계약을 맺고 허위 유치권을 주장하는 경우가 있다.

유치권을 주장하는 사람이 경매에 참여하고 있는지, 유치권을 신고한 회사 대표가 그 건물의 소유주는 아닌지 확인해야 한다. 또한 유치권자가 법인이라면 대표이사가 채무자와 어떤 관계에 있는지, 유치권자와 채무자의 주소가 동일한지, 유치권을 주장하는 건물에서 영업 행위를 하고 있는지, 유치권자와 채무자가 동업 관계는 아닌지, 금융기관의 이자를 유치권자가 납부하고 있지는 않은지, 임대차계약서에 원상 회복 규정이 있는지 등을 확인한다.

이러한 정보는 경매 신청 채권자(은행)를 찾아가거나 전 소유자의 주변 인물들을 수소문해서 물어보면 된다. 법원 집행관의 현황조사서, 감정평가서 등을 확인하고 공사의 경우 하도급 업체를 찾아가서 물어보면 답을 얻을 수 있다.

법정지상권과 유치권의 실전 권리분석이 의외로 쉽게 느껴졌을 것이다. 지분물건의 권리분석도 일반물건과 동일하다. 다만 법정지상권이 있으면서 지분인 물건, 지분권에 유치권이 있는 물건 등은 해당 권리분석을 하면서 지분에 대한 내용만 확인하면 된다.

02

낙찰받은 물건에 하자가 있을 때 해결하는 방법

부동산 경매에 입찰할 때 권리분석은 필수다. 누구나 물건에 대해 꼼꼼히 권리분석을 하는데도 낙찰받은 물건의 소유권을 취득할 수 없는 상황이 발생한다. 낙찰자가 권리분석을 잘못했을 수도 있지만, 권리분석과는 상관없이 소유권을 뺏기는 상황도 있다. 이런 경우에는 어떻게 해야 할까? 법률 속담에 "권리 위에서 낮잠 자는 사람은 보장받을 길이 없다"고 했다. 꾸준히 공부하고 찾아보면 길이 있으니 자신의 권리를 주장할 줄 알아야 한다. 본인의 의사와 상관없이 소유권을 뺏기는 상황을 망연자실 지켜보고만 있을 수는 없다.

어떤 물건을 낙찰받고 경매 마무리 절차가 진행되는 도중에 경매 관련 서류를 열람해보다가 생각지도 못했던 인수해야 할 권리를 뒤늦게 발견하여 손해가 발생하는 경우도 있다. 또는 다른 이해관계인이 어떤 행위를 해서 낙찰받은 물건을 뺏길 수도 있다. 이런 상황은 상당히 많다. 이럴 때 빠져나오는 방법을 잘 알아두어야 당황하지 않고 대처할 수 있다. 반드시 알고 있어야 할 내용이기에 최대한 쉽게 풀어서 정리했다. 그렇다면 어떤 경우에 이런 상황이 일어나는 것일까?

낙찰자가 생각지도 못했던 권리를 인수하게 되거나 소유권을 뺏기는 경우

첫 번째는 후순위 임차인의 대위변제이다. 예를 들어 입찰해야 할 물건에 1순위 근저당권(1,000만 원), 2순위 임차인(1억 원), 3순위 근저당권(2억 원), 4순위 근저당권(3억 원)이 등기되어 있다. 2순위 임차인이 1순위 근저당 1,000만 원을 대위변제(代位辨濟, 채권자가 가지고 있던 채권에 관한 권리(채권·담보권 등)가 변제자에게 이전되는 것)를 하면 1순위 근저당은 소멸하기 때문에 2순위 임차인이 1순위로 올라와 선순위가 된다. 「민법」에 이해관계인의 채무를 대위변제할 수 있다는 규정이 있어 가능한 일이다.

근저당 1,000만 원 (4. 7.)	임차인 1억 원 (전입 5. 7.) 확정일자 8. 1.	근저당 2억 원 (6. 7.)	근저당 3억 원 (7. 8.)
1순위	2순위	3순위	4순위

이렇게 되면 1순위 근저당은 말소되고 말소기준권리가 3순위 근저당으로 바뀐다. 임차인의 권리는 소멸되지 않고 낙찰자가 임차보증금 1억 원을 인수하는 것이다. 임차인이 아무런 행동을 취하지 않으면 낙찰가가 2억 원이라고 했을 때 1순위는 1,000만 원, 3순위 근저당이 1억 9,000만 원을 배당받고, 임차인과 4순위 근저당

은 한 푼도 배당받지 못한다. 왜냐하면 임차인의 확정일자가 3순위 근저당보다 늦기 때문에 배당 순위에서 밀리는 것이다. 이렇게 낙찰 대금 완납 전까지 후순위 임차인이 선순위 근저당을 대위변제하여 권리 순위가 바뀌는 경우가 많다. 그래서 후순위 임차인이 있고, 선순위 근저당 금액이 적은 경우에는 대위변제 우려가 있기 때문에 잘 살펴보고 대처해야 한다.

둘째, 선순위 가등기권자가 본등기를 하는 경우이다. 가등기에 기하여 본등기를 한 경우 본등기의 순위가 가등기의 순위로 소급된다. 가등기가 있는 경매물건을 이미 목적이 달성된 가등기로 잘못 알고 낙찰받았는데, 경매 절차가 진행되는 도중에 본등기가 되어 소유권을 뺏기는 경우이다.

셋째, 선순위 가처분권자가 본안소송에 승소하여 소유권이 가처분권자로 넘어간 경우에도 낙찰자는 소유권을 뺏길 수 있다. 선순위 가등기나 가처분이 있는 물건은 신중하게 권리분석을 해야 한다.

경매 진행 절차 단계별로 불리한 상황 발생 시 대응 방법

매각 기일에서 매각 결정 기일 사이에 발생한 경우

이런 경우 매각 불허가 신청을 해야 한다. 최고가 매수인이 된 후 대항력 있는 임차인, 즉 차순위 임차인이 대위변제하여 순위가 변동된 경우라면 매각 불허가 신청을 해야 한다.

「민사집행법」 제121조(매각 허가에 대한 이의 신청 사유) 제5호에서 규정한 '최저 매각가격의 결정, 일괄매각의 결정 또는 매각물건명세서의 작성에 중대한 흠이 있는 때'와, 제6호에서 '천재지변, 그 밖에 자기가 책임질 수 없는 사유로 부동산이 현저하게 훼손된 사실 또는 부동산에 관한 중대한 권리관계가 변동된 사실이 경매 절차의 진행 중에 밝혀진 때'에는 매각 불허가 신청을 할 수 있다.

매각 결정 기일에서 매각 허가 결정 확정 기일 사이에 발생한 경우

대위변제 등에 의해 등기 순위가 바뀜으로써 낙찰자가 인수해야 하는 권리가 생겼거나 물건이 훼손되었을 때는 매각 허가에 대한 이의 신청과 매각 허가 결정에 대해 즉시 항고를 해야 한다.

낙찰자는 「민사집행법」 제121조 제6호에 따라 매각 허가에 대한 이의 신청을 하거나, 「민사집행법」 제129조에 따라 매각 허가 결정에 대해 즉시 항고를 할 수 있다. 매각 허가 결정에 대한 즉시 항고를 할 때는 낙찰 대금의 100%에 해당하는 항고보증금을 공탁해야 한다.

매각 허가 결정 확정 기일에서 대금 납부 전 기간 동안 발생한 경우

매각 허가 결정의 취소 신청을 해야 한다. 「민사집행법」 제127조(매각 허가 결정의 취소 신청) 제1항에서 "제121조 제6호에서 규정한 사실이 매각 허가 결정의 확정 뒤에 밝혀진 경우에는 매수인은 대금을 낼 때까지 매각 허가 결정의 취소 신청을 할 수 있다"고 규정하고 있다. 낙찰자가 소유권을 이전받고자 한다면 집행법원에 대금 감액 신청을 할 수 있다. 집행법원은 민법상 위험부담과 하자담보 책임 규정을 적용하여 감액 결정을 한다.

대금 납부 후부터 배당 기일 전에 발생한 경우

매매 계약 해제 후 대금 반환을 청구할 수 있다. 낙찰 대금을 완납하고 배당 기일 이전에 선순위 보전가등기가 본등기를 하여 낙찰자가 소유권을 취득하지 못할 경우 매매의 한 형태로서 매매 계약을 해제하거나, 낙찰 대금의 반환을 신청하면 된다. 낙찰 대금을 납부했으나 소유권을 취득하지 못한 경우에 낙찰자가 구제받을 수 있는 방법은 2가지가 있다. 첫째, 경매 절차가 유효한 경우에는 하자담보책임(瑕疵擔保責任, 매매와 기타 유상 계약에서 목적물에 하자가 있을 때 매도자가 부담하는 책임)을 물을 수 있다. 「민사집행법」 제96조(부동산의 멸실 등으로 말미암은 경매 취소)를 유추 적용하여 경매에 의한 매매 계약을 해제하고 납부한 낙찰 대금의 전부나 일부의 반환을 청구할 수 있다. 둘째, 경매 절차가 잘못되었을 경우에는 낙찰자가 납부한 낙찰 대금을 법원이 지급한 것으로 보아 집행법원에 부당이득 반환을 청구할 수 있다.

배당 이후에 발생한 경우

「민법」 제578조와 제576조 등에 따라 담보책임을 물어 채무자에게 계약 해제 또는 대금감액을 청구하거나, 채무자가 경제력이 없는 경우 배당받은 채권자를 상대로 대금 반환을 청구할 수 있다. 이 경우 대부분의 채무자는 돈이 없기 때문에 배당받은 채권자를 상대로 부당이득 반환을 청구할 수 있다. 경매 절차가 많이 진행될수록 구제 가능성은 적어지고 시간이 많이 걸린다는 점을 고려해서 가능한 초기에 발견하여 조치하는 것이 여러 가지로 유리하다.

03

법정지상권에 투자하기

경매 강의 중에 찾아낸 물건

공인중개사 실무연수교육을 하면서 부동산 불황기에 살아남기 위해 공인중개사도 업무 영역을 확장해야 한다고 강조하며 자연스럽게 특수물건 경매를 소개했다. 많은 사람들이 특수물건 경매에 대한 두려움을 갖고 있었다. 그러나 아주 쉽고 간단하게 투자하는 방법을 몇 가지 소개해주니 반응이 너무 좋았다.

이들의 요청으로 특수경매 실전반을 개설하고 강의를 시작한 지 얼마 되지 않았을 때였다. 수강생 중 한 분이 부동산중개사무소를 운영하고 있는 지역에서 법정지상권 성립 여지가 있는 물건을 찾았다며 분석을 요청했다. 사건번호로 검색해보니 한눈에 봐도 법정지상권이 성립하지 않는 물건이었다.

투자 가치가 있는 물건인가?

경기도 이천에 위치한 그 물건은 신둔도예촌역에서 도보 10분 거리에 위치한 역세권 빌라였다. 이곳은 현재 신둔도예촌 역세권 및 취락정비구역으로 개발이 예정되어 모든 개발행위가 제한되고 있는 지역이다. 그런데 이 빌라는 규제가 시행되기 전에 개발 허가를 받아놓아 공사가 가능한 귀한 물건이었다. 4층 건물에 18평짜리 빌라 8개를 건축할 수 있었다.

규제가 시행되기 전에 이 지역의 빌라는 18평이 5,000만 원 선에서 거래되고 있었다. 그런데 규제가 시행되고 공급이 부족해지면서 빌라 가격이 많이 올라 18평짜리 빌라가 2억 원대에 거래된다고 한다. 충분히 도전할 가치가 있는 물건이라고 판단했다. 이런 물건은 낙찰받아 건축주에게 되팔아도 되고, 최악의 경우 건물을 싸게 인수하여 공사를 완료하고 분양해도 꽤 큰 수익을 볼 수 있다.

이런 건물을 인수하려면 얼마를 줘야 할까? 그동안 건축비로 얼마나 들었는지를 판단해보고 그 가격의 절반 정도부터 협상을 시작하면 된다. 총 4층 건물 중에서 3층까지 공사가 진행되었으니, 개략적으로 약 3억 원 정도라고 했을 때 그 절반 가격부터 협상을 진행하는 것이다. 그런데 건물을 인수해서 분양하면 16억 원이라는 엄청난 수익이 있으리라는 것을 건물주도 알고 있을 것이다.

특별한 사정이 없는 한 건물주가 포기하지 않을 것이니, 낙찰받은 토지를 좋은 가격에 넘기면 된다. 법정지상권의 매력이 바로 여기에 있다. 건축주와 협상이 원활하게 진행되지 않으면 건물 철거 소송을 제기하면서 협상하면 된다. 왜냐하면 소장이 건축주에게 송달되면 그때서야 발등의 불을 끄려고 여기저기 알아본다. 시간이 갈수록 건물주는 손해를 볼 수밖에 없다는 사실을 뼈저리게 느끼고 협상에 나올 것이다.

협상을 진행할 때는 매몰차게 하고, 끝난 뒤 정산할 때 위로금 정도를 더 주면 고맙게 생각한다. 느슨하게 협상하면 시간도 오래 걸릴 뿐 아니라 계속 끌려 다니게 된다. 조금이라도 우유부단한 모습을 보이면 안 된다.

물건분석을 정리하고 낙찰을 결심한 후 권리분석을 해보니 아무런 하자가 없었다. 특수물건이라고 부르기도 너무나 무색할 정도로 평범했다. 법정지상권 성립여지가 있는 것 외에는 아무 문제가 없었다. 그런데 등기부를 자세히 살펴보니 이상한 점이 있었다. 2번 근저당권과 3번 근저당권이 같은 날 같은 순위로 기재되어 있고, 이중 450,000,000원을 대위변제한 것으로 나타났다. 등기순위의 효과는 다음에 논하기로 하고 대위변제한 금액이 얼마인지도 내부 사정임으로 알 수 없는 상태다. 그렇다면 대위변제한 원인을 예상해서 입찰에 임해야 한다. 현재로서는 대위변제 자체가 입찰에 제한을 주는 것은 아니지만, 대위변제자가 자신이 이 물건을 꼭 낙찰받기 위해 했다면 문제가 된다. 다른 사람들은 낙찰받기 어렵다는 뜻이다. 대위변제자는 감정가와 비슷한 가격으로 낙찰받아도 손해가 없고, 일반 입찰자들은 최대한 낮은 가격으로 낙찰받아야 이익이 많기 때문이다. 대위변제자가 유리할 수밖에 없다. 대위변제와 NPL 투자에 대해서는 별도의 일정을 잡아 강의할 계획이다.

예기치 못한 복병, 대위변제자

이 대위변제자가 경매의 고수라면 자신이 감정가에 가깝게 입찰금액(약 4억 원)을 쓰고 낙찰받아 자신이 대위변제한 금액을 상계신청하면 물건을 싸게 사면서도 비싸게 산 걸로 할 수 있다. 여러 가지 대위변제 투자 방식 중의 하나다.

순위번호	등 기 목 적	접 수	등 기 원 인	권 리 자 및 기 타 사 항
8	근저당권설정	2016년9월2일 제40835호	2016년9월2일 설정계약	채권최고액 금145,200,000원 채무자 황순실 경기도 이천시 애련정로 95(창전동) 근저당권자 주식회사우리은행 110111-0023393 서울특별시 중구 소공로 51 (회현동1가) (이천지점) 공동담보 토지 경기도 이천시 신둔면 남정리 204-4 박계래지분
9	(1)근저당권설정	2016년10월7일 제46147호	2016년10월6일 설정계약	채권최고액 금450,000,000원 채무자 황순실 경기도 이천시 애련정로 95(창전동) 박계래
				인천광역시 계양구 봉오대로531번길 22-16, 가동 201호(효성동,경인빌라) 근저당권자 유□숙 550211-******* 경기도 평택시 팽성읍 동서촌로 161-9, 7동 303호 (공군관사) ~~이범숙 410501-*******~~ ~~인천광역시 남동구 담방로 22-16, 102동 1601호~~ ~~(만수동,금호아파트)~~ ~~공동담보 토지 경기도 이천시 신둔면 남정리 204~~ ~~토지 경기도 이천시 신둔면 남정리 204-1~~ ~~토지 경기도 이천시 신둔면 남정리 204-4~~ ~~박계래지분~~
9-3	9번(1)근저당권이범숙지분전부이전	2018년3월30일 제13191호	2018년3월14일 확정채권양도	근저당권자 이순옥 630122-******* 인천광역시 남동구 인주대로604번길 89-7,2동 402호(구월동,롯데파크)
9	(2)근저당권설정	2016년10월7일 제46147호	2016년10월6일 설정계약	채권최고액 금325,000,000원 채무자 황순실 경기도 이천시 애련정로 95(창전동) 박계래 인천광역시 계양구 봉오대로531번길 22-16, 가동 201호(효성동,경인빌라)

독자들의 이해를 돕기 위해 통상적인 대위변제 방식에 대해 이 물건을 예로 간단히 설명하겠다. 이 사례의 등기사항전부증명서 상 권리의 등기 순위를 1순위 우리은행 145,200,000원 2순위 이○○ 450,000,000원, 3순위 박○○ 325,000,000원이라고 단순하게 가정한다.

감정가 408,162,470원짜리 물건이 유찰되어 285,714,000원까지 떨어졌다. 이대로 낙찰(2억 9,000만 원에 낙찰될 경우)되면 2번 저당권자는 1순위 저당권자가 배당 받고 남은 금액 145,800,000원 배당 받고 소멸되고 3번 저당권자는 한푼도 배당받지 못한다. 따라서 대위변제자는 입찰가(4억 원)를 최대한 높이 써서 낙찰받고 1순위 저당권만 배당 받게 하고 자신이 받을 금액은 상계신청하면 1순위 저당권 금액인 145,200,000원에 이 물건을 사는 결과가 된다. 결국 145,200,000원 주고 산 물건이 등기부에는 4억 원에 매입한 것으로 기록되기 때문에 이 물건을 4억 원 미만으로 매도하면 양도세를 한푼도 내지 않는다. 합법적인 절세 투자방식이다. 복잡해 보이지만 아주 단순한 논리다. 상계에 대한 개념만 이해하면 된다. NPL(부실채권) 경매를 하다 보면 이런 일이 비일비재하다.

가벼운 마음으로 입찰가를 결정하다

이 사례를 다른 반 수강생들에게도 소개하고 강의를 진행했다. 그런데 다른 팀의 수강생들이 자신들도 실습을 겸해서 임장할 때 같이 가서 공부하고 싶다고 제안했다. 그래서 3개 팀이 한 물건을 동시에 임장하는 진풍경이 벌어졌다. 각 팀별로 10여 명씩 법인을 만들어 투자하면서 공부하는 분들이다. 그런데 임장을 하고 인근에서 점심을 먹는데 추가로 합류한 2개 팀에서 자기들도 이 물건에 같이 투자하면 안 되냐고 물었다. 여러 가지 토의 끝에 법인 운영비도 마련할 겸해서 3개 팀(법인)이 함께 투자하기로 결정했다. 세부적으로 보면 30여 명이 이 물건의 투자자가 된 것이다.

이 물건은 건물이 건축중이지만 아직 용도변경이 되지 않아 '전'으로 되어 있기 때문에 법인명의로 낙찰받으면 농취증이 나오지 않는다. 그래서 각 법인의 대표가 입찰하기로 했다. 입찰 당일 지역에 따라 눈이 곳곳에 와 있어서 조심조심해서 법원에 도착했다. 마음 한구석에서는 도로사정도 안 좋은데 괜히 와서 고생만 하나

2017 타경 99○○(임의) 2017타경44(중복) 2017타경5148(중복)	매각기일 : 2018-12-05 10:00~ (수)	경매1계 031-880-7445

소재지	경기도 이천시 신둔면 ○○ 리○○-1 외3필지				
용도	전	채권자	유OOO	감정가	408,162,470원
토지면적	950.03㎡ (287.38평)	채무자	황OO	최저가	(70%) 285,714,000원
건물면적		소유자	황OO	보증금	(30%)85,714,200원
제시외		매각대상	토지만매각	청구금액	266,714,982원
입찰방법	기일입찰	배당종기일	2018-08-06	개시결정	2017-11-28

기일현황 ▾간략보기

회차	매각기일	최저매각금액	결과
신건	2018-10-24	408,162,470원	유찰
2차	2018-12-05	285,714,000원	매각
박○○/입찰2명/낙찰352,500,000원(86%) 2등 입찰가 : 338,999,900원			
	2018-12-12	매각결정기일	허가
	2019-01-17	기한후납부	
	2019-02-27	285,714,000원	변경
	2019-03-26	배당기일	완료
배당종결된 사건입니다.			

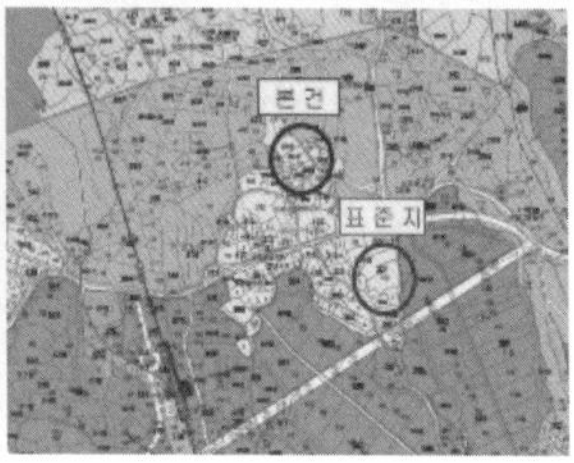

주의사항 / 법원문건접수 요약	일괄매각. 1목록 지상에 제시외 미완성 건물 1개동이 소재하나 매각 제외함(법정지상권 성립여지 있음). 2목록 지상에 컨테이너 2개동이 소재하나 매각 제외함. 1,2,4목록은 전용허가를 득한 것으로 조사되었으며, 농지취득자격증명 필요(매각허가결정시까지 미제출시 보증금 몰수), 특별매각조건 매수보증금 최저매각가격의 30%. 2017-01-17 채권자 경매신청취하서 제출 2017-06-05 채무자겸소유자대리인 현O 경매절차취소신청 제출 ※본 사건의 등기부현황(건물/토지)은 대표번지에 대한 등기부현황으로 입찰에 참여하실경우 나머지 필지에 대한 등기부등본을 발급하셔서 소멸기준 권리를 확인하시기 바랍니다.

하는 생각이 계속 들었다. 차 안에서 입찰가를 결정하는데, 어차피 대위변제자 때문에 안 될 가능성이 높으니까. 감정가의 85% 수준에서 쓰기로 결정하고 가벼운 마음으로 도착했다.

우리는 입찰가를 2차 최저가 2억 8,571만 4,000원보다 조금 많은 3억 5,000만 원 수준으로 정했다. 별 부담 없이 입찰가를 써내고 느긋하게 법정으로 들어갔다. 입찰을 마감하고 집행관이 사건번호 순서대로 경매 절차를 진행해나갔다. 불황이라고 하지만 경매법정은 호황이었다. 드디어 우리가 응찰한 물건 차례가 왔다. 우리는 3명이 공동 입찰했다. 그리고 한 팀이 더 입찰을 했다. 두 팀만 입찰했다고 생각하니 순간 긴장이 되었다. 경쟁률이 2대 1이니 혹시 될 수도 있었다. 집행관을 뚫어지게 쳐다보고 있는데, "최고가 매수인은 박ㅇㅇ 외 2명입니다"라는 소리가 들렸다. 우리가 낙찰받은 것이다.

2등을 한 젊은 남자는 얼굴이 하얗게 질려 있었다. 믿을 수 없다는 표정이었다. 그는 우리보다 1,350여만 원 적게 써냈던 것이다. 대위변제를 한 사람의 대리인으로 경매를 어느 정도 알고 있을 텐데, 왜 그런 결정을 했는지 의문이 끊이지 않았다.

서류를 받고 젊은 남자를 따라갔다. "혹시 건물주하고 잘 아는 사이인가요?"라고 물었더니 주춤하는 기색이었다. 그때를 놓치지 않고 건물주하고 연결해주면 사례비를 주겠다고 하면서 명함을 요청했다. 명함에는 변호사사무소 사무장이라고 쓰여 있었다. 예상대로 그는 대위변제를 한 사람들의 대리인이었다. 게다가 대위변제를 한 사람 중에 한 명이 건물주였다. 실제 건물주는 총 3명인데 허가는 한 사람이 받았다고 한다. 협상에 중요한 정보였다. 본인은 이 건을 낙찰만 받아주는 대가로 수수료를 받기로 했다는 것이다.

경매에 대해 어설프게 알고 있는 대위변제자들이 변호사사무소 사무장에게 낙찰을 받아서 정리해주면 수수료를 주기로 했는데, 큰 실수를 한 것이었다. 해결의 실마리나 어떤 틈이 보이면 집요하게 파고들어야 한다. 느슨하게 대처했다가 기회를 놓치면 많은 시간과 돈이 들어가게 마련이다.

상생의 협상을 시작하다

이틀 후 이천시청에 가서 건축 허가와 관련된 추가 정보들을 획득하고 법원에 들러 경매 관련 서류를 복사했다. 그리고 서류에 나와 있는 건물주와 통화를 시도

했으나 전화를 받지 않았다. 몇 번을 시도했으나 연결되지 않아 할 수 없이 문자를 보냈다. "이번 신둔면 물건 낙찰자입니다. 건물 처분에 관해 드릴 말씀이 있으니 전화 부탁드립니다."

다음 날 건물주에게 전화가 왔는데, 자신은 모든 것을 포기했으니 더 이상 할 이야기가 없다고 했다. 그래서 내 땅 위에 불법으로 세워진 건물을 철거해달라고 했다. 그러자 마음대로 하라는 답이 돌아왔다. 어쩔 수 없이 최후의 수단을 쓰기로 했다. 전자소송으로 건물철거 및 지료청구 소송을 제기했다. 이것은 누구나 할 수 있는 아주 간단하고 쉬운 소송이다.

소송을 제기하고 20여 일 뒤 건물주에게 전화가 왔다. 몹시 흥분한 그는 다짜고짜 소송을 하면 어쩌자는 거냐고 따졌다. 답답하기는 우리도 마찬가지였다. 대금 납부일이 다가오는데, 빨리 협상을 끝내야 은행에 가서 잔금 대출을 받을 수가 있었다. 법정지상권 성립 여지가 있으면 은행에서 대출을 해주지 않는다. 건물주와 체결한 합의서를 가지고 가면 대부분 대출을 해준다.

다음 날 약속 장소에 건물주 3명이 나왔다. 그들은 의견 일치를 보지 못한 것 같았다. 결국 자신들은 토지를 살 능력이 안 되니 우리에게 건물을 사달라고 했다. 그러면서 적어도 6억 원은 받아야 한다고 했다. 건축 허가부터 지금까지 들어간 돈이 그 정도라고 했다. 영수증이나 증빙서류가 있느냐고 물어보았다. 증빙서류가 있을 리 만무했다. 이들은 건축업자한테 공사비를 제대로 주지 못했다. 그들이 영수증을 주었을 가능성은 거의 없다. 공사가 끝나야 주기 때문이다. 우리는 영수증이나 관련 증빙서류가 있으면 다시 협상하자고 했다. 그리고 이렇게 말하고 헤어졌다.

"시간이 갈수록 손해를 보는 것은 그쪽일 겁니다. 조금 있으면 우리는 지료 연체를 근거로 이 건물을 경매에 넘길 겁니다. 그러면 이 건물은 아무도 낙찰받지 못하고, 우리만 낙찰받을 수 있다는 거 아시죠? 누가 곧 철거될 건물을 낙찰받겠어요? 낙찰받고 자기 돈으로 철거해야 한다는 거 뻔히 아는데 말이에요."

하지만 여러 날이 지나도록 아무 연락이 없었다. 우리는 일단 잔금을 N분의 1로 나눠서 낼 준비를 하고 일주일만 더 기다리기로 했다. 그 후 사흘 정도 지나서 전화가 왔다. 이번에는 조금 더 깊이 알아본 듯했다. 그들은 자신들이 토지를 사겠다고 하면서 낙찰 잔금을 공제하고 추가로 1억 원을 주겠다고 했다. 나는 이렇게 대답했다.

"사장님들은 1억 원도 안 들이고 이 공사를 마무리할 수 있고 빌라를 분양하면 18억 원을 버는데, 우리한테 겨우 1억 원을 주시겠다는 것은 너무하지 않습니까? 그리고 우리가 이 토지를 낙찰받음으로써 사장님들이 빌려 쓴 10억 원 가까운 빚도 탕감해준 거 아시잖아요."

한참 동안 침묵이 흐르고 나서 "그럼 얼마를 받고 싶으신가요?"라고 묻기에 이렇게 대답했다. "우리도 사업하기 어려운 거 잘 알고 있습니다. 서로 조금씩 양보해서 결정하시죠. 사장님들은 이 건물 공사를 마무리하고 분양하실 수 있도록 낙찰대금을 제외하고 2억 원만 더 주시면 됩니다. 대신 이 토지를 담보로 대출을 받아 낙찰 잔금을 지불하고, 공사를 마무리한 다음 빌라를 분양해서 우리에게 2억 원을 주세요. 그리고 서로 믿을 수 있도록 건축주 명의 변경 서류를 해주세요. 공사를 마무리하고 분양 후에 2억 원을 주시면 서류를 돌려드리겠습니다."

짧은 시간에 2배의 수익을 내다

우리는 2억 원을 받고 토지를 넘기기로 합의하고 대출을 받아 잔금을 납부하려고 했다. 그런데 대출을 하면서 약간의 문제가 생겼다. 대표주자로 나온 세분 모두가 개인 대출을 많았다. 당연히 대출금이 줄어들 수밖에 없었다. 여러 가지 토의를 했으나 결론이 쉽게 나지 않았다. 이렇게 시간이 지나면서 낙찰 잔금 납부기한을 넘기는 사태까지 왔다.

경매를 하다 보면 가끔 잔금 납부기한을 지키지 못할 때가 있다. 그래도 당황하지 말고 차분하게 대처해야 한다. 이렇게 되면 법원에서는 바로 다음 입찰기일을 정해 경매를 진행한다. 정해진 입찰기일 이전까지만 납부하면 경매는 취소되고 소유권을 이전받을 수 있다. 지연 납부에 따른 은행 이자 정도를 추가 부담하면 된다. 어렵게 대출 문제를 해결하고 이 건은 잘 마무리되었다.

04

유치권에 투자하기

40평형대 다세대 빌라에 입찰을 결심하다

'유치권 성립 여지 있음' 물건을 찾아 토지, 주거용 건물, 상업용 건물 등 용도별로 분류해서 투자 가치가 있는 물건을 몇 개 골라 강의를 시작했다. 강의 자료로 선정된 주거용 건물 중에서 유치권이 신고된 서대문구 연희동에 위치한 다세대 빌라 4채를 소개했다. 당시에 주거용 건물은 저가 낙찰이 어려워서 별 관심을 갖지 않았다. 그런데 강의가 끝나고 한 수강생이 찾아와 강의 시간에 분석한 다세대 빌라 중 하나에 입찰하고 싶다고 했다. 특별한 이유가 있느냐고 물어보니, 본인이 살려고 한다는 것이었다. 40평형대로 넓고 주변 환경도 쾌적해서 주거지로는 안성맞춤이었다. 집중 분석 및 임장 조사까지 해보고 문제없으면 입찰하기로 했다.

대항력을 상실한 유치권

서류상으로 이 유치권은 대항력이 없었다. 왜냐하면 경매개시결정기입등기 날짜가 2018년 2월 7일인데, 유치권 신고는 2018년 7월 16일에 했기 때문이다. 유치권자가 실제로 공사를 했느냐가 중요한 것이 아니다. 실제로 공사를 했어도 대항력을 상실했다. 더구나 유치권 신고 금액이 9억 8,000만 원이나 되는데, 절실하게 받아야 하는 돈이었다면 가압류 등의 조치를 하지 않았을 리 없다.

하지만 2012년에 공사를 완료하고 지금까지 아무런 조치가 없었다. 공사 대금채권은 소멸시효(3년)가 지나 효력이 상실된 것이었다. 더욱 고마운 것은 소유자가 유치권 배제 신청을 한 것이었다. 유치권 성립이 안 될 가능성이 크다는 것이다. 유치권자와 소유자가 협조적 관계가 아니라면 추가적으로 유치권자에게 허위 확인서 등의 서류를 주어 소멸시효를 중단시킬 소지가 적고, 허위 서류로 경매 신청 등 별도의 권리 행사가 어렵다. 확신이 들어 현장 실사를 해보기로 했다.

현장 실사를 통한 유치권 분석

이 물건은 연세대학교 뒤편 연희초등학교 북동 측에 자리 잡고 있었다. 주거 환경으로는 좋은 편이었다. 안산공원 바로 밑에 위치해 쾌적하고, 경의선 가좌역이나 신촌역, 3호선 홍제역까지 이용 가능했다. 다세대주택 주변으로 1층 높이의 펜스를 설치해 유치권을 행사하고 있었으나 얼마나 오래되었는지 펜스가 빨갛게 녹슬어 있었다. 경매로 나왔는데도 유치권 신고가 되지 않은 집들은 사람들이 입주해 살고 있었다. 유치권을 신고해놓고 세입자나 소유자가 살고 있다면 유치권은 소멸한다.

집 현관에는 유치권을 행사하고 있다는 내용이 없고, 대부분 문이 잠겨 있었다.

2018 타경 9○○(임의)	물번4 [배당종결]	매각기일 : 2019-06-04 10:00~ (화)	경매6계 02-3271-1326

소재지	(03723) **서울특별시 서대문구 ○○동 67-3 제4층 제○○호** [도로명] 서울특별시 서대문구 ○○ 23-3, 제4층 제401호				
용도	다세대(빌라)	채권자	성00000000	감정가	656,000,000원
대지권	59.17m² (17.9평)	채무자	이00	최저가	(51%) 335,872,000원
전용면적	96.6m² (29.22평)	소유자	이00	보증금	(10%)33,587,200원
사건접수	2018-02-06	매각대상	토지/건물일괄매각	청구금액	3,090,678,380원
입찰방법	기일입찰	배당종기일	2018-04-24	개시결정	2018-02-07

기일현황 ▾간략보기

회차	매각기일	최저매각금액	결과
신건	2019-01-08	656,000,000원	유찰
	2019-02-12	524,800,000원	변경
2차	2019-03-19	524,800,000원	유찰
3차	2019-04-23	419,840,000원	유찰
4차	2019-06-04	335,872,000원	매각
손○○외1명/입찰2명/낙찰340,872,000원(52%)			
	2019-06-11	매각결정기일	허가
	2019-07-19	대금지급기한 납부 (2019.07.10)	납부
	2019-08-27	배당기일	완료
배당종결된 사건입니다.			

주의사항 / 법원문건접수 요약	1. 현황조사서에 의하면 유치권행사로 주차장을 제외한 건물 전체 주변에 1층 높이의 철제 울타리를 쳐놓아 출입할 수가 없음. 입주자들은 지층 주차장 입구로 출입하고 있다고 함. 2. 2018. 7. 16.자, 2019. 5. 7.자 (주)지지알엔아이로부터 이 사건 매각부동산과 같은 동 1층 101호, 2층 201호, 3층 301호에 전체에 대해 공사대금 금 980,000,000원의 유치권신고서가 제출되었으나, 그 성립 여부는 불분명함 유치권신고가 되었으니, 물건번호별 유치권신고내역은 별도확인요망. 유치권 배제신청서가 제출되었으니 별도확인요망.

서류에 나와 있는 것처럼 오래 비워진 집으로 보이지 않았다. 주민들을 만나 탐문해보니 건축업자들이 건축비를 받지 못해 일부 집에만 유치권을 행사한다고 펜스를 치고 문을 잠가버려서 지하 주차장으로 출입을 한다고 했다. 각 호실별로 유치권자가 점유하고 있지 않는 것으로 보였다. 채무자와 통화를 시도했으나 연락이 되지 않았고, 경매 신청자인 새마을금고에 전화를 걸어 물어보니 유치권 포기 각서를 받아놓지는 않았다고 했다. 뚜렷한 증거를 찾지 못하고 완전한 점유는 하지 못했다는 증거만 수집했다. 점유하지 못했다는 확실한 증거를 더 수집해야 했다.

며칠 후 소유자 이○○와 통화가 되었다. 실제로 대부분의 공사 대금은 현금과 빌라 2개 호실을 주고 대물변제로 갚았기 때문에 유치권은 없다는 주장이었다. 당연히 통화 내용은 녹취했다. 이 정도면 어느 정도 안심하고 입찰해도 된다는 확신이 들었다. 단지 응찰 시점을 언제로 잡아야 할지 고민이었다.

또 한 번의 모험, 4차 유찰을 기다리며

현재 3차 유찰되어 64%인 4억 1,984만 원까지 떨어진 상태였다. 아무리 유치권이 있다고는 하지만 서울에서 이 정도로 떨어지기도 쉽지 않다. 그러나 지금은 너무나 큰 불황이고 대출이 막혀 빌라를 입찰받으려는 사람이 많지 않기를 바라며 조금 더 기다려보기로 했다. 3차 입찰일에는 법원에 가서 분위기를 파악하기로 했다. 법원에 사람들이 북적였지만 대부분 경매학원 학생과 교수들이었다.

집행관이 입찰 종료를 선언하고 낙찰되지 못한 물건의 사건번호를 고지했다. "사건번호 2018 타경 99## 유찰!" 낙찰된 것보다 더 기뻤다. 아무리 불황이라지만 서울의 번듯한 빌라가 허술한 유치권 때문에 4차까지 유찰되는 경우는 많지 않다. 사무실로 돌아와 4차에 입찰하기 위해 서류를 다시 한 번 점검했다. 4차 입찰 일정은 한 달 뒤로 잡혔다.

4차 입찰일에도 경매법정은 여전히 북적였다. 실수요자는 가급적 적게 써서 낙찰받는 것이 좋다. 모험을 하기로 하고 4차 유찰 가격에서 500만 원 정도 더 쓰기로 했다. 대출이 쉽지 않은 요즘은 집을 사기가 너무 어렵다. 그래서 응찰자가 많지 않을 것이라고 생각했는데, 입찰자를 호명한 것을 보니 우리를 포함해서 2명이 입찰했다. 간발의 차이로 낙찰되었다. 2등 입찰자도 우리와 같은 생각을 했던 것 같다. 낮은 입찰가로 낙찰되니 기분이 더 좋았다.

이틀 후에 수강생과 함께 법원으로 가서 관련 서류를 복사했다. 건축업자가 제출한 서류를 꼼꼼히 검토해보니 당연히 허술하고 급조한 표시가 역력했다. 권리분석대로 소멸시효가 지난 채권이 분명했다. 인도명령 신청서에 유치권은 존재하지 않고, 설령 성립한다 해도 대항력을 상실했으며, 채권도 이미 소멸되었고, 적법한 점유를 하지도 못했으므로 이 물건을 인도해달라고 썼다. 관련 서류와 사진, 녹취록 등도 첨부했다.

인도명령 신청서를 제출하고 2개월이 되기 전에 결정문이 왔다. 꼼꼼하게 증거서류를 준비해서 제출하면 인도명령서가 오게 마련이다. 그래서 증거 수집이 중요하다. 결정문을 받고 즉시 유치권 주장자에게 설치된 펜스를 제거하고 그동안 점유하고 있던 모든 흔적들을 원상 회복하라는 내용증명을 보냈다.

05

지분경매 물건에 투자하기

소액 투자가 가능한 물건을 찾아서

2016년 당시 평택은 크게 3개의 권역으로 나뉘어 개발되고 있었다. 첫째는 가장 핫한 지역으로 떠오르는 삼성전자가 들어올 국제화지구였다. 삼성전자 1차 사업지는 2016년 말에 완공 예정이었다. 인접지에서는 국제화 첫 시범단지를 선보일 준비를 하고 있는 상태였다. 둘째, 미군기지 이전으로 주목받고 있는 대추리 일대에는 미군들을 위한 렌탈 하우스 부지가 한창 개발 중이었다. 셋째, 안중 송담 지역은 택지개발지역으로 안중 역세권을 중심으로 개발이 한창 진행되고 있어 토지 가격 상승 요인이 되었다. 그리고 현덕면 일대에 약 70만 평을 개발하는데 중국 자본이 70% 차지할 것으로 예상되는 가운데 보상을 위한 준비가 한창이었다. 이토록 많은 개발 호재 때문에 땅값은 오를 대로 올라 있고, 지속적으로 상승 추세였다.

몇 건의 물건을 낙찰받아 처리하느라 분주한 가운데, 뭔가 새로운 물건에 도전해보고 싶은 욕구가 생겼다. 다만 돈이 많이 묶여 있어 적은 돈으로 투자할 물건을 찾아보았다. 당시에 핫한 지역으로 회자되는 평택 지역을 보다가 아주 싸고 그럴듯한 물건을 발견했다. 평택시 신장동에 위치한 신장재정비촉진지구 내의 고덕 국제신도시 개발지역 바로 옆에 자리 잡은 작은 단독주택이었다. 지분물건이라 금액대가 적은 것은 당연하지만 평균 땅값이 실거래가보다 훨씬 적게 평가된 것으로 보였다. 비록 집은 허름하지만 개발되면 엄청난 수익을 안겨줄 땅이었다.

미래 가치가 있는 지분물건에 투자하기

전체 토지가 약 30.8평에 허름하고 작은 농가주택이 있는 물건이었다. 이 지역의 토지 거래가격은 평당 약 400만 원 정도였는데, 이 물건의 감정평가액은 약 320만 원 정도로 알토란 같은 땅이었다. 더욱이 지분물건으로 투자 금액도 3,000만 원 미만이었다. 낙찰받고 얼마간 보유하다가 팔든지, 아니면 나머지 지분권자들의 지분을 사서 개발을 기다리는 방법 등 다양한 투자 모델이 나올 것 같았다.

고덕 국제신도시가 개발되고 있고 신장재정비촉진지구에 포함된 지역이기 때문에 시간이 갈수록 가치는 무한대로 상승할 수 있다. 투자 가치가 넘치는 매력적인 땅이기에 기다릴수록 달콤한 수익을 듬뿍 안겨줄 것으로 보였다. 약 30.8평에 4명이 상속받아 지분 소유을 하고 있다가 한 사람의 지분이 경매로 나온 것이었다. 웃돈을 주고 가서 살라고 해도 못 살 것 같은 허름한 집이었지만 실제로는 상당한 미래 가치를 품고 있는 흙 속의 진주 같은 물건이었다.

스토리가 있는 지분물건

입찰일까지 5일 정도 시간이 있었다. 현장 분석을 하지 않아도 될 것 같은 느낌이 들었다. 인터넷 지도와 기사 검색을 통해 물건 소재지의 개발 전망 등을 파악한 결과 충분히 투자 가치가 있는 것으로 판단되었다. 그러나 현장 조사는 필수라는 생각에 평택으로 내려가 인근 부동산중개사무소에서 현재 시세와 앞으로의 발전 가능성에 대한 의견을 들어보았다. 공인중개사들은 이구동성으로 지금은 조용하지만 머지않아 지가가 상승할 것이라고 전망했다. 이 정도로도 충분히 입찰해도 되겠다는 생각이 들었다.

그런데 이 물건은 공유자가 4명이었다. 현재 채무자의 부친이 단독 소유하고 있다가 사망 후 자녀 4명이 상속을 받았다. 그러다 첫째의 지분이 경매로 나왔다.

2015 타경 71○○(강제)		매각기일 : 2016-02-15 10:00~ (월)		경매1계 031-650-3164	
소재지	(17760) 경기도 평택시 신장동 2○○ [도로명] 경기도 평택시 송월로26번길 1○○				
용도	주택	채권자	그○○○○	감정가	27,132,840원
지분토지	25.5m² (7.71평)	채무자	이○○	최저가	(49%) 13,295,000원
지분건물	13.38m² (4.05평)	소유자	이○○○○	보증금	(10%)1,329,500원
제시외	1.025m² (0.31평)	매각대상	토지/건물지분매각	청구금액	28,220,954원
입찰방법	기일입찰	배당종기일	2015-09-01	개시결정	2015-06-11

기일현황 ∨간략보기

회차	매각기일	최저매각금액	결과
신건	2015-11-30	27,132,840원	유찰
2차	2016-01-04	18,993,000원	유찰
3차	2016-02-15	13,295,000원	매각
○○/입찰3명/낙찰18,500,000원(68%) 2등 입찰가 : 16,160,000원			
	2016-02-22	매각결정기일	허가
	2016-03-31	대금지급기한 납부 (2016.03.28)	납부
	2016-04-29	배당기일	완료

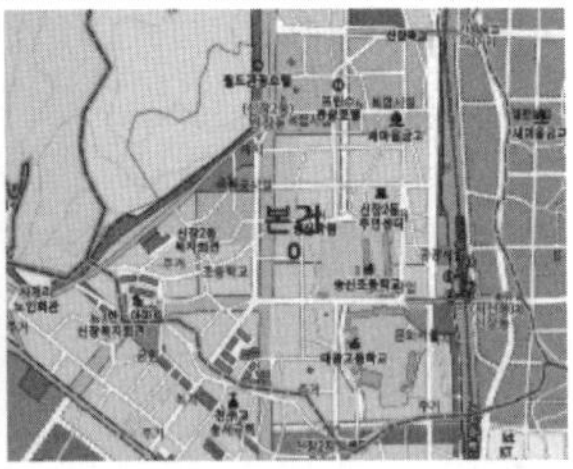

주의사항 / 법원문건접수 요약	일괄매각. 제시외건물포함. 기호1. 현황은 조적조철판지붕 및 일부슬래브지붕 약53.5m²임. 지적도상 맹지이나 본건 서측 타지번 토지들을 진입도로로 사용중임. 특별매각조건있음(공유자 우선매수권행사에 따른 매수신고가 매수보증금의 미납으로 실효되는 경우에는 그 공유자는 그 이후 해당부동산의 매각기일에서는 우선매수권을 행사 할 수 없음)

매력적인 투자, 지분물건

문제는 지분 해결을 어떻게 하느냐였다. 공유지분만 경매로 나온 경우 대부분 서너 차례 유찰을 거듭한다. 공유자 우선매수청구권이 있기 때문이다. 보기에는 물건이 좋고, 개발 호재가 많으며, 감정가가 저평가되었고, 최저가가 많이 떨어져 있었다. 몇 명의 경쟁자까지 물리치고 낙찰받았다 해도 공유자가 우선매수청구권을 행사하면 헛수고가 되어버린다. 설령 공유자 우선매수청구권을 피해서 낙찰받았다 하더라도 공유지분권을 해결하려면 여러 가지 협상을 해야 한다.

지분물건은 이런 여정을 모두 헤쳐 나가야 달콤한 수익을 맛볼 수 있다. 공유자들은 대부분은 여자로 보이고 어린 막내는 아들로 보인다. 따라서 이 물건에 대해 공유자 우선매수청구권 행사를 할 사람이 없어 보인다.

입찰 당일 사람들은 그리 많지 않았다. 감정가에 가까운 입찰가를 쓰고 싶었지만, 3차까지 유찰되었으니 2차 최저가에서 조금 낮은 수준으로 정했다. 입찰서를 작성하여 제출하고 법정에 앉아 입찰 절차를 지켜보았다. 예상대로 공유자 우선매수청구권 행사는 없었다. 경쟁자가 2명 있었고, 2등과는 230만 원 정도 차이가 났다. 낙찰받은 후에도 평택의 개발계획은 대부분 진행되었고, 땅값은 계속 오르고 있다. 남은 과제는 지분 문제를 해결하는 것이다. 가격 상승은 보장된 것 같아 여유를 가지고 천천히 진행할 생각이다.

06

종잣돈 규모에 따른 특수물건 투자 전략

종잣돈 규모에 따른 투자 방법에 정답은 없다. 각자의 취향이나 투자 철학, 습관, 선호도는 물론 시기나 장소에 따라서도 달라진다. 지금은 공개된 정보들이 많아 종잣돈 규모별로 다양한 재테크 방법들이 제시되고 있다. 인터넷에서 관련 키워드로 검색해보면 읽기 힘들 정도로 많은 정보들이 나열된다. 이런 정보들을 참고로 자신에게 맞는 투자법을 찾는 것도 바람직하다.

지금까지 특수경매에 대해 쉽게 접근하고 단순하게 수익을 실현하는 방법을 강의해왔다. 그 경험을 바탕으로 특수경매를 활용한 종잣돈 규모별 재테크 방법을 간단히 제시하고자 한다. 물론 여기에서 제시한 방법이 정답은 아니다. 참고해서 자신만의 방법을 개발하거나 응용해서 다양하게 투자하면 된다.

종잣돈 1,000만~2,000만 원으로 할 수 있는 투자법

종잣돈이 1,000만 원이라면 아주 적은 돈이라고 생각하는 경향이 많다. 그러나 1,000만 원 정도면 엄청난 힘을 발휘할 수 있다. 경매 사이트에 들어가서 1,000만 원 이상~2,000만 원 이하로 검색하면 엄청나게 많은 물건이 나온다.

내가 가끔 보는 경매 사이트에서 매각가 1,000만 원 이상~2,000만 원 이하로 검색해보니 1,041건이 나왔다. 아파트 52건, 주택 26건, 아파트 상가 26건, 상가 점포 76건 등 투자 가능한 물건이 수두룩하다. 마땅한 물건이 없다면 원하는 입찰일로 다시 검색해보면서 좋은 물건이 나올 때까지 기다리면 된다. 검색된 물건 중에는

2011 타경 23○○ (임의)	물번5 [취하]	매각기일 : 2018-11-01 10:00~ (목)		경매18계 032-860-1618	
소재지	인천광역시 강화군 하점면 창후리 5○○				
용도	전	채권자	서○○○○○○○○	감정가	14,000,000원
토지면적	100m² (30.25평)	채무자	박○○	최저가	(34%) 4,802,000원
건물면적		소유자	박○○○○	보증금	(20%)960,400원
제시외		매각대상	토지매각	청구금액	2,132,960,876원
입찰방법	기일입찰	배당종기일	2011-07-21	개시결정	2011-04-27

기일현황 ▾간략보기

회차	매각기일	최저매각금액	결과
신건	2011-11-11	14,000,000원	유찰
2차	2011-12-13	9,800,000원	유찰
3차	2012-01-12	6,860,000원	유찰
	2012-02-13	4,802,000원	변경
3차	2018-09-14	4,802,000원	매각
신○○/입찰2명/낙찰8,400,000원(60%) 2등 입찰가 : 6,000,009원			
	2018-09-21	매각결정기일	불허가
	2018-11-01	4,802,000원	변경

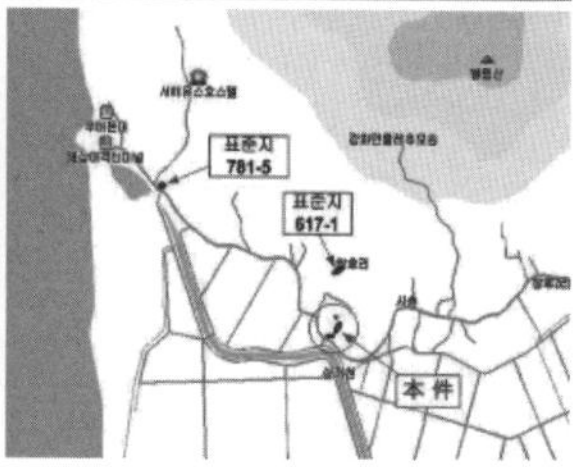

주의사항 / 법원문건접수 요약	농지취득자격증명 필요.(기한내 미제출시 보증금이 몰수될 수있음), 전용허가를 얻지 않고 토지현황이 변경된 경우 향후 원상복구 명령이 발해질 가능성 있음(2011. 10. 24.자 하점면 사실조회 회신 참조). "하점면 창후리 585,586-13, 585-1" 소재의 6층 숙박시설 및 그 부지이나 공사 중단된 상태이며 건물 내부에 유치권 경고문 부착되어 있음. 지상권자 서서울농업협동조합(변경 전: 서부농업협동조합)이 매각으로 인한 선순위지상권(2008.1.24. 접수 제1987호)의 말소동의서 제출(2011.10.20.자). 신청채권자로부터 2018.03.06.자 원고 농업협동조합자산관리공사, 피고 정인수 사이의 인천지방법원 2014가합54652 유치권부존재확인의 소에서 피고의 유치권이 존재하지 아니함을 확인하는 판결서가 제출됨. 신청채권자로부터 2018.03.20.자 원고 농업협동조합자산관리공사, 피고 장춘화외 5명 사이의 인천지방법원 2014가합54645, 서울고등법원2015나2062775 유치권부존재확인의 소에서 피고 장춘화, 남성우, 고경호, 김영작, 정석채, 이주형, 장용철의 유치권은 존재하지 아니함을 확인하는 판결서가 제출됨. 특별매각조건 매수보증금 20%임. 2011-08-17 임차인 권리신고 및 배당요구신청 취하 제출 2012-02-10 채권자 매각기일연기신청 제출 2014-03-11 채권자 기일연기신청 제출 2014-04-08 채권자 기일연기신청 제출 2014-04-09 채권자 기일연기신청 제출 2014-04-10 채권자 기일연기신청 제출 2014-06-10 채권자 매각기일연기신청 제출 2018-07-06 채권자 매각기일연기신청서 제출 2018-11-01 채권자 경매절차(일부)취소신청서 제출 2018-11-01 채권자 매각기일연기신청서 제출 2018-11-29 채권자 매각기일연기신청서 제출

유찰에 유찰을 거듭한 특수물건이 많다. 그중 의외로 우량 물건이 많으니 적극적으로 찾아보자.

2011년부터 유찰에 유찰을 거듭하고 경매 절차가 변경되거나 세 차례에 걸쳐 낙찰받았다가 불허가를 받은 물건이다. 대규모 숙박시설의 부지에 속해 있지만 신축 공사 허가 과정에서 합필 절차를 밟지 않고 공사를 진행하다가 전체 물건이 경매로 나온 것이었다. 지목은 '전'이고 현황은 숙박시설 건물 일부가 이 토지에 접해 있다. 2011년에 감정가가 1,400만 원이었고, 2018년 9월 최저 매각가격은 336만 1,000원으로 떨어졌다. 7년 전의 감정가가 1,400만 원이었다면, 2018년 현재 감정가는 얼마나 될까? 아마 많이 올랐을 것이다. 이런 물건은 최저가에 낙찰받아서 건물주에게 지료를 청구하거나, 감정가로 되팔아도 몇천만 원은 쉽게 수익을 낼 수 있다.

그렇게 가벼운 생각으로 응찰했는데 나와 같은 생각을 한 투자자가 또 있었다. 그는 나보다 240만 원을 더 써서 840만 원에 낙찰받았다. 그런데 이 물건은 낙찰자가 농지취득자격증명서를 발급받지 못해 불허가 처분을 받고 말았다. 강화군에서 농지로 원상회복이 안 된다고 한 듯했다. 이런 경우에는 "강화군의 농지취득자격증명의 발급이 불가하다는 취지가 기재된 자격증명발급권자의 농지취득자격증명신청서 반려 통지서와 그 지상에 건축물이 소재한다는 가옥과세대장등본을 첨부하여 제출하면 된다"는 유사 선례가 많기 때문에 이런 서류를 갖춰 법원에 제출하면 농지취득자격증명을 제출하지 않아도 된다. 어쨌든 이렇게 적은 돈으로도 법정지상권이나 유치권에 투자할 물건은 너무도 많다.

종잣돈 3,000만 원 전후로 할 수 있는 투자법

종잣돈이 3,000만 원 정도면 투자하지 못할 물건이 없다. 엄청난 투자 역량을 가지고 있다는 것이다. 수도권에서도 골라서 투자할 수 있다. 특히 특수물건 중에는 우량 물건도 많다. 수도권을 중심으로 실거래가가 5,000만 원 정도 하는 빌라가 얼마나 많은지 모른다. 이런 빌라의 월세는 보통 40만~60만 원 수준이다. 한눈에 봐도 수익률이 10%가 넘는다. 서울을 비롯한 수도권에서 1억 원 정도 하는 빌라 또는 주택이 유치권 등 특수권리가 있어 유찰된다면 3,000만 원으로 2채도 살 수 있다. 물론 대출을 조금 받아야 하지만 부동산 경매를 하면서 대출을 무서워하면 안 된다.

예를 들어 1억 원짜리 14평 빌라가 경매로 나왔는데, 유치권 때문에 유찰되고 있는 물건을 6,000만 원에 낙찰받았다고 하자. 유치권 해결 비용과 세금을 포함해서 추가 비용 1,000만 원을 들여 총 7,000만 원에 소유권을 이전했다. 은행 대출을 4,000만 원 받아서 잔금을 치르고 월세 60만 원에 세를 놓았다. 은행이자 16만 원을 제외하고 매월 44만 원의 수익이 생긴다. 결국 3,000만 원을 투자해서 월 44만 원의 소득이 발생하는 것이다. 수익률을 따질 필요가 있을까? 이렇게 투자한 물건을 5년 또는 10년 가지고 있으니 재개발 소식이 들린다. 빌라 투자는 이런 희망이 있다. 재개발이 되면 더 좋고, 안 되도 월세 소득이 있어서 좋다.

종잣돈 5,000만 원 전후로 할 수 있는 투자법

종잣돈이 5,000만 원 정도 있다면 수도권이나 대규모 개발이 예정된 지방의 토지를 노려볼 만하다. 특히 나는 공동 투자를 권한다. 은행 대출이라는 지렛대도 있지만, 같은 뜻을 가진 사람들과 공동으로 투자하면 재미도 있고 높은 수익률은 덤이다. 오래전 전원주택이 직장인들의 로망이던 시절이 있었다. 나 역시 부동산에 대해 잘 모르는 상태에서 들리는 소문을 따라 투자를 고민하곤 했다.

양평 지역에 대규모 전원주택단지를 개발하다 부도가 나서 경매로 나온 토지가 있었다. 전체토지면적은 약 4,500평 정도였고, 집을 짓기 위해 이미 터를 닦아놓은 상태였다. 감정가가 22억 원이었고, 유치권이 8억 원 정도 신고되어 있었다. 현재 최저가는 3억 원 정도로 떨어졌다. 지금 생각해보니 그 물건에 신고된 유치권은 성립하지 않는데, 그때는 특수물건을 아예 쳐다보지도 않을 때였다. 그래서 포기하려고 했지만 너무 싼값에 나와 발만 동동 구르고 있었다.

경매를 배운 교수님께 어떠냐고 물었더니 교수님이 대뜸 "전원주택에 관심 있어요?"라고 되물었다. 딱히 그렇지는 않다고 하자 "전원주택은 안 하는 게 좋아요"라고 딱 잘라 말했다. 그런데 같이 공부했던 수강생 중의 한 사람이 함께 입찰해보는 것이 어떠냐고 물었다. 그렇게 해서 5명이 공동 투자를 하기로 하고 물건분석과 권리분석을 했다.

이 지역의 전원주택단지는 보통 평당 50만 원에서 도로변은 100만 원 이상으로 거래되고 있었다. 현재 최저가는 평당 6만 6,000원까지 떨어졌으니, 평당 7만 원대 미만에 낙찰받아 30만 원 수준으로 전체를 매각해도 상당한 수익을 얻을 수 있을 듯했다. 집터를 분양하면 시간은 조금 걸리지만 수익은 몇 배가 될 수 있다. 하지만 유치권이 문제였다. 기초 토목공사를 하고 공사 대금을 받지 못했다는 주장이었으나 대항력은 이미 상실했다. 세부 문서는 검토해봐야 알겠지만, 허위 유치권이라는 확신이 들었다. 게다가 유치권이 성립해도 토지가 워낙 싸기 때문에 큰 부담이 없을 것으로 판단하고 입찰을 결심했다.

우리는 단독 응찰로 평당 7만 원대에 낙찰받았다. 그리고 유치권자를 찾아가

"유치권이 성립하지도 않고 대항력도 없는데, 남의 토지를 침범하고 있으면 안 되지요"라고 말했더니, 마음대로 해보라고 했다. 일단 그냥 돌아와서 인도명령 신청서를 썼다. 인도명령이 나오지 않으면 그때 가서 진짜 협상을 해야 한다. 협상이 안 되면 지루한 소송을 해야 하기 때문에 무조건 인도명령이 나오도록 해야 한다.

두 달이 채 안 되어서 인도명령이 나왔다. 인도명령서를 들고 유치권자를 다시 찾아가 우리 땅에서 나가달라고 했다. 더 이상 우리 땅을 점유하거나 플래카드 등을 걸면 불법행위로 고소하겠다고 했다. 그리고 지금 걸려 있는 플래카드도 당장 떼라고 했다. 이후부터는 무관심과 방치가 약이다. 그 후로 어떠한 연락도 하지 않았다. 한 달 후에 낙찰받은 토지 근처에 가서 살펴보니 유치권 주장 플래카드가 그대로 있고, 컨테이너에는 아무도 없었다. 곧바로 플래카드를 치우고, 인근 부동산 중개사무소에 가서 매물로 내놓으며 전체를 15억 원만 받아달라고 했다. 15억 원을 받든 20억 원을 받든 상관없이 우리에게 15억 원만 달라고 했다.

알고 보니 그 공인중개사가 전원주택 개발업자여서 바로 투자금을 회수하고 달콤한 수익까지 챙겼다. 우리는 5명이 3억 원 조금 넘는 금액을 분담했다. 6,000만 원 남짓한 돈을 투자해서 돌아온 수익은 얼마인가? 경매를 할 때는 매도 시기를 잘 잡아야 한다. 낙찰받으면서 어떻게, 누구에게, 얼마에 팔 것인지를 생각해야 한다.

종잣돈 1억 원 이상으로 할 수 있는 투자법

투자에서 1억 원은 천문학적인 돈이다. 부동산 투자를 공부하는 사람들끼리 하는 농담이 있다. 1,000만 원이 있으면 1억 원짜리 부동산을 살 수 있고, 1억 원이 있으면 10억 원짜리 부동산을 살 수 있다. 그리고 10억 원이 있으면 100억 원짜리 부동산을 살 수 있다고 한다. 대출을 활용한 지렛대 효과를 설명하는 말이기도 하다. 요즘 정부 정책으로는 엄두를 내기 힘들지만 그래도 방법이 있다.

종잣돈 1억 원이 있다면 요즘 유행하는 꼬마 빌딩도 살 수 있다. 대출 규제 등으로 낙찰가가 계속 떨어지고 있는 지역에 내 집 마련을 꿈꿔 볼 만하다. 재개발이 고시된 지역에 나온 물건도 가능하다. 그러나 여기서는 특수물건 투자를 중심으로 몇 가지만 설명하겠다. 1억 원으로 투자할 수 있는 특수물건은 무궁무진하다. 비슷한 금액을 가진 투자자끼리 공동 투자로 엄청난 시너지 효과가 있는 대형 부동산에 투자할 수도 있다. 나라면 수도권 지역에 다가구주택을 신축하다 경매로 나온 '법정지상권 성립 여지 있음' 물건에 가장 먼저 투자할 것이다. 보통 다가구주택은 50평 정도의 땅이면 충분히 신축할 수 있다. 신축하고 있는 물건이 있다면 단시간에 수익을 낼 수 있는 투자처이다.

아니면 아파트 지분경매를 반복 투자하는 것이다. 다른 물건과는 달리 아파트 지분물건은 투자금 회수가 빠르다. 반복해서 빠르게 투자 횟수를 늘려가면 종잣돈 규모가 나도 모르게 증가하고 투자 역량은 훨씬 커진다. 이렇게 자신의 스타일에 맞는 투자를 할 수 있는 기초가 되는 돈이 1억 원이다. 투자할 곳이 너무 많아 일일이 열거하기도 어렵다. 경매를 알면 알수록 투자에 대한 안목이 높아지고, 알짜 물건을 찾아내는 능력도 생긴다.

부록

특수물건 경매 초보자가 꼭 알아야 할 Tip

01

부동산 투자의 블루오션 공매시장 알아보기

부동산을 싸게 살 수 있는 공매시장

부동산 등의 자산을 국가기관으로부터 싸게 살 수 있는 방법이 법원경매와 공매이다. 법원경매는 비교적 많이 알려지고 대중화되어 있지만, 공매는 아직도 낯설어하는 사람들이 많다. 그러나 최근 들어 부동산 공매시장에 많은 사람들의 관심이 쏠리고 있다.

공매물건을 구입하기 위해서는 한국자산관리공사(KAMCO, 이하 '캠코'라 한다)에서 운용하는 공매 사이트 온비드(On-bid)를 이용하면 된다. 온비드를 통해 부동산과 동산 등의 다양한 물건들을 취득할 수 있다. 전자입찰을 원칙으로 하기 때문에 집에서도 쉽게 입찰할 수 있다. 아직까지도 공매시장에서는 단독 입찰로 낙찰받는 사례가 많다. 경쟁률이 경매에 비해 조금 낮기 때문에 그만큼 물건을 싸게 구입할 수 있다. 압류 재산을 제외한 물건들, 즉 국가에서 보유한 재산을 매각하기 때문에 별다른 권리분석을 할 필요 없이 싸게 구입 가능하고, 절차도 법원경매보다 간단하다.

부동산 경매나 공매에 투자할 때 무조건 싸게 사야 한다는 원칙은 변함없다. 절차만 알면 공매 투자는 어려울 것이 없다. 여기에서는 별도의 권리분석이나 물건분석 절차는 생략하고, 공매물건을 찾아 어떻게 투자하는지 방법 위주로 설명한다.

부동산 공매란?

법 규정에 따라 국가기관 등에 의하여 강제로 이루어지는 매매로 불특정 다수의 매수 희망자들이 자유 경쟁을 한 결과 최고 가격에 의해 매수인을 결정하는 매각 방법을 공매라고 한다. 소재지, 종별, 수량, 매매가격 등 물건의 기본적인 상태와 개별적인 매각 조건을 고지한 후 일반 경쟁 입찰을 통해 처분하는 제도이다. 대표적인 공매 전문기관이 한국자산관리공사(KAMCO)이다.

캠코에서는 「국제징수법」에 의한 압류 재산뿐만 아니라 부실채권정리기금을 활용해 자체에서 매입한 금융기관 부실채권, 양도세 회피 목적으로 개인들이 매각 의뢰한 수탁재산, 금융기관과 기업체들이 소유하고 있는 비업무용 자산, 국가 소유의 국유재산, 국가와 지방자치단체를 비롯해 기타 공공기관 등에서 매각 의뢰한 이용기관 재산 등을 매각 대행한다. 공매는 다수의 물건을 동시에 공개 매각하는 것이므로 대중성, 공정성, 신뢰성을 바탕으로 하는 것이 특징이다.

공매물건의 종류

압류 재산

세금을 내지 않은 체납자의 재산을 국가기관 등이 압류한 후 체납 세금을 받기 위해 캠코에 매각을 의뢰한 물건이다. 압류한 동산, 유가증권, 부동산, 무체재산권과 「국세징수법」 제41조 제2항의 규정에 따라 체납자에게 대위(代位, 일정한 조건하에서 이루어지는 권리의 이전)하여 받는 물건이다.

유입자산

금융기관의 구조 개선을 위해 캠코가 법원경매로 취득한 재산, 부실 징후 기업체를 지원하기 위해 기업체로부터 취득한 재산을 일반인에게 다시 매각하는 부동산이다.

수탁재산

금융기관 및 기업체가 소유하고 있는 비업무용 보유 재산을 캠코가 매각을 위임받아 일반인에게 매각하는 부동산이다.

국유재산

캠코가 국가 소유의 잡종재산(雜種財產, 국유재산에서 행정재산과 보존재산 이외의 재산으로 행정수익을 직접 목적으로 하는 재정재산)의 관리와 처분을 위임받아 입찰 또는 수의계약의 방식으로 일반인에게 임대(또는 매각)하는 부동산이다. 국유재산은 원칙적으로 매각을 금지하지만 예외적인 경우에 한해 관련 기관의 승인을 얻은 후 매각을 진행한다.

부동산 공매 온비드 시스템

온비드(On-bid)는 한국자산관리공사가 관리·운영하는 종합 포털 시스템으로 '온라인 바이딩(On-Line Bidding)'의 약자이다. 재정경제부 고시 제2006-6호 및 행정자치부 고시 제2006-1호에 의거 국가기관, 지방자치단체, 교육기관, 기타 공공기관은 국공유 재산 및 물품의 관리·처분을 위하여 입찰하는 경우 온비드 시스템을 의무적으로 이용한다.

국가를 당사자로 하는 계약에 관한 법률 등에서도 국가기관, 공공기관이 부동산 또는 물품 등 자산을 경쟁의 방법으로 입찰에 부치는 경우에는 온비드에 공고하는 것이 의무화되어 있으며, 국유재산 법령에서도 경쟁의 방법으로 국유잡종재산의

| 온비드 사이트 |

처분, 국유재산의 대부, 사용·수익에 대하여 허가할 때는 온비드 시스템을 통한 전자입찰을 의무화하고 있다.

온비드 사이트는 전자자산처분 시스템으로 운영되는 대표적인 공매 사이트이다. 이 사이트의 메뉴 구성은 다음과 같다.

- 부동산
- 동산/기타자산
- 정부재산정보공개
- 입찰/이용안내
- 사회공헌장터
- 온비드소개 등의 주요 검색 메뉴

주요 검색 메뉴 중에 부동산 공매에 필요한 부분을 살펴보자. 온비드 홈페이지 메인 화면 상단메뉴에서 부동산을 검색하면 좌측에 물건, 공고, 테마물건, 입찰결과 등 주요 메뉴가 나온다. 물건 메뉴를 클릭하면 밑으로 물건검색, 신규물건, 캠코 국유재산 전용관, 캠코 압류재산 전용관, 캠코 수탁·유입자산 전용관, 수의계약 가능물건, 공공기관 임대물건 등의 메뉴가 나온다. 필요한 메뉴를 클릭하여 물건을 선정하고 입찰 기간에 전자입찰을 하면 된다.

공매 입찰 절차

온비드 회원가입하기

온비드 사이트(www.onbid.co.kr)에 접속한 후 회원가입을 한다. 회원 종류에는 개인회원, 법인회원, 이용기관회원이 있으며, 개인은 개인사업자 회원으로 이중 가입도 가능하지만 개인회원을 제외한 모든 회원은 별도로 가입 승인 절차가 필요하다.

공인인증서 등록하기

공인인증서는 인터넷상에서 인감과 같은 기능을 수행하므로 인터넷 입찰에 참여하기 위해서는 반드시 공인인증기관을 통해 본인(사업자) 명의의 전자거래 범용(또는 온비드 전용) 공인인증서를 발급받아 등록해야 한다. 은행용, 증권용 등으로 특정한 용도가 지정된 인증서는 사용할 수 없다.

입찰 참여하기

① 입찰할 물건 찾기

상단 메뉴 중 '부동산' 하위 메뉴인 '부동산 HOME'에서 '물건검색-상세조건검색' 등을 통해 인터넷 입찰이 가능한 물건을 찾을 수 있다. 이 경우 물건 정보를 '관심물건'으로 등록하면 '나의온비드'를 통해 해당 건에 대한 정보를 쉽게 파악할 수 있다. 그리고 물건분석과 권리분석을 하기 위해서는 '입찰물건' 하단에서 '물건세부정보', '입찰정보', '시세 및 낙찰 통계', '부가정보' 등을 확인한다.

② 입찰서 작성 제출

인터넷 입찰이 시작된 물건정보 화면 하단의 '입찰정보' 목록에서 '입찰'을 클릭하면 '인터넷 입찰서 작성' 화면으로 이동한다. 화면 이동 후 환불 계좌번호와 입찰 금액을 입력하고 입찰 참가자 준수 규칙에 전자서명을 한다.

③ 입찰보증금 납부

입찰 참가 수수료 등을 포함하여 일괄로 납부 기한 내 납부해야 하며, 입찰보증금 납부 방법으로 전자보증서를 공고한 경우 서울보증보험 발행 전자보증서로 납부 가능하다. 입찰보증금을 현금으로 납부하는 경우 인터넷뱅킹, 폰뱅킹, ATM, 은행 창구 등 일반적인 은행 거래 방식으로 입금이 가능하다. 그러나 각 금융기관별로 서비스 이용 시간과 이체한도에 제한이 있으므로 주의한다. 보증금 입금 상태는 '나의 온비드' 코너의 '입찰내역'을 통해 확인 가능하다. 입찰 진행 상태 알림 무료 서비스를 신청하면 휴대폰 문자 메시지와 이메일을 통해 입찰서 제출, 입찰 마감, 본인의 입찰 결과도 알려준다. 이러한 무료 서비스에 가입하면 편리하게 참여할 수 있다.

④ 입찰 결과 확인

'나의온비드-입찰내역-입찰결과'에서 확인할 수 있으며, 해당 기관이 공지된 날에 낙찰자를 선정한다. 낙찰된 경우에는 입찰보증금이 입찰기관의 계좌로 자동이체되며, 유찰되면 입찰서 제출 시 등록한 계좌로 송금수수료를 제외하고 환불된다.

⑤ 낙찰자 대금 납부

한국자산관리공사 담당 직원이 직접 수납하지 않기 때문에 캠코에서 지정하는 예금계좌로 납부 기한 내에 납부하고, 금융기관에서 입금한 후 입금증을 담당 직원에게 제시한다.

공매와 경매가 동시에 진행되는 경우 투자 전략

공매와 경매는 적용 법률부터 다르기 때문에 여러 가지 차이가 많다. 공매는「국세징수법」에 의해 진행되고, 경매는「민사집행법」에 의해 진행된다. 따라서 공매의 매각 절차와 진행 방법은 기본적으로「민사집행법」과「민법」에 많이 의존하고 있다. 그러나 배분요구 종기일에 대한 처리, 현황 조사에 의한 임대차 관계와 배분요구 종기일, 부동산 인도명령, 매각 예정 가격의 체감 방식, 차순위신고제도 등에서 차이가 크다.

공매와 경매가 비슷한 시기에 진행될 경우 두 절차 간의 시간 차와 최저 가격 등을 비교해서 입찰에 참여한다면 의외의 수확을 거둘 수 있다. 어떤 물건이 경매로 2018년 8월 9일에 입찰해서 감정가 대비 3%인 1억 원에 낙찰되었다면, 8월 23일 정도에 매각 잔금 납입일이 결정될 것이다.

경매는 낙찰되고 14일이 지나야 잔금을 납부할 수 있지만, 공매는 낙찰되면(통상적인 압류재산인 경우 월요일에서 수요일까지 입찰하고, 목요일 11시경에 낙찰이 발표된다. 그다음 월요일 오전에 매각 결정이 확정되면 이때부터 잔금을 납부할 수 있다) 그다음 월요일 오후부터 잔금을 납부할 수 있다. 그런데 이 물건이 공매로도 진행되고 있다면, 2018년 8월 6일부터 공매가 진행되지만 첫 입찰은 유찰될 것이고 8월 16일에 낙찰될 수 있다. 그렇다면 이 물건은 8월 20일부터 잔금을 납부할 수 있다.

이 물건은 경매에서 먼저 낙찰받고 그다음 절차까지 14일이라는 시간이 걸리지만, 공매에서는 8월 14일까지 입찰하고 16일에 낙찰받는다면(8월 15일은 공휴일), 8월 20일 오후부터 잔금 납부가 가능해서 소유권을 먼저 가져올 수 있다.

이렇게 시간 차가 별로 없는 상태에서 경매와 공매가 동시에 진행될 때는 경매와 공매의 양 제도는 상호불간섭 원칙에 따라 매각 잔금 납부를 먼저 한 사람이 소유권을 취득한다. 이런 물건은 공매로 공격적으로 낙찰받고, 경매에서 보수적으로 낙찰받아 잔금을 납부하면 공매는 취소된다. 그런데 경매에서 패찰할 경우 잔금 납부 기일 안에 있는 공매에서 잔금을 납부하면 경매에서 낙찰받은 사람은 취소된다.

공매물건이 유찰되면 수의계약으로 수익을 낼 수 있다

수의(유찰)계약이란 일반 경쟁 입찰을 거치지 않고 부동산을 매수하는 방법으로 유찰된 가격에 공매물건을 싸게 살 수 있다. 캠코에서는 부동산의 매각을 공매와 수의계약이라는 2가지 방법으로 운용하고 있다. 공매에서 매각되지 않고 유찰된 물건은 입찰 당시에 제시한 매각 조건으로 수의계약이 가능하다. 다만 수의계약을 할 수 있는 시기는 자산 형태별로 차이가 있다. 수의계약이 가능한 물건은 '입찰공고문'과 '물건정보'에서 확인 가능하다.

- 유입자산 : 다음 공매 공고 전일까지 수의계약이 가능하다.
- 수탁재산 : 다음 공매 공고 전일까지 수의계약이 가능하다.
- 국유재산 : 2회 유찰 후 차기 공고 전일까지 언제든지 수의계약이 가능하다.

02

쉽고 간편한 부동산 신탁공매 투자

부동산 신탁공매 투자는 많이 알려지지 않았고 매각 방식도 다양해서 집중적으로 관심을 갖지 않으면 놓치기 쉽다. 부동산 신탁공매는 부동산 공매 사이트 온비드에서 전자입찰을 하거나 신탁 공매기관 회의실에서 실시하는 현장공매로 입찰에 참가할 수 있다. 부동산 신탁재산과 기타 공공기관 재산 등의 공매 절차는 「민사집행법」에 의한 법원경매와 「국세징수법」에 의한 압류 재산 공매 등의 절차보다 훨씬 단순하다. 공매 집행기관별로 조금씩 차이가 있지만 어렵지 않다. 매각 방식이나 장소, 계약 방법, 기간, 제출 서류 등이 기관별로 차이가 있으나 기본 절차는 법으로 정해진 방식을 벗어나지 않는다.

한때는 신탁기관 회의실에서 현장공매만 진행하던 시절도 있었다. 그러나 지금은 주택이나 상가, 토지 등 소액 물건은 현장공매보다 온비드의 전자입찰 공매를 주로 진행한다. 부동산 가치가 크거나 일반인이 접근하기 어려운 고가의 부동산만 현장공매를 진행하는 추세이다. 현장공매보다 인터넷 전자입찰 공매가 접근하기 쉽고 대중성이 있어서 높은 가격으로 매각된다.

따라서 쉽고 간단하게 부동산 투자를 할 수 있고, 권리관계가 단순하며, 안전하게 소유권 이전이 가능하다. 경쟁이 심한 일반 공매나 경매보다 경쟁률이 낮고 수의계약도 가능하기 때문에 단시간에 많은 수익을 낼 수 있는 투자 방식이다. 대부분의 복잡한 권리는 공매를 진행하는 신탁기관이 해결해주는 경우가 많고, 설령 인수한다 해도 그만큼의 가격 부담을 덜어주기 때문에 큰 부담 없이 투자 가능하다. 물건 인도 절차나 매수인이 인수해야 할 권리 등이 있으면 신탁공매 공고문에서 세세하게 안내해주기 때문에 공고문을 꼼꼼히 보고 투자하면 된다.

부동산 신탁공매는 많이 알려져 있지 않기 때문에 우량 물건을 싸게 살 기회가 많다. 일반 공매와 비슷하게 진행되므로 신탁물건을 공매로 구입한다고 생각하고 투자하면 된다. 이번 기회에 부동산 투자의 블루오션인 부동산 신탁공매에 관심을 가져보기 바란다.

부동산 신탁이란?

부동산을 신탁재산으로 수탁하면(위탁자), 신탁회사(수탁자)가 수탁받은 부동산을 관리·개발·처분하여 발생한 수익을 위탁자 또는 수익자에게 교부해주는 제도이다. 개인, 기업, 부동산 개발업자 등 모든 부동산 소유자가 이용할 수 있다. 그 종류는 토지신탁, 담보신탁, 관리신탁, 처분신탁, 투자자문, 대리사무, 분양관리신탁, 국·공유지 신탁, 프로젝트 대출 등이 있다.

「신탁법」 제2조에서 규정하는 신탁의 정의는 신탁을 설정하는 자(위탁자)와 신탁을 인수하는 자(수탁자) 간의 신뢰 관계에 기하여 위탁자가 수탁자에게 특정의 재산을 이전하거나, 담보권의 설정 또는 그 밖의 처분을 하면, 수탁자는 수익자를 위하여 그 재산을 관리, 처분, 운용, 개발 등의 행위를 하게 하는 법률관계이다.

토지신탁

고객이 신탁한 토지(신탁재산)에 건축물을 신축하거나 택지 조성 등의 사업을 시행한 후 이를 분양하거나 임대하여 그 수익을 위탁자에게 돌려주는 것을 말한다. 토지신탁은 신탁 토지에 건축, 택지 조성 등의 사업을 시행한 후, 일정 기간 동안 임대하여 발생한 임대 수익을 수익자에게 교부하는 '임대형 토지개발신탁'과 건축이나 택지 조성 등의 사업을 시행한 후 분양하여 발생한 분양 수익을 수익자에게 교부하는 '분양형 토지개발신탁'으로 구분할 수 있다. 우리나라는 분양형 토지개발신탁이 주종을 이룬다.

관리신탁

신탁 부동산에 대한 임대차 관리, 시설의 유지 관리, 소유권의 법률과 세무 관리, 수입금의 고수익 관리 등 일체의 부동산 관리 업무를 주로 하는 신탁 업무이다.

처분신탁

신닥 부동산에 대한 처분 방법이나 절차에 어려움이 있는 부동산, 매수자가 제한되어 있는 부동산 등 중개 행위로 처분하기에는 안전성, 신뢰성이 요구되는 부동산을 신탁회사가 공신력을 바탕으로 처분해주는 신탁 업무이다.

담보신탁

소유자가 자신의 채무 이행을 보장하기 위해 소유권을 신탁회사에 이전하고 신탁회사는 채권자를 위하여 일정 기간 신탁 부동산을 관리하다가 채무 불이행이 되면 신탁 부동산을 환가하여 채권자에게 변제한 후 잔액이 있으면 소유자에게 반환하는 것을 말한다.

부동산 담보신탁이란?

부동산 소유자(위탁자)는 자신 또는 타인의 채무 이행을 보장하기 위해 자기 소유의 부동산을 은행 등에 담보로 제공할 목적으로 이용한다. 부동산 담보신탁은 근저당 제도를 대체하는 선진형 금융상품으로, 금융기관에 대출을 신청할 때 통상적으로 이루어지고 있는 근저당 설정에 대체되는 채권보전 방법의 하나이다. 건물이나 토지 등 부동산을 담보로 자금을 대출받고자 하는 경우에 주로 이용한다.

위탁자(대출 예정자)는 신탁회사와 담보신탁 계약을 체결하고, 신탁회사는 우선수익자(대출기관)에게 우선수익권을 발행해준다. 대출기관에서는 우선수익권을 담보로 위탁자에게 대출을 해준다. 대출금 상환이 제때 이루어지면 담보신탁 계약은 해지되고, 상환이 제때 이루어지지 않을 경우 신탁회사는 자체적인 공매 절차를 통해 대출기관에 대출금을 상환하고 잔여금은 위탁자에게 돌려준다.

채무자(위탁자)가 대출금을 상환하지 못하면 수탁 부동산을 공매를 통해 신속히 처분하여 대출금을 상환할 수 있다. 이때 실거래가와 유사한 가격으로 처분하므로 채무자의 손실을 최소화할 수 있다. 이러한 업무를 하는 신탁회사는 대한토지신탁, 한국토지신탁, 한국자산신탁, KB부동산신탁, 코람코 자산신탁, 국제자산신탁, 생보부동산신탁, 하나자산신탁, 아시아신탁, 무궁화신탁 등이 있다.

부동산 담보신탁의 장단점

부동산 담보신탁의 장점은 다음과 같다.

첫째, 신탁의 수익권 담보대출 한도가 실물인 부동산 담보대출보다 높다. 담보물이 부동산이 아니라 '수익권'이기 때문에 부동산에 대한 담보대출비율 적용을 받지 않는다.

둘째, 토지를 신탁하고 취득한 수익권을 대출 금융기관에 담보로 제공하면, 토지에 근저당을 설정하지 않고도 담보 제공·대출이 가능하다. 「건축물의분양에관한법률」에 따르면 신축 건물을 선분양하기 위해서는 토지에 근저당 같은 권리 제한이 없어야 한다는 조건이 있다. 신탁은 근저당 없이 대출이 가능하기 때문에 선분양의 전제 조건을 충족한다. 따라서 부동산 개발사업을 하는 경우 대부분 부동산 신탁을 이용한다.

셋째, 신탁재산의 독립성으로 개발 사업의 안정성을 확보하는 효과를 제공한다. 신탁재산은 도산분리 기능(倒産分離機能, 위탁자 또는 신탁회사가 파산해도 파산자의 재산과 분리되기 때문에 압류 또는 경매 처분되지 않는 기능)이 있어 신탁회사나 위탁자가 도산해도 신탁재산은 안전하게 지켜진다.

그에 반해 부동산 담보신탁의 단점은 다음과 같다.

첫째, 일반금리보다 1~2% 높다. 대출금리가 조금 높은 대신 대출을 많이 해준다. 일반 아파트는 실거래가의 80% 수준까지 대출해주기 때문에 단기 투자자들은 이용해볼 만하다.

둘째, 전·월세 계약 체결이 불편하다. 임대차 계약 시 수탁자인 신탁회사와 우선수익자인 금융기관의 동의가 필요하다.

| 담보신탁과 근저당권의 비교 |

구분	담보신탁	근저당권
담보권 설정 방식	• 신탁등기(신탁회사로 소유권 이전) • 등기사항전부증명서 '갑구' 표시	• 근저당권 설정 • 등기사항전부증명서 '을구' 표시
채권 실행 방법	• 신탁기관 공매	• 법원경매
담보 부동산 관리	• 신탁회사에서 관리	• 대출기관에서 관리
신규 임대차, 후순위 권리 설정	• 신규 임대차 등의 후순위 권리 배제 • 담보 가치 유지 가능	• 후순위 권리 설정 가능하고, 신규 임대차로 소액 임차인의 최우선 변제금 배제 불가
채권추심	• 단기/간편	• 장기/복잡
물상대위권 행사	• 사전 압류 불필요	• 사전 압류 필요
재산권 보호	• 파산재단에서 제외	• 제3자 압류 가능(파산재단 포함)
추가 대출	• 불가능	• 가능
후순위 권리자 강제집행	• 선택적 가능(선순위 동의)	• 제3의 채권자 강제경매 신청 • 후순위 근저당권자 임의경매 신청 가능

셋째, 부동산 담보신탁에 대한 정보가 보편화되어 있지 않아서 일반인은 몰라서 이용하지 못하는 경우가 많다.

부동산 신탁공매 진행 절차

부동산 신탁공매 절차는 다음과 같다.

① 위탁자(채무자)가 대출금을 변제하지 않은 경우 우선수익자(대출 금융기관)는 수

탁자에게 환가(환산) 요청을 한다.

② 신탁회사는 위탁자(채무자)에게 최종적으로 채무 이행을 최고(催告, 다른 사람에게 일정한 행위를 할 것을 요구하는 통지)하고 환가를 위한 감정평가를 하여 최초매각예정금액을 정한다.

③ 일간신문에 공매 공고를 한다.

④ 공매를 실시한다. 온비드에서 진행하는 인터넷 공매와 집행기관 회의실에서 진행하는 현장공매가 있다. 매각 방법은 1일 2회 이상으로 2~3시간 차이를 두고 매각하는 방법과 1일 1회 또는 2일 1회, 주 1회, 월 1회 매각하는 방법이 있다. 유찰된 경우 유찰 당시의 최저 입찰가격으로 수의계약을 할 수 있다.

⑤ 최고가로 입찰한 한 사람을 낙찰자로 선정한다. 낙찰자가 없으면 재공매를 한다.

⑥ 계약을 체결한다. 낙찰자는 5일 이내에 집행기관과 계약을 체결한다. 낙찰자가 대금을 미납하면 재공매를 실시한다.

⑦ 대금 납부 후 소유권 이전등기 절차를 진행한다.

신탁공매 진행 절차

① 우선수익자의 환가 요청 — ② 최초매각예정금액 결정 — ③ 공매 공고(일간신문) – ④ 공매 실시(주로 온비드로 인터넷 공매) — ⑤ 최고가 낙찰자 선정 — ⑥ 계약 체결 — ⑦ 대금 납부 후 소유권 이전등기

담보신탁 공매는 온비드를 통한 인터넷 공매와 현장공매가 있다

온비드 인터넷 공매

온비드 홈페이지에서 '부동산' 메뉴를 클릭하면, '부동산 HOME' 메뉴가 나온다. 상세조건검색의 상세보기에서 처분방식, 물건명, 입찰기간, 용도선택, 기관명, 소재지, 토지면적, 유찰횟수, 공유자여부, 자산구분 등이 나온다. 처분방식(매각), 입

찰기간, 소재지, 자산구분 등의 검색 조건을 입력하고 신탁재산 공매물건은 맨 아래쪽 자산 구분에서 기타일반재산 메뉴를 선택하고 검색을 누르면 된다. 이외 여러 가지 검색 방법이 있는데, 통합검색을 하면 물건 구분에서 기타 일반재산 항목으로 다른 재산과 함께 통합하여 검색된다.

현장공매

현장공매는 신탁기관 회의실에서 입찰 절차를 진행하는 것으로 정해진 입찰 시간에 공개 매각을 실시한다. 이때 일간지에 공고했던 매각물건의 공고문과 별도의 매각 조건 등을 설명하고 입찰을 진행한다.

예금보험공사, 정리금융공사, 나라신용정보, 농협자산관리공사, 산림청에서 공매를 진행하며, 각 금융기관이 보유한 부실재산 정리를 위한 직접공매, 개인기업 등의 비업무용 자산 정리를 위한 직접공매가 있다. 현장공매는 각 기관의 홈페이지 또는 신문 광고를 통해 확인할 수 있다.

신탁재산 공매물건 권리분석

「국세징수법」으로 진행되는 압류 재산 공매와 「민사집행법」으로 진행되는 경매는 매각 절차에서 소멸주의 원칙이 적용된다. 말소기준권리로 선순위는 낙찰자가 인수하고 후순위는 소멸한다. 2가지 매각 절차를 제외하고 대부분 계약 체결 방식을 적용하여 인수주의를 택하고 있다. 즉 국유재산, 수탁재산, 유입자산, 이용기관 재산 등의 공매와 신탁재산 등의 공매는 인수주의를 적용한다. 다시 말해 매매 계약과 비슷한 방식으로 매각 절차가 진행된다.

예를 들어 국유재산이나 기타 재산인 어떤 아파트를 공매로 매입하려고 하는데, 임차인이나 등기부에 등기된 채권이 있다면, 특약으로 매수인이 인수하기로 하고 매각 대금에서 그만큼 공제하고 잔액을 지급하거나, 특약으로 잔금 지급 전에 말소하는 조건으로 인수할 수 있다.

신탁재산 공매물건의 권리분석은 일반 경매물건 권리분석과 유사하지만 많은 부분은 우선수익자인 은행이나 수탁사의 공매 담당자와 협의하여 해결하는 경우가 많다. 일반적으로 공적 장부를 통해 권리분석을 하는 방법은 다음과 같다.

첫째, 등기사항전부증명서와 신탁원부를 발급받아 확인한다. 수탁사로 등기된 신탁등기일과 그 이전의 소유자(위탁자), 대출을 실행한 은행(우선수익자)과 채권 금액, 이자 등을 확인한다.

둘째, 주민센터 등에서 전입세대 열람과 신탁등기일을 기준으로 공매 대상 주택에 거주하는 세대원을 확인하여 대항력 유무를 판단한다. 전입세대원이 위탁자 본인이거나 그 가족이라면 신탁사에 대항할 수 없다. 그러나 제3자가 대항 요건을 갖추고 있다면 대항력이 있을 수 있다. 신탁등기일을 기준으로 신탁등기 이전에 대항 요건을 갖춘 임차인은 대항력이 있기 때문에 매수인이 인수해야 한다. 대항력이 없다면 명도(明渡, 모든 권리를 다른 사람에게 넘겨줌) 대상이 된다.

신탁등기 이후에 수탁사 등과 계약한 임차인이 있다면 어떻게 해야 될까? 신탁등기일 이후에 대항 요건을 갖추고 수탁사 등과 임대차 계약을 했다면 대항력이 있다. 이런 경우에는 수탁사가 임대인이 되면서 임대보증금을 수탁사 법인 계좌에 보관하고 있다면, 보증금을 반환하게 되므로 신탁재산 공매와는 관계가 없다. 그러나 1순위 우선수익자(은행)의 채권을 상환해야 하는 상황이라면 임차인은 「주택임대차보호법」에 따라 대항력을 가지고 계속 거주하는 방법과 배당요구를 해서 배당을 받고 소멸하는 방법이 있다. 이때 미배당금이 발생하면 수탁자의 책임으로 남게 된다. 이렇게 대항력을 주장하느냐 우선변제권을 주장하느냐에 따라 매각 대금에서 배당하고 말소할 것인지, 매수인 부담으로 매각할 것인지를 조건으로 내세워 공매를 진행한다. 따라서 공매 공고문을 잘 읽어보고, 공매 담당자에게 매각 조건을 정확하게 들어본 다음 입찰에 참가해야 한다.

셋째, 건축물대장과 건물 현황도 및 평면도를 확인 한다. 불법 건축물 등으로 인해 이행강제금 등이 부과될 수 있기 때문에 세밀하게 검토해야 한다. 신탁공매에서는 감정평가서를 확인할 수 없는 경우가 많고, 있다 해도 약식감정서이기 때문에 확인되지 않는 것들이 많다.

03

NPL로 특수물건에 투자해서 부동산 폭탄 세일을 받자

NPL이 특수물건을 만나면 세 번 할인받아 수익은 3배가 된다

물건을 살 때 세 번 할인을 받는다면 정상 판매가보다 얼마나 싸게 살 수 있을까? 대개 절반 가격도 안 된다. 20% 할인받은 상품권을 가지고 세일 제품을 구입하면 원래 가격의 60~70%에 살 수 있다. 게다가 아울렛 매장에서 할인된 가격으로 사면 정가의 절반도 안 된다. 해당 부동산의 NPL(부실채권)을 20% 할인된 금액으로 매입해서 경매시장에서 또 20% 할인받고, 특수물건에서 다시 20%를 할인받아 매입하면 수익률은 상상 이상이 된다.

경매의 즐거움은 물건을 싸게 사는 것이다. 그러나 지금은 경매가 대중화되어 일반적인 물건으로는 수익을 올리기 어렵다. 경매에 대한 공부를 조금 더 심도 있게 하고 특수물건에 투자할 능력을 키워야 할 때이다. NPL과 경매 투자에서 특수물건은 그야말로 양날의 칼이다. 누가 손잡이를 잡느냐에 따라 결과는 완전히 달라진다.

물건에 특수권리(법정지상권, 유치권, 지분, 선순위 가등기, 선순위 가처분, 토지별도등기, 가장 선순위 임차인, 후순위 토지인도 및 건물철거 가처분, 분묘기지권 등)가 있으면 낙찰 가격은 떨어지게 마련이다. 낙찰 가격이 떨어진 만큼 NPL 투자자의 수익률도 떨어진다. 그러나 특수권리(물건)로 인해 NPL을 인수한 경매물건의 입찰 가격이 평균 이하로 떨어지면 직접 경매에 참가할 기회도 생긴다. 투자 목적을 바꾸면 전혀 다른 차원의 투자가 될 수 있다. 위기를 기회로 만들 수 있다는 것이다.

특수물건이라는 말만 들어도 초보 투자자들은 아예 고개를 돌린다. 게다가 NPL이라는 탈을 쓰고 있으면 지레 포기한다. 일반 매매가의 절반 정도에 낙찰되어도 이상할 것이 없다. 특수권리(물건)에 대한 NPL 매입, 그리고 경매에 입찰이라는 구조를 가지면 수익률은 상상 이상이다. 이런 물건은 AM(자산관리자)과 협상하기도 쉽다. 물론 투자자가 권리분석을 잘해야 한다. 통상의 유동화회사 직원들은 어렵고 특수한 권리를 가진 물건들에 대한 권리분석을 못하기 때문에 빨리 처리하는 데 급급하다. 특수권리가 있는 좋은 물건을 좋은 조건으로 협상해서 낙찰받으면 된다. 특수물건은 NPL에서도 잘 활용하면 달콤한 수익을 충분히 챙길 수 있다. 그러나 지금은 NPL 시장의 투자 환경이 엄청나게 변화되고 있다. 가산금리가 3%대로 줄어들면서 연체이자율이 7~9%대로 줄어드는 셈이 되어 수익을 많이 낼 수 없다.

NPL 물건을 전문적으로 투자해오던 대부회사들은 후순위 추가 담보대출이나 경매취하자금 내출, 경매말소자금 대출 등으로 사업 방식을 전환하고 있는 실정이다. 지금의 시장 상황을 지켜보면서 NPL 투자 방향을 모색하는 시간을 갖기 바란다. 앞으로 시장이 어떻게 변할지 모르니 미리 공부해두고 좋은 투자 기회가 올 때까지 기다려야 한다.

NPL이란?

NPL(Non Performing Loan)이란 부실대출금과 부실지급보증금을 합친 개념으로 금융기관의 대출금을 회수할 가능성이 없거나 어렵게 된 부실채권을 말한다. 한마디로 정리하면 채무자가 채권자에게 대출 원금이나 이자를 갚지 못한 것이다. 원금이나 이자를 3개월 이상 연체하면 '무수익 여신', '근저당권부 채권', '고정이하 여신' 또는 '부실채권'이라고 한다.

IMF(국제통화기금)은 '고정이하 여신'을 부실여신, 즉 NPL로 간주한다. 우리나라 금융기관은 부동산을 담보로 대출받은 사람이 3개월 이상 이자를 내지 못한 부실채권을 NPL로 분류하고 있다. 이 부실채권을 구매하여 엄청난 수익을 올릴 수 있는 것이 NPL 투자이다. NPL이 왜 생기고, 어디서, 어떻게 매입해서 어떤 방법으로 수익을 내는지 간단하고 쉽게 설명한다.

NPL이 생기는 이유

금융권은 돈을 빌려주고 대출금을 회수하지 못할 경우에 대비해 담보로 잡은 부동산의 등기사항전부증명서에 근저당을 설정한다. 이때 제1금융권인 은행에서는 대출금의 120%, 제2금융권에서는 130%, 일반적인 대부업체는 150%를 채권최고액으로 근저당권을 설정한다. 즉 은행에서 1억 원을 대출받는다면 채권최고액은 1억 2,000만 원이나 1억 3,000만 원이 된다. 이 대출 원금과 채권최고액의 차이가

NPL 투자의 기반이 된다. 은행에서 대출해준 돈의 120~130%를 채권최고액으로 근저당권을 설정하는 이유는 1년간의 연체이자와 채권을 회수하는 비용을 산정하기 때문이다.

은행에서는 채권의 연체가 1~3개월인 경우에는 '연체요주의 채권', 연체가 3개월 이상 진행되었으나 실제로 회수 가능하다고 판단되는 경우에는 '고정연체채권', 12개월 미만인 경우 '회수의문채권', 12개월 이상은 '추정손실채권'으로 간주한다. 그러나 3개월 이상 연체되면 어떤 은행이든 부동산 경매를 시작하는 것이 현실이다.

이때 연체요주의채권은 2%, 고정연체채권은 20%, 회수의문채권은 75%, 추정손실채권은 100%의 대손충당금(은행이 빌려준 돈을 회수하지 못할 가능성에 대비해 수익의 일부를 충당해둠으로써 자본이 잠식되는 것을 막기 위한 자금)을 쌓아야 한다. 은행들은 이런 부담을 안고 싶어 하지 않는다. 요즘 같은 저금리 시대에 국민들에게 저축을 장려해서 대손충당금을 제때 쌓는 것도 어렵고, 대손충당금을 쌓지 못하면 은행은 엄청난 불이익을 받기 때문이다. 따라서 부실채권의 빠른 처리는 사활이 걸린 중대사가 아닐 수 없다.

1997년 IMF 이전에는 우리나라에 NPL이란 개념이 없었다. 1997년 우리나라 굴지의 기업들이 줄줄이 도산하고 수많은 은행이 퇴출되는 과정에서 금융기관이 보유하고 있던 부실채권이 기하급수적으로 증가했다. 정부는 금융기관의 구조조정을 지원하기 위해 한국자산관리공사의 부실채권정리기금을 통해 금융기관의 부실채권을 매입했다. 이렇게 매입한 부실채권은 우리가 너무나도 잘 알고 있는 론스타, 골드만삭스, 모긴스탠리 등 외국계 투자 펀드에 헐값으로 매각되었다. 담보부 부실채권은 대출 원금의 45%, 무담보부 부실채권은 3%라는 거의 공짜나 다름없는 가격이었다.

외국계 펀드는 이 부실채권을 다시 국내 투자자에게 재매각하거나, 법원경매를 통해 막대한 수익을 챙겼다. 우리는 이 엄청난 수업료를 내고 부실채권에 대해 공부하게 되었다. 이런 배경 때문에 부실채권은 외국계 펀드나 기관투자가들이 수백억 원씩 투자하는 상품이라는 선입견을 가지게 되었다. 그러나 부실채권은 아주 적은 돈으로도 누구나 투자할 수 있는 상품이다.

NPL로 돈 버는 다양한 방법

은행은 자산건전성을 높이기 위해 부실채권(NPL)을 정기적으로 매각한다. 이런 부실채권을 매입해 다양한 방법으로 많은 수익을 낼 수 있다. 경매가 진행되는 것을 기다렸다가 매각 대금에서 채권 금액을 회수하는 방법, 직접 경매에 응찰해서 낙찰받아 수익을 내는 방법, 채무자의 자진변제를 유도하여 수익을 내는 방법(채무자가 스스로 돈을 갚을 경우 그동안 밀린 이자를 받음으로써 수익을 내는 방법), 부실채권(NPL)을 되팔아 마진을 챙기는 방법 등이 있다.

은행들은 부실채권을 할인된 금액으로 매각하기 때문에 유리한 입장에서 투자할 수 있다. 왜냐하면 은행은 그동안 이자를 받아 어느 정도 이득을 봤기 때문에 원가 또는 할인된 금액으로 팔 수 있는 것이다. 요즘 경매시장에서 일반적인 물건으로 수익을 내기는 어렵다. NPL 시장도 많이 알려져 그리 녹록하지는 않지만, 수익이 많아 투자할 가치가 있다.

그러나 NPL은 함정도 많기 때문에 경매 공부를 꼼꼼히 해야 한다. 경매를 모른 채 NPL의 환상에 빠져 무작정 투자했다가 낭패를 보는 사례가 많다. NPL로 수익을 내려면 경매의 세밀한 부분까지 관심을 갖고 계산해낼 수 있어야 한다. 일반경매에서는 신경 쓰지 않았던 낙찰예상가, 채권행사 가능 금액, 채권최고액, 경매 청구 금액 등을 분석하고 수익으로 연결시킬 수 있어야 한다.

할인에 할인을 받아 부동산을 구입하는 NPL

예를 들어 10만 원짜리 백화점 상품권을 30% 할인된 7만 원에 사 이 상품권으로 백화점 정기 세일 기간에 10만 원짜리 청바지를 30% 할인된 7만 원에 구입했다면, 결과적으로 10만 원짜리 청바지를 4만 원에 산 것이다.

이 논리를 부동산에 대입해보자. 청바지와 달리 부동산은 매매할 수도 있는 투자 재화이다. 예를 들어 10억 원짜리 부실채권을 7억 원에 할인받아 구입하고, 부동산 경매에서 감정가 10억 원짜리 경매물건(NPL)을 본인이 직접 채권최고액인 10억 원에 낙찰받아 유입투자(경매 입찰에 직접 참여해서 낙찰받아 소유권을 취득하는 NPL 투자 방법)를 하면, NPL로 할인받은 7억 원과 낙찰가 10억 원 사이의 3억 원이라는 차액이 생긴다. 10억 원짜리 물건을 7억 원에 사서, 본인이 10억 원에 낙찰받으면 3억 원의 차익이 생긴다. 이 물건을 10억 원에 팔았을 경우 3억 원의 차액에 대한 양도세가 없다. NPL의 매력이 바로 절세 효과이다.

여기에서 그치지 않는다. NPL(저당권)을 사면서 매입 가격의 90%까지 대출이 가능하다는 것이다. 10억 원짜리 저당권(NPL)을 7억 원에 사는데 6억 3,000만 원까지 대출해준다는 것이다. 내가 투자한 돈은 7,000만 원이다. 7,000만 원으로 10억 원짜리 부동산을 사고 양도세를 한 푼도 내지 않는 절세 효과까지 얻는다. 그야말로 폭탄 세일을 받아 부동산을 구입한 효과가 있는 것이다.

부실채권 판매자 유동화회사

부동산 투자자라면 좋은 부실채권(NPL)을 최대한 저렴하게 구입할 줄 알아야 한다. 그 구입처가 바로 유동화회사, 즉 부실채권 판매자다. 유동화란 말 그대로 물 흐르듯이 한다는 뜻이다. 예를 들어 만기가 도달하지 않은 대출채권은 융통성이 없는 비유동성 자산이라고 할 수 있다. 은행금고에서 잠자고 있는 자산이다. 그런데 이런 대출채권을 담보로 채권을 발행하거나, 대출채권 자체를 매각한다고 하면, 비유동성 자산이 유동화됨으로써 자금을 흐르게 하는 효과를 얻게 된다. 은행들이 이렇게 자산을 유동화하는 이유는 자금을 조달하거나, 위험자산을 매각하여 재무구조를 개선하기 위해서다. 따라서 은행은 부실채권이 발생하면 매각한다. 유동화회사는 은행으로부터 부실채권을 매입해서 재매각한다. 투자자는 유동화회사로부터 부실채권을 매입해서 직접 수익을 창출할 수도 있고 다른 일반 투자자에게 재매각할 수도 있다. 은행들은 대부분 부실채권을 개인에게 팔지 않고 유동화회사 등을 통해 판매하고 일반 투자자는 유동화회사로부터 부실채권을 매입할 수 있다. NPL과 관련된 회사와 용어들에 대해 간단히 살펴보자.

SPC(Special Purpose Company, 유동화전문유한회사)

국제입찰(공개 경쟁 입찰) 방식을 통해 대규모 채권을 매입하는 주인공이 바로 유동화전문유한회사(SPC)이다. SPC는 부실채권을 매입하기 위해 일시적으로 설립되는 특수목적 회사로 채권 매입과 회수, 원리금 상환 등 계획한 유동화 업무가 종료되면 자동적으로 해산되는 일종의 페이퍼 컴퍼니다.

배드 뱅크(Bad Bank)

금융회사로부터 부실자산을 매입해 전문적으로 처리하는 구조조정 전문기관이다. 앞에서 설명했던 SPC의 별칭이다. 배드 뱅크는 굿 뱅크와 비교되는 개념이다. 부실자산으로 재정 상태가 건전하지 못한 금융회사의 부실자산을 SPC가 매입하면 SPC는 배드 뱅크가 되고 부실자산을 털어버린 금융회사는 자산건전성을 확보해 정상적인 영업을 할 수 있는 굿 뱅크(Good Bank)가 된다.

AMC(Asset Management Company, 자산관리회사)

SPC는 유동화자산의 관리, 운영, 처분을 AMC에 위탁하고 AMC는 담보부채권관리대행, 담보부채권 매입, 유동화자산 관리, 자산관리 컨설팅, 채권추심 등 고객의 이익을 극대화하는 업무를 한다. AMC가 투자자에게 위탁받은 부실채권을 회수하는 방법은 법원경매나 채무자 자진변제를 통해 직접 회수하는 방법과 개인 또는 법인 투자자에게 채권을 재매각하는 방법이다. 「자산유동화에관한법률」 제10조 제1항 제3호에 따라 대통령령으로 정한 자격 요건을 갖추면 누구나 AMC를 설립할 수 있다.

AM(Asset Manager, 자산관리자)

자산관리자는 부실채권을 관리하는 담당자로 자산관리회사(AMC) 직원이다. 일반 투자자가 부실채권을 매입하려고 할 때, 가장 먼저 부딪혀야 할 사람이 바로 AM이다. AM은 부실채권이 접수되면 담보가치 평가를 위해 현장 조사, 인근 시세 조사, 실거래가 조사를 한다. 그리고 경매 사례 분석, 수익 가치 산정, 감정평가 가격, 낙찰가율, 선순위 비용 및 권리, 인수 대상 권리 또는 부담, 할인율에 대한 분석을 실시하고 보고서를 만든다. 그리고 경매를 진행하고 배당금 회수, 채권추심, 재매각, 자산 유입 등 채권 회수 절차를 진행한다. 그러나 AM은 최종결정권이 없다. 부실채권의 물건 조사, 관리, 매각 대행 등의 업무를 하지만 최종적으로 유동화전문유한회사(SPC) 또는 투자한 주주들의 승인을 받은 물건을 처리하는 업무를 할 뿐이다.

ARP(Asset Resolution Plan, 자산정리계획)

ARP 가격은 '자산관리 가격', '채권회수 목표가격', '채권매각 적정가격' 등으로 불린다. 즉 AMC가 결정한 '부실채권 판매가'이다. ARP 가격은 '원가 + 이윤', 즉 채권 매입원가에 회사의 이윤을 합한 금액이다. 유동화전문유한회사는 원하는 기대수익률, 자금조달 금리, 관리 비용 등을 감안하여 현장 조사, 시장 상황, 이해관계인 인터뷰, 관련 사이트 조사, 개별자산 현황 파악 등 다각적인 조사와 분석을 통해 ARP를 결정한다.

NPL에 투자하기 위해 AM과 협상하는 방법

투자하고 싶은 NPL 물건을 찾았다면 그 물건을 보유하고 있는 자산관리회사의 담당자와 접촉해야 한다. 부실채권 관리자를 어떻게 찾아야 할까? 금융감독원의 감독을 받는 대형 유동화회사들은 매입한 부실채권을 모든 사람들이 볼 수 있도록 공시해야 한다. 따라서 AM을 찾으려면 우선 법원경매 서류에서 채권자, 즉 유동화회사의 정확한 이름을 확인한 후 금융감독원 전자공시 시스템(DART, http://dart.fss.or.kr/)에 접속한다. 접속 후에는 순서대로 따라 하면 아주 쉽게 정보를 얻을 수 있다.

① 상단 메뉴에서 공시 서류를 검색하고 회사별 검색에서 회사명을 정확하게 한글로 '우리에프앤아이제칠차유동화전문회사'라고 입력한다. 7차가 아니라

'칠차'라는 점을 유의해야 한다. 한 글자도 틀려서는 안 된다.

② 기간은 기본적으로 6개월로 표시되어 있다. 기간 선택을 전체 또는 1년으로 입력하면 폭넓게 검색할 수 있다.

③ 정기공시, 주요사항보고, 발행공시, 지분공시, 자산유동화 등 필요한 항목을 검색한다.

④ 자산유동화에 대한 공시 내용을 검색한다.

⑤ 유동화회사의 대표자, 주소, 실무책임자 성명, 전화번호 등의 정보를 확인한다.

공시된 담당자 전화번호로 연락하면 해당 부실채권의 담당자가 전화를 받는다. 실무책임자의 전화번호가 없으면 회사로 전화해서 교환을 통해 연결하면 된다.

다음은 114를 통해 AM의 전화번호 찾는 방법이다. 모든 유동화회사와 자산관리회사가 금융감독원에 공시하지는 않는다. 의무 조항이 아니기 때문이다. 특히 중소형 업체들이 공시하지 않는 경우가 많다. 이런 경우 114를 통해 알아낼 수 있다. 해당 물건의 등기사항전부증명서를 보면 최초로 근저당권이 설정되고 대출이 발생한 은행의 지점이 명시되어 있다. 114에 전화를 걸어 해당 지점의 채권관리 담당자의 전화번호를 물어본다. 그러면 본사 여신관리팀 담당자 전화번호를 알려준다. 본사 담당자에게 전화하면 해당 부실채권을 매입한 기관과 담당자 전화번호를 알려준다.

AM과 통화하는 방법은 간단하다. AM은 어떻게 전화번호를 알았느냐고 물어볼 것이다. 이때 초보자처럼 굴면 안 된다. 노련한 척해야 한다. "네, 지인이 소개해주었습니다" 또는 "다 아는 방법이 있습니다", "한두 번 합니까" 등 어느 정도 경험이 있다는 느낌을 주는 것이 좋다. 이렇게 인사하고 가격 협상을 한다. AM이 먼저 "매입가격은 얼마 정도 생각하십니까?"라고 물어보면 투자자 입장에서 유리한 가격 조건으로 대답하면 된다. "경매 최저가격으로 가능할까요?" 이렇게 타협점을 찾아가면 된다. 전혀 부담 가질 필요 없다. AM은 그저 회사 직원일 뿐이다. 나에게 유리한 방향으로 협상해나가면 되고, 협상이 순조롭지 않으면 다시 전화하겠다고 하면 된다.

NPL 매입 및 투자 방법

부실채권 투자에는 몇 가지 방법이 있는데, 많이 알려진 것이 2가지다. 배당금을 받는 '배당 투자 방법'과 경매에서 직접 낙찰받는 '유입 투자 방법'이다. 이것만 알아도 투자하는 데는 큰 문제가 없다. 이외에도 총 8가지 방법이 더 있는데, 자진변제 투자, 재매각 투자, 방어입찰 투자, 차순위 매수 투자, 전환 무담보 채권 투자, 대위변제 투자 방법 등이 있다. 다양한 투자 방법에 맞게 NPL을 매입하는 방법을 구체적으로 알아보자. 매입하는 방식이 곧 투자 방법이라고 할 수 있다.

채권양도 방식(Loan Sale)

NPL의 매수자가 자산 보유자로부터 근저당권부 부실채권을 할인된 금액으로 양도받아 그 대금을 전액 지급하고 근저당권을 이전받는 방법이다. 매수 후에는 기대수익이 높은 방향으로 경매 절차를 실행하여 배당을 받거나 본인이 직접 낙찰받아 유입하는 방법을 자유롭게 선택할 수 있다.

부동산에 설정된 근저당권을 통째로 산다는 것이다. 채권양도 방식으로 부실채권을 사는 순간 근저당권의 모든 권리와 의무가 내 것이 되었다는 의미로 등기사항전부증명서에 '확정적 채권양도'라고 기록된다. 투자자는 근저당권을 샀으므로 채무자에게 돈을 갚으라고 할 수도 있고, 경매를 신청할 수도 있으며, 이 근저당권을 다른 사람에게 되팔 수도 있다. 경매 절차에서 배당받아 채권을 회수할 수 있고, 채권자의 입장에서 경매 입찰하여 낙찰받아 소유권을 취득할 수도 있다.

채권양도 방식으로 부실채권을 매입하면 다양한 방법으로 투자가 가능하다. 첫째, 배당 투자 방법으로 경매 진행 절차를 지켜보면서 최종 낙찰되면 매각 대금에서 배당금을 받을 수 있다. 둘째, 본인이 경매에 응찰하여 낙찰받아 소유권을 취득할 수 있는 유입 투자 방법이다. 이것은 꿩 먹고 알 먹는 투자 방법이 될 수 있다. 셋째, 채무자가 스스로 돈을 갚게 할 수 있다. 일명 자진변제 투자 방법으로 투자자는 채권최고액만큼 이자소득을 챙길 수 있다. 넷째, 제3자에게 수익을 남기고 저당권을 매각할 수 있다. 재매각 투자 방법이라고 한다. 다섯째, 담보부채권(저당권 낙찰가)으로 회수하지 못한 채권을 전환 무담보 채권(담보 없이 대출해준 채권으로 채무자의 은익재산이나 소득원을 찾아내 채권을 회수할 수 있다)으로 회수할 수 있다. 전환 무담보 투자 방법이다. 여섯째, 대위변제 방식으로 투자할 수 있다. 예를 들어 2순위나 3순위 근저당권을 채권양도 방식으로 매입해서, 선순위 근저당권을 법정대위하여 수익을 달성하는 것이다.

또한 채권양도 방식으로 매입한 부실채권(NPL)은 근저당권부 질권(質權, 채무자가 돈을 갚을 때까지 담보물을 간직할 수 있고, 갚지 않으면 우선변제를 받을 수 있는 권리) 대출이 가능하므로 소액으로 투자할 수 있다. 예를 들어 1억 원짜리 부실채권(NPL)인 경우 90%까지 대출이 가능하기 때문에 1,000만 원으로 투자가 가능하다. 물론 대출 가능 금액은 개인의 신용이나 물건의 가치에 따라 조금씩 다를 수 있다.

그에 비해 단점으로는 채권 매입 시 초기 투자 비용이 크다는 것이다. 질권 대출을 활용하면 부담을 줄일 수 있으나, 저당권부 질권 대출이 안 될 경우 저당권 금액을 모두 지불해야 한다. 또한 채무자가 민원을 제기할 수도 있다. 근저당 이전 비용도 들어간다. 법원에 채권자 변경, 근저당권 이전, 채권양도 통지 등의 절차를 거쳐야 한다. 그리고 NPL 매입 후에 경매가 지연되거나 유치권이 신고되는 등 물건의 하자가 생길 수도 있다. 이렇게 권리분석을 잘못하면 투자자가 손해를 감수해야 한다.

채무인수 방식(채무자 교체 방식, Free Sale)

채무인수 방식은 채무액을 일부 탕감해주는 조건으로 유동화회사와 면책적으로 채무인수를 하기로 하는 계약을 체결하는 것이다. 유동화회사는 채무인수승낙서를 매수자에게 교부함과 동시에 매수자로부터 계약금 10%를 지급받는다. 매수자가 직접 입찰에 참여하여 근저당권자인 유동화회사가 실제 배당받을 수 있는 정도의 가격, 즉 채권최고액으로 낙찰받은 다음 채무인수승낙서를 법원에 제출한다.

매각 대금 지급을 대신하여 채무를 인수하겠다는 상계(相計, 같은 종류의 채무와 채권을 가지는 경우 일방적 의사 표시로 같은 액수만큼 소멸시킨다) 신청으로 매각 대금을 납부하고 소유권을 취득한다. 탕감받은 채무액(상계받은 금액)에서 유동화회사가 받은 계약금 10%와 배당금을 뺀 나머지 잔금을 정산하여 일정 기간 내에 변제함으로써 근저당권을 말소하는 방식이다. 매수자가 낙찰받지 못하면 계약은 자동 해지되고 채무인수 계약금은 환불한다.

채무인수 방식은 적은 투자금으로 부실채권에 투자하고 싶은 사람들의 요구와 부실채권을 신속하게 매각하려는 유동화회사의 입장에서 만들어진 것이다. 채무인수란 대출을 안고 부동산을 매입하는 개념과 유사하다. 채무인수 방식은 경매에서 직접 낙찰받는다는 조건부 계약을 통해, 면책적으로 채무를 인수하는 것이다.

예를 들어 어떤 사람이 유동화회사에서 1억 5,000만 원짜리 저당권을 5,000만 원에 매입하려고 한다. 그러나 5,000만 원이 없어 망설이다가 유동화회사 담당자하고 상담했는데, 계약금(10%)하고 입찰보증금(10%)으로 1,000만 원만 내면 채무인수 계약을 해주겠다고 한다. 이후에 이 사람은 경매에 참가해서 이 물건을 고가에 낙찰받았고, 낙찰 금액의 80%를 대출받아 채무인수 잔금을 지급하고 소유권을 취득했다. 이 사람은 1,000만 원으로 부실채권을 매입하여 소유권을 취득한 것이다.

유동화회사의 입장에서 보면 계약금만 받고 매매 계약을 해줄 테니 "반드시 당신이 낙찰받아야 합니다", "경매에 응찰해서 보증금을 납부하고, 낙찰되면 잔금은 대출받아 갚으세요" 이렇게 조건부로 인수하는 방식을 말한다. 말하자면 채무 상환 능력이 부족한 채무자를 상환 능력이 있는 채무자로 교체하는 것이라고 생각하면 쉽다. 이후에 유동화회사는 부실채권 매매가격을 초과하는 배당금(경매 낙찰 대금 - 부실채권 매매 금액)을 양수인(매수인)에게 돌려준다. 채무인수 방식의 계약은 유동화회사와 투자자 모두에게 이익이 될 때 가능하다. 유동화회사는 새로운 채무자로부터 채무를 쉽게 회수하고, 투자자는 소액으로 투자할 수 있다. 유동화회사는 기존 채무를 일부 탕감해주는 조건으로, 채권자는 채권의 일부를 포기하는 조건으로 새로운 채무자에게 일시적으로 채권을 인수시킨 다음 단시일 내에 채무 관계를 해결하는 것이다.

채무인수 방식의 가장 큰 장점은 소액 투자가 가능하다는 것이다. 부실채권 매입 대금 중 약 20%(계약금 + 입찰보증금)만 있으면 투자가 가능하다. 또한 근저당권 이전 비용이 없고, 채권자 변경 신고, 채권양도 통지, 질권 대출 등을 하지 않기 때문에 간단하고 투자 비용도 줄일 수 있다. 경매 절차에서 채권자가 받을 수 있는 채권최고액까지 높여서 고가에 입찰할 수 있으므로 낙찰 가능성이 높고 상계 처리가 가능하다. 소유권 이전등기 후 은행에서 담보대출을 받아 유동화회사에 채권양도 잔금을 납부하면 되기 때문에 소액 투자가 가능한 것이다.

채무인수 방식의 단점은 NPL 매입 금액보다 훨씬 많은 낙찰 잔금을 대출받는 사례가 많다는 것이다. 채무인수승낙서를 통해 상계 신청한 물건은 은행이 대출을 기피하는 경우가 있다. 대출받기 어려운 점이 채무인수 방식 투자의 걸림돌이다. 특히 소규모 유동화회사는 채무인수 방식을 피하는 경향이 크다. 지나치게 많은 대출을 받아 은행이 피해를 본 사례가 자주 발생하기 때문이다. 그래서 채무인수 방식 대신 유입조건부 사후정산이라는 새로운 방식으로 투자를 하고 있다.

관심이 집중된 곳에서는 결코 고수익을 낼 수 없다!

이전까지는 부동산 경매의 맛을 조금이나마 보았거나, 이제 막 경매를 시작하는 사람들에게 일반 경매물건 입찰 경험을 3~4년 정도 쌓고 자신감이 조금 붙으면 특수경매를 시작해보라고 권했다. 그러나 이제는 그럴 시간이 없다. 부동산 시장이 얼어붙고 경제 불황이 시작되면서 반대로 부동산 경매시장은 호황을 이루고 있다. 투자 가치가 있는 물건이 쏟아져 나오고 있기 때문이다. 일반물건의 경쟁률은 높고, 낙찰가도 내려가지 않는다.

낙찰가가 하락했다는 말은 지방에 한정된 얘기다. 수도권 아파트나 주거용 경매물건이 경매시장에 많이 나온 것은 맞지만 낙찰가는 별로 떨어지지 않았다. 부동산 경매시장이 호황을 맞고 있지만 일반물건은 여전히 경쟁률이 높고 수익률은 낮다. 이런 상황일수록 특수물건에 도전해야 한다. 같은 시간과 노력을 들이고도 수익은 몇 배의 차이가 나는데, 경쟁률이 치열하고 수익도 많지 않은 물건 주위를 맴돌 이유가 없다.

특수물건은 생각보다 훨씬 쉽고 단순하다. 나도 처음에는 엉겁결에 특수물건 경매를 시작했다가 지금은 나름대로 자리 잡고 책까지 쓰게 되었다. 일반경매에 비해 특별한 어려움이 있었던 적은 거의 없다. 일반물건인 아파트를 치열한 경쟁을 뚫고 실거래가와 비슷한 가격으로 낙찰받고, 해당 아파트 임차인을 만나러 가는 심정을 상상해본 적이 있는가? 착잡하기 이를 데 없다. 더구나 그 임차인이 보증금을 전액 배당받지 못하고 쫓겨나는 경우에는 마치 도살장에 끌려가는 소의 심정과 같다. 나의 스트레스는 물론 임차인의 반발도 크다. 이럴 바에는 부동산중개사무소를 통해 급매 물건을 사는 것이 훨씬 안전하고 저렴하다.

실제로 요즘 아파트 경매물건 감정가가 실거래가보다 약 1,000만~2,000만 원 높은 경우가 많다. 경매물건 감정평가 가격을 낮게 평가하면 소유자가 민원을 제기하는 경우가 많아 어쩔 수 없다고 한다. 얼마 전에 공매로 아파트를 하나 매입하려고 검색하던 중 국유재산(기타 재산)이 공매로 매각되는 아파트가 있어 현장 실사를 갔다가 근처 부동산중개사무소에서 일반 매물로 나온 물건을 공매 감정가보다 4,000만 원 더 싸게 샀다. 국유재산 공매 감정가는 1층인데도 6억 3,000만 원이었는데, 부동산중개사무소에 나와 있는 물건은 13층인데 5억 9,000만 원이었다. 당연히 부동산중개사무소 물건을 살 수밖에 없다.

일반 경매물건으로 수익을 낼 수 없다는 것은 이제 누구나 아는 상식이다. 일반 경매물건 시장은 이미 실수요자와 지름신이 강림하여 묻지 마 응찰을 일삼는 사람들의 놀이터가 된 지 오래다. 이런 시장 상황을 알고도 일반 경매물건만 바라봐야 할까.

반면 특수물건 시장은 일반화되고 있지만 여전히 블루오션이다. 특수 경매물건이 시장에 많이 나오고 있고 경쟁률은 심하지 않다. 더욱이 일반물건보다 인도받기 더 쉬운 경우도 많다. 일반물건에 비해 스트레스도 덜 받는다.

예를 들어 일반물건 아파트를 낙찰받고 임차인을 만나러 가는 것과, 특수물건인 '법정지상권 성립 여지 있음'이라고 명시된 물건을 낙찰받고 건물주를 만나러 가는 것 중에 어느 쪽이 더 부담스러울까? 법정지상권 물건을 낙찰받으면 낙찰자 입장에서 아쉬울 것이 하나도 없다. 법정지상권이 성립하면 지료를 내라고 하면 되고, 성립하지 않으면 건물을 철거하라고 하면 된다. 어떤 경우에도 '갑'의 입장에서 협상할 수 있다. 협상이 잘되면 건물주가 다시 사업을 시작할 수도 있으니 나락으로 떨어졌던 한 가정을 일으켜 세운 보람도 느낄 수 있다.

그러나 아파트의 경우는 다르다. 임차인에게 언제 이사할지 물어봐야 하고, 이사비도 챙겨줘야 된다. 임차인이 돈이 없어 이사를 못 간다고 버티거나, 나이 드신 어르신이 계셔서 이사할 형편이 못 된다고 하소연하면 문제가 복잡해질 수 있다. 경쟁률이 심해 낙찰받기도 어렵고, 낙찰 후에 인도받기도 부담스럽다. 더구나 낙찰가를 적당히 썼다가는 떨어지기 일쑤다.

이제 새로운 도전을 해야 한다. 부동산 경매를 시작했으니 어느 정도 성과를 내야 하지 않겠는가? 특수물건 경매를 1년에 한 건만 해도 1년 연봉에 해당하는 수익을 얻을 수 있다. 굳이 경쟁률이 높은 시장을 넘볼 필요가 없다. 경매 실력을 탄탄하게 쌓아서 1년에 한 건만 하겠다는 마음으로 시작해라. 서두르지 말고 천천히 해나가다 보면 어느새 고수가 되어 있을 것이다.

경매물건을 100건 검토해서 10건 입찰하고 1건 낙찰받으면 성공했다고 한다. 그만큼 공을 들여야 한다. 결국은 부동산 경매로 부자가 되고 싶어서 이 길로 들어

섰을 것이다. 이제 결실을 맺고 경력을 쌓을 때다. 아무나 할 수 있고, 관심이 집중된 곳에는 먹을 것이 없다. 먹거리가 많고 깔끔한 특수경매의 길로 들어서 꿈을 이루기 바란다.

이 책을 통해 특수경매가 어렵지 않다는 확신을 갖고 부동산 투자의 귀재가 되기 바란다. 특수물건은 두려움의 대상이 아니라 수익이 많은 투자 대상이라는 사실을 확인했을 것이다. 특수경매를 통해 일반경매만을 좇는 사람들이 느낄 수 없는 기쁨을 누리기 바란다.

이 책을 출간하기까지 관심과 격려를 아끼지 않으신 라온아시아 관계자와 편집부 여러분께 감사의 마음을 전한다.

언제나 격려와 내조를 아끼지 않는 평생의 반려자 아내에게 고마움을 전하며, 헌신적인 사랑과 희생으로 오늘의 나를 있게 해준 부모님께 감사드린다. 친구처럼 늘 곁에서 함께해 준 아들 주원이와 멀리 프랑스에서도 시시때때로 응원을 아끼지 않는 딸 희원이에게도 고마움을 전한다.

북큐레이션 • 한 발 앞서 미래를 준비하는 이들을 위한 라온북의 책

기존의 공식이 통하지 않는 급변의 시대,
《난생처음 특수경매》와 함께 읽으면 좋은 책!

난생처음 토지투자

이라희 지음 | 18,000원

대한민국 제1호 '토지 투자 에이전트',
1,000% 수익률을 달성한
토지 투자 전문가 이라희 소장의 땅테크 노하우

초저금리 시대, 땅테크가 최고의 재테크 수단으로 떠오르고 있는 지금, 전국민이 '1인 1토지'를 가져 재테크에 성공할 수 있도록 누구나 쉽게 실천할 수 있는 실전 노하우를 담았다. 재테크를 전혀 해보지 않은 초보자도 이해할 수 있도록 개발 지역 확인하는 법을 알려주고, 초보자가 꼭 봐야 할 토지 투자 관련 사이트, 용지지역 확인하는 법 등 실질적인 노하우를 공개한다. 나의 자금대에 맞는 토지 투자법, 3~5년 안에 3~5배 수익을 내는 법 등 쉽고 안전한 토지 투자 방법을 담아내 누구나 '1,000만 원으로 시작해 100억 부자'가 될 수 있다.

난생처음 주식투자

이재웅 지음 | 13,800원

'판단력'만 있으면 주식 투자 절대 실패하지 않는다!
차트보다 정확한 기업 분석으로 적금처럼 쌓이는 주식 투자법!

쪽박에 쪽박을 거듭하던 저자가 전문 주식 투자자가 되기까지! 저자가 터득한 가장 효과적인 공부법과 이를 바탕으로 실전에서 활용할 수 있는 효과적인 투자 노하우를 담은 책이다. 1장에는 저자의 생생한 투자 실패담과 많은 주식 투자자들이 실패하는 이유에 대해, 2장에는 주식 투자에 밑바탕이 되는 기본지식 공부법과 습관에 대해 설명한다. 그리고 3장부터 본격적으로 주식 투자에 필요한 용어 설명, 공시 보는 법, 손익계산서 계산법, 재무제표 분석법, 사업계획서 읽는 법, 기업의 적정 주가 구하는 법 등 투자에 필요한 실질적인 노하우를 6장까지 소개하고 있다. 마지막 부록에는 저자가 실제 투자를 위해 분석한 기업 7곳의 투자노트가 담겨 있다.

난생처음 10배 경매

임경민 지음 | 18,000원

가장 빠르고 확실하게 부자 되는 방법
안전하고 확실한 '10배 경매 6단계 매직 사이클'
과장된 무용담이 아닌 100% 리얼 성공 사례 수록!

경매가 무엇인지 개념 정리부터 경매의 6단계 사이클을 토대로 경매물건 보는 법, 10초 만에 권리분석하는 법 등 경매 고수가 알아야 할 기술을 알려준다. 특히 실제로 경매를 통해 수익을 올린 사례를 실투자금, 예상 수익, 등기부등본과 함께 실어서 경매가 얼마나 확실하고 안전한 수익을 올릴 수 있는지 증명했다. 경매는 결코 어렵고 위험한 것이 아니다. 큰돈이 있어야만 할 수 있는 것도 아니다. 투자금액의 몇 배를, 빠른 기간에 회수할 수 있는 훌륭한 재테크 수단이다. 경매는 부자로 태어나지 못한 사람이 부자가 되는 가장 빠르고 확실한 방법이다.

난생처음 아파트투자

권태희 지음 | 18,000원

부동산 왕초보 직장인,
소형 아파트 투자로 2년 만에 60억 벌다!

정해진 월급의 일부를 떼어 은행에 착실하게 적금을 부어서는 큰 부자가 되기 힘들다. 평범한 직장인일수록 부동산 투자에 유리하다. 이 책에는 소형 아파트 투자를 중심으로 종잣돈 모으는 요령부터 청약제도 활용법, 재개발 예정 지역 등 저자가 직접 체득한 노하우가 담겨 있다. 아파트 투자를 시작하고 싶은 사람, 특히 무주택자에게 도움이 될 것이다. 지극히 평범한 가정에서 태어나 대학에 입학하고 회사에 취업해서 그럭저럭 살아가고 있지만, 벌이가 한정된 직장인들, 미래를 위한 준비가 부족한 사람들을 위한 책이다.

‘난생처음 특수경매’ 특강에 초대합니다.

1건으로 1년 연봉을 버는 쉽고 재미있는 특수경매 노하우

COUPON

난생처음 특수경매 특강 1인 초대권

(중복 사용 불가)

난생처음 특수경매 특강에 무료로 참석할 수 있는
초대권으로 1인까지 사용할 수 있습니다.
070-7816-9474로 전화하여 안내받으신 뒤 신청하세요.
수강 시 본 쿠폰을 지참해주세요.

특강 장소 : 서울 방배역 인근